数据驱动工业智能革命
重塑制造业未来

栾 燕 余 丹 著

国防工业出版社

·北京·

内 容 简 介

本书详细阐述了大数据、人工智能等新一代信息技术在工业领域的深度应用，通过丰富的行业案例和实践探索，展示了技术融合应用如何助力制造业实现智能化、自动化生产，提升企业竞争力，推动整个工业体系的升级。同时，书中还对未来技术发展趋势进行了展望，为读者提供了关于工业智能发展的一个更全面视角。

本书可供制造业企业管理人员、工程技术人员、行业研究人员、高校相关专业师生，以及对数据驱动工业智能领域感兴趣的读者阅读参考。

图书在版编目（CIP）数据

数据驱动工业智能革命：重塑制造业未来／栾燕，余丹著. -- 北京：国防工业出版社，2025.6. -- ISBN 978-7-118-13759-0

Ⅰ. F426.4

中国国家版本馆 CIP 数据核字第 20258W169G 号

※

国防工业出版社 出版发行
（北京市海淀区紫竹院南路 23 号　邮政编码 100048）
北京虎彩文化传播有限公司印刷
新华书店经售

*

开本 710×1000　1/16　印张 14¼　字数 212 千字
2025 年 6 月第 1 版第 1 次印刷　印数 1—1200 册　定价 99.00 元

（本书如有印装错误，我社负责调换）

国防书店：(010) 88540777　　书店传真：(010) 88540776
发行业务：(010) 88540717　　发行传真：(010) 88540762

前　言

在信息化、数字化时代背景下，数据已成为推动社会进步、经济发展和工业转型的核心力量。数据的收集、分析和利用在各行各业中变得至关重要，尤其在工业领域，其价值被深度挖掘，助力企业精准掌握生产状况、优化流程、提高效率，推动智能制造和数字化转型。数据驱动的工业模式使企业能灵活应对市场变化，实现个性化定制，不仅能提升企业竞争力，也能促进整个工业体系的升级。对制造业而言，数据的应用意味着智能化、自动化生产，更精准的市场洞察和产品规划，以及向高端化、绿色化、智能化方向的可持续发展。

数据是一种无形的资源。随着信息技术的飞速发展和数字化转型的快速推进，数据的价值逐渐显现，并成为企业决策和运营的重要依据。在工业领域，数据不仅反映了生产过程中的各种状态和信息，还蕴含着优化生产流程、提高产品质量、降低运营成本等巨大潜力。通过收集、分析和利用数据，企业可以更加精准地把握市场需求，优化产品设计，提高生产效率，从而实现从无形资源到有形资产的转化。数据的力量在于其能够提供前所未有的洞察力和决策支持，帮助企业在激烈的市场竞争中脱颖而出。

在传统的工业模式中，企业的运营和决策往往依赖于业务经验和直觉判断。然而，在这种模式下，企业难以快速适应市场变化，也难以充分挖掘和利用数据资源。随着数据技术的不断发展和应用，数据驱动逐渐成为企业运营和决策的新动力。在数据驱动的模式下，企业以数据为基础，通过数据分析和挖掘，不仅使企业能够更加精准地把握市场动态，还能够实现生产过程的智能化和自动化，从而提高企业的竞争力和市场响应速度。

随着数据技术的不断发展和应用，工业领域正迎来一场深刻的变革。智能制造作为工业新时代的代表，正逐渐成为制造业发展的新方向。智能制造的核心在于将信息技术与制造业深度融合，通过数据驱动实现生产过程的智能化和自动化。在智能制造中，数据扮演着至关重要的角色。通过收集、分析和利用生产过程中的各种数据，企业可以实时监控生产状态、优化生产流程、提高产品质量等。同时，数据融合也成为智能制造的重要特征之一。通过将不同来源、不同格式的数据进行融合和分析，企业可以获得更加全面和准确的信息，从而更好地指导生产和决策。

总之，数据浪潮下的工业转型正引领制造业走向新的发展方向。通过充分挖掘和利用数据资源，企业可以实现生产过程的智能化和自动化，提高产品质量和生产效率，从而在激烈的市场竞争中立于不败之地。未来，随着数据技术的不断发展和应用，智能制造和数据融合将成为制造业发展的新趋势和动力源泉。

本书撰写过程中，我们基于多年的行业跟踪研究成果，深入企业与一线工程师、管理人员交流，收集了大量的实际案例和数据，通过归纳总结企业案例和应用场景，展现数据驱动在工业智能革命中的实际应用和巨大潜力。同时，我们也对数据治理、工业大模型等关键技术进行了深入探讨，希望为读者提供一个更全面的视角。

在此，我们要感谢所有为本书出版提供帮助的人。感谢那些在百忙之中接受采访的企业家和专家，你们的经验和见解为本书增色不少；感谢我们的家人和朋友，你们的支持和鼓励是本书能够出版的动力源泉；还要感谢出版社的编辑们，你们的专业和耐心让这本书得以顺利出版。

本书凝聚了多年来在行业研究和企业实践方面的认知和经验，力求为读者呈现一本高质量的作品。尽管我们尽力确保书中内容的准确性和实用性，但限于水平，书中难免存在不足之处，恳请读者批评指正。

作者
2025 年 2 月

目 录

第1章 织梦启航，工业革命前奏 …………………………………… 1
  1.1 工业发展历史沿革 ……………………………………………… 1
    1.1.1 蒸汽机时代的工业革命 …………………………………… 1
    1.1.2 电气化与信息化时代的演变 ……………………………… 3
    1.1.3 工业4.0与智能制造的兴起 ……………………………… 5
  1.2 数字经济时代来临 ……………………………………………… 7
    1.2.1 数据的力量与潜力 ………………………………………… 7
    1.2.2 数据驱动的经济模式变革 ………………………………… 13
  1.3 数据驱动下的工业生态重构 …………………………………… 17
    1.3.1 企业内部的数据重构 ……………………………………… 18
    1.3.2 产业链上下游的数据融合 ………………………………… 25
    1.3.3 跨行业的数据共享与合作 ………………………………… 28

第2章 数据经纬，治理筑基 ………………………………………… 31
  2.1 数据治理体系 …………………………………………………… 31
    2.1.1 数据治理关键要素 ………………………………………… 32
    2.1.2 国内外数据治理体系 ……………………………………… 36
  2.2 工业数据治理 …………………………………………………… 40
    2.2.1 工业数据特性及价值 ……………………………………… 41
    2.2.2 工业数据面临的挑战 ……………………………………… 43
    2.2.3 工业数据治理策略 ………………………………………… 46
  2.3 数据安全与隐私保护 …………………………………………… 49

　　2.3.1　工业数据的安全风险 ·················· 49
　　2.3.2　数据加密与隐私保护 ·················· 52

第3章　智能升级，大模型引领 ·················· 58
3.1　工业智能与大模型 ·················· 59
　　3.1.1　工业智能的兴起 ·················· 59
　　3.1.2　AI大模型的定义及技术特点 ·················· 66
　　3.1.3　AI大模型分类 ·················· 70
3.2　大模型与工业深度融合 ·················· 73
　　3.2.1　工业大模型的探索之路 ·················· 74
　　3.2.2　工业大模型参考架构及技术难点 ·················· 76
　　3.2.3　工业大模型落地实施路径 ·················· 84
3.3　工业大模型前沿与趋势 ·················· 91
　　3.3.1　人工智能技术最新进展 ·················· 91
　　3.3.2　工业大模型未来发展趋势 ·················· 95

第4章　价值释放，应用场景探索 ·················· 101
4.1　产品创新与研发设计 ·················· 101
　　4.1.1　基于大数据的产品需求分析 ·················· 101
　　4.1.2　智能交互的新一代产品 ·················· 107
　　4.1.3　生成式的研发设计辅助 ·················· 113
4.2　智能制造与生产优化 ·················· 119
　　4.2.1　实时数据分析与生产过程控制 ·················· 119
　　4.2.2　工业智能设备与预测性维护 ·················· 124
　　4.2.3　智能专家系统与生产辅助 ·················· 127
4.3　经营管理与供应链协同 ·················· 131
　　4.3.1　管理驾驶舱与决策支持 ·················· 131
　　4.3.2　供应链协同与透明化 ·················· 134
　　4.3.3　物流网络的智能化升级 ·················· 137
4.4　后服务与业态革新 ·················· 142
　　4.4.1　后服务市场机会挖掘 ·················· 142
　　4.4.2　全新业态与商业模式 ·················· 145
　　4.4.3　生态系统的构建 ·················· 149

第5章 他山之石，行业实践深潜 154

5.1 汽车制造业的数智跃升：数据治理与AI大模型的探索实践 154
5.1.1 汽车制造业的数据治理需求与挑战 154
5.1.2 AI大模型在生产流程中的应用 156
5.1.3 AI大模型在产品研发与设计中的作用 160

5.2 能源行业的智慧转型：数据驱动与AI大模型的创新应用 163
5.2.1 能源行业的数据需求与挑战 164
5.2.2 AI大模型在能源生产管理中的应用 167
5.2.3 AI大模型在新能源开发中的作用 171

5.3 纺织行业的智能升级：数据治理优化与AI大模型的融合探索 173
5.3.1 纺织行业的数据治理需求与挑战 174
5.3.2 AI大模型在生产管理中的应用 177
5.3.3 AI大模型在产品设计与创新中的作用 181

第6章 未来展望，技术融合创新 186

6.1 技术融合趋势及预测 186
6.1.1 与新兴技术的融合趋势 187
6.1.2 技术进步的推动力量 189

6.2 工业智能创新生态构建 192
6.2.1 工业智能催生新需求 192
6.2.2 工业变革正在发生 198

6.3 面向未来的挑战与应对策略 205
6.3.1 技术创新的持续投入 205
6.3.2 行业深耕与产业协作 210
6.3.3 人才培养与引进策略 212

后记 215

参考文献 217

第1章
织梦启航，工业革命前奏

工业的发展不断推动着人类文明的进步与社会的变革。从蒸汽机的轰鸣中启程，历经电力的辉煌，直至智能制造的新时代，每一次工业革命的浪潮都深刻地重塑了我们的世界。本章旨在全面描绘这一壮阔历程，展现技术革新如何引领生产模式的转变、驱动经济的增长，并深入剖析其对社会结构、文化观念及全球格局的深远影响。通过细致入微的梳理与深刻的分析，揭示数据驱动工业发展背后的逻辑链条，为理解当前及未来工业趋势构建坚实的基础。

1.1 工业发展历史沿革

在工业文明的浩瀚进程中，技术的革新与跃迁始终是推动社会经济发展的关键力量。本节将聚焦于工业发展的历史沿革，从蒸汽机时代的工业革命这一奠基性变革出发，追溯其后续的电气化与信息化时代的深刻演变，直至当下工业4.0与智能制造的蓬勃兴起。通过这一历史脉络的梳理，揭示工业发展背后的内在逻辑与动力机制，为深入理解工业文明的演进路径提供重要的历史视角。

1.1.1 蒸汽机时代的工业革命

1. 背景与特点
第一次工业革命，也称为蒸汽机时代的工业革命，起源于18世纪

60年代的英国。这次革命以蒸汽机的发明和广泛应用为标志，彻底改变了传统的生产方式。蒸汽机作为一种高效的动力源，逐渐替代了人力、畜力等传统动力，推动了纺织、采矿、冶金、交通运输等行业的机械化生产。这一时期的工业革命不仅提高了生产效率，还促进了城市化进程，改变了社会结构。

2. 重要事件与发明

在探讨蒸汽机时代工业革命的辉煌历程时，3个具有里程碑意义的重要事件与发明不仅标志着工业革命的开始，更推动了生产力的飞跃与社会的深刻变革，如表1-1所列。

表1-1 蒸汽机时代工业革命的关键事件与发明概览

重要事件与发明	时间	发明者或贡献者	描述
珍妮纺纱机	1764年	哈格里夫斯	纺织工人哈格里夫斯发明了珍妮纺纱机，标志着工业革命的开始。这一发明提高了纺织生产的效率，推动了纺织业的机械化
蒸汽机	1763年（改进）	詹姆斯·瓦特	格拉斯哥大学技师詹姆斯·瓦特改进了纽科门发明的蒸汽机，提高了其效率和实用性。蒸汽机的广泛应用推动了纺织、采矿、冶金、交通运输等行业的机械化生产
火车与汽船	蒸汽机发明后	多位发明家	火车和汽船的出现极大地缩短了运输时间，加强了地区之间的联系，推动了经济和社会的快速发展

3. 影响与意义

第一次工业革命开创了以机器代替手工工具的时代，使得生产效率大幅提升，生产过程中的重复性和烦琐性工作得以自动化，从而提高了生产速度和质量，为经济的快速增长提供了强大的动力，推动了社会的繁荣和发展。

随着工业革命的到来，工厂制逐渐代替了手工工场，成为工业生产的主要形式。机器的应用使得生产规模得以扩大，生产成本降低，产品的竞争力和市场占有率也随之提高。这一变革推动了经济结构的转变，使得社会从以农业为主逐渐转向以工业为主，为现代化经济体系的建立奠定了坚实的基础。同时，大量人口涌入城市，从事工业生产和服务业工作，城市的规模和数量不断扩大，城市基础设施和公共服务设施逐渐完善，推动了社会文化的繁荣和发展，形成了独特的城市文化和生活方式。此外，工业革命深刻改变了人们的生活方式和思想观念。它使得人们的生活更加便捷、舒适和多样化，物质生活水平得到提高，消费能力和消费观念都发生了变化。工业革命还推动了教育、科技、文化等领域的发展，改变了人们的思想观念和价值观念，使得人们更加注重个人自由、民主和平等，推动了社会的进步和文明的发展。

1.1.2 电气化与信息化时代的演变

1. 背景与特点

随着科学技术的进步和工业生产的高涨，19世纪最后30年和20世纪初迎来了两次工业革命。第二次工业革命以电力的广泛应用和内燃机的发明为标志，人类社会从蒸汽时代进入了电气时代。随后，20世纪中叶以后，电子计算机、互联网等信息技术的迅猛发展，吹响了第三次工业革命的号角，人类社会又进入了信息化时代。

2. 重要事件与发明

这一时期，电气化与信息化的浪潮相继涌来，彻底改变了人们的生产方式、生活方式乃至思维方式。从电力技术的广泛应用，到内燃机的诞生推动的交通运输革命，再到电子技术与信息技术的迅猛发展，每一项重大事件与发明的背后，都凝聚着人类智慧的结晶，引领着世界迈向一个全新的时代，如表1-2所列。

表1-2 电气化与信息化时代的关键技术与发明概览

重要事件与发明	时间	描述
电力技术	19世纪70年代以后	发电机、电动机相继发明，远距离输电技术的出现推动了电力的广泛应用，标志着第二次工业革命的开始

续表

重要事件与发明	时间	描述
内燃机	—	内燃机的发明为汽车和飞机工业的发展提供了可能,也推动了石油工业的发展,极大地改变了交通运输和能源利用方式
电子技术	20世纪60年代至80年代末	以计算机、集成电路、半导体等为代表的电子设备开始广泛应用,信息处理和数据存储能力大幅提升,标志着第三次工业革命的到来
信息技术	20世纪90年代至今	以互联网、移动通信、物联网等为代表的信息技术开始广泛应用,人类正式进入了信息化时代,信息交流和数据共享变得更为便捷和高效

3. 影响与意义

这一时期的科技革新,不仅深刻地改变了我们的生产方式和生活方式,更对全球化、经济发展、社会结构以及文化传播等多个层面产生了深远的影响。

电力技术的广泛应用极大地提高了生产效率。电力的稳定供应使得工业生产得以摆脱对自然条件的依赖,实现了全天候、高效率的生产。电动机、发电机等电力设备的普及,使得机械化、自动化生产成为可能,从而大大提高了生产效率和产品质量。同时,电力的广泛应用极大地改善了人们的生活质量,电灯、电热器等家用电器的出现,让人们的生活更加便捷、舒适。

信息技术的迅猛发展促进了全球范围内的信息交流和资源共享。互联网、移动通信等信息技术的广泛应用,打破了地域和时间的限制,使得人们可以随时随地获取和分享信息。这种信息的快速流通和共享,不仅加速了知识的传播和创新,还推动了经济全球化的发展。企业可以更容易地拓展海外市场,寻找合作伙伴,从而实现资源的优化配置和经济效益的最大化。

电气化时代与信息化时代的演变对社会结构和文化传播产生了深远的影响。随着生产效率的提高和信息交流的便捷,人们的生活方式和工作方式也发生了巨大的变化。城市化进程加速，人们更多地聚集在城市中，享受着现代化的生活和服务。同时，文化的传播变得更加迅速和广泛，不同文化之间的交流和融合变得更加频繁和深入，从而推动了全球文化的多样性和繁荣。

1.1.3 工业4.0与智能制造的兴起

1. 背景与特点

进入21世纪，物联网、大数据、云计算、人工智能等新一代信息技术如雨后春笋般涌现，为各行各业注入了新的活力。特别是在制造业领域，这些新技术的融合应用催生了第四次工业革命——工业4.0。

工业4.0以智能技术为核心，标志着制造业向智能化、网络化、服务化方向的全面转型。与以往的工业革命相比，工业4.0更加注重信息技术的集成应用，通过实现设备之间的互联互通，构建智能工厂和智能生产系统，从而提高生产效率、降低生产成本、提升产品质量，并满足个性化定制的需求。这一时期的制造业不再仅仅依赖于传统的机械设备和人工操作，而是更多地依赖于先进的信息技术、自动化设备和智能系统。通过物联网技术，设备之间可以实现实时的数据交换和共享，从而实现对生产过程的实时监控和优化。大数据分析则能够从海量数据中提取有价值的信息，为生产决策提供科学依据。人工智能技术的应用则进一步提升了生产效率和产品质量，使得制造业更加智能化、自动化。

工业4.0与智能制造的兴起是21世纪科技发展的必然趋势，它将彻底改变传统的生产方式，推动制造业向更高水平发展。

2. 核心技术与特点

随着工业4.0时代的到来，一系列核心技术的融合应用推动着制造业向智能化、网络化、服务化方向转型，如表1-3所列。

表1-3 工业4.0与智能制造的核心技术与特点

核心技术	特点描述
物联网	实现设备之间的互联互通，能够实时收集和分析生产数据，为生产监控和优化提供基础

续表

核心技术	特点描述
大数据分析	从海量数据中提取有价值的信息,帮助优化生产流程,提高生产效率和产品质量
人工智能	应用于产品质量检测、生产流程优化等方面,通过智能算法和机器学习技术,实现更精准、高效的生产管理
智能制造系统	集成先进的信息技术、自动化设备和智能系统,实现生产过程的智能化和自动化,提高生产灵活性、效率和个性化定制能力

3. 影响与意义

工业4.0与智能制造的兴起,不仅彻底改变了传统的生产方式,更引领着制造业向更高效、更灵活、更个性化的方向迈进。

通过智能化、网络化、服务化的转型,制造业实现了生产模式的革新。智能化生产使得设备之间能够实现互联互通,数据得以实时交换和共享,从而大大提高了生产效率和灵活性。网络化生产打破了地域和时间的限制,使得生产资源得以更优化地配置和利用。服务化生产更加注重客户需求和个性化定制,为市场提供了更多样化、更高品质的产品和服务。

工业4.0与智能制造的兴起,有助于提高产品质量、降低生产成本、缩短生产周期。通过先进的信息技术和智能系统,制造业能够实现对生产过程的实时监控和优化,从而及时发现并解决问题,确保产品质量的稳定性和一致性。智能化生产能够减少人工干预和浪费,降低生产成本,提高经济效益。通过优化生产流程和缩短生产周期,制造业能够更快地响应市场需求,抓住商机。

工业4.0与智能制造的兴起,推动制造业向价值链高端攀升。随着智能化、网络化、服务化程度的不断提高,制造业逐渐从低附加值、劳动密集型的生产模式向高附加值、技术密集型的生产模式转变。这不仅提升了制造业的整体竞争力,还为产业升级和转型提供了有力支撑。

工业4.0与智能制造的兴起,促进了全球范围内的产业合作与竞争。随着技术的不断进步和市场的不断扩大，各国制造业之间的联系和互动日益紧密。通过加强国际合作与交流，制造业能够共享资源、技术和经验，实现互利共赢。同时，竞争也促使各国制造业不断创新和进步，推动全球经济的持续发展。

1.2 数字经济时代来临

在21世纪的今天，随着信息技术的飞速发展，社会正步入一个前所未有的数字经济时代。数据，这一无形却强大的资源，正逐步成为推动经济社会发展的新引擎。本节将深入探讨数据的力量与潜力，以及数据驱动的经济模式变革，揭示数字经济时代对全球格局的深远影响。解析数据如何成为新的生产要素、如何驱动决策与业务创新，以及数据经济模式的兴起与发展，将全面理解这一新时代的特征与挑战，为后续的工业革命奠定理论基础。

1.2.1 数据的力量与潜力

1. 数据成为新的生产要素

1）数据：经济发展的新引擎

在数字经济时代，数据已不再是单纯的信息载体，而是转变为一种全新的生产要素，其重要性日益凸显，逐渐超越了传统的土地、劳动力和资本。数据不仅是信息的集合，更是价值的源泉，它蕴藏着推动产业升级和经济转型的巨大潜力。企业通过对数据的深度挖掘和分析，能够获取前所未有的市场洞察力，精准把握市场动态，为决策提供科学依据。

数据作为经济发展的新引擎，正在全球范围内引发一场深刻的变革。数据驱动的决策正在成为企业运营的核心，通过对大数据的收集、处理和分析，企业能够更准确地了解市场需求、优化产品设计、提升运营效率，从而在激烈的市场竞争中脱颖而出。同时，数据还促进了新兴产业的快速发展，如数据分析、人工智能、云计算等，这些新兴产业不仅为经济增长注入了新的动力，还推动了产业结构的优化和升级。

以制造业企业成本控制为例，传统成本控制主要是借助产品检测的方式，对产品质量加以控制，更偏向于事后控制，往往存在一定的滞后性，无法获得良好的成本控制效果。因此，制造业企业应重点实施预防性成本精细化管理，对预算成本实际支出情况进行科学计算，并根据获得的测算数据，科学制定成本控制计划，形成更加清晰的发展目标。通过实施预防性成本精细化管理，能够将风险控制前移，严格控制产品设计环节，对可能会产生的各种问题进行事先预测，并且制定出针对性的应对方案，控制质量问题的发生概率，提升企业经济效益，提高产品质量，降低企业成本支出。在预防性成本精细化管理开展过程中，制造业企业应结合实际情况，科学构建成本控制体系，同时明确预算计划，对预算结果进行综合分析，及时由企业管理层进行审查。审查通过后，各部门需要严格按照预算开展各项生产活动，避免实际生产与预算存在较大差异。

2) 数据的独特性与价值

数据作为生产要素的独特性，体现在其可复制性和无限性上。与土地、劳动力和资本等传统生产要素不同，数据不会因为使用而减少或消耗，反而在共享和再利用的过程中能够不断增值。这种特性使得数据成为一种可以持续创造价值的资源，为制造业企业提供了前所未有的发展机遇。通过共享和交换生产、市场等数据，制造业企业能够打破信息孤岛，实现供应链的优化管理、生产流程的精细化控制，以及市场需求的精准预测。数据的可复制性和无限增值潜力，不仅促进了制造业企业内部资源的整合和效率提升，还推动了跨企业间的协同合作与创新，为整个制造业产业链的协同发展注入了新的活力。

数据的高度渗透性和融合性是其价值的重要体现。数据能够深入制造业的各个环节，与研发、设计、生产、销售等阶段深度融合，推动制造业的转型升级和创新发展。在制造业领域，数据的价值尤为显著。通过收集和分析生产过程中的实时数据，如设备状态、生产进度、质量信息等，制造业企业能够实现生产过程的智能化监控和精细化管理，及时发现并解决生产中的问题，提高生产效率和产品质量。此外，数据还能帮助企业进行市场趋势分析、消费者行为研究，从而指导产品研发和市场策略的制定，推动制造业向智能化、服务化方向转型。

3）数据治理与安全的挑战与机遇

随着数据量的爆炸式增长和数据来源的多样化，数据治理面临着前所未有的挑战。首先，确保数据的准确性和完整性是数据治理的基础，这对于制造业企业尤为重要，因为任何数据错误都可能导致生产偏差、质量问题和决策失误。为了应对这一挑战，制造业企业需要建立完善的数据质量管理体系，包括数据清洗、校验、整合等流程，确保数据的准确性和一致性。其次，保护个人隐私和商业秘密是数据治理的另一大挑战。在制造业智能化转型过程中，大量涉及个人隐私和商业秘密的数据被收集和利用。为此，制造业企业需要加强数据分类管理，对敏感数据进行加密处理，并严格控制数据访问权限，确保数据不被未经授权的访问和泄露。

数据安全是数据治理的重要组成部分，也是制造业智能化转型过程中不可忽视的问题。随着网络攻击和数据泄露事件的频发，数据安全已成为数字经济时代亟待解决的重要问题。制造业企业作为数据密集型行业，其数据安全风险尤为突出。为了应对数据安全挑战，制造业企业需要加强数据安全技术的研究和应用，包括采用先进的加密技术、建立多层次的安全防护体系、定期进行安全审计和漏洞扫描等。此外，建立健全的数据安全法规和标准体系，也是保障数据安全的重要手段。政府应出台相关政策法规，明确数据安全要求和责任主体，规范数据处理和使用行为。

4）数据经济的未来展望

展望未来，随着数据技术的不断发展和应用，数据作为生产要素的地位将越来越重要，成为衡量一个国家或地区经济发展水平的重要指标之一。同时，数据经济也将成为推动全球经济增长的重要力量。在这个过程中，政府、企业和个人都需要积极适应数字经济时代的发展要求，加强数据治理和数据安全建设，推动数据经济的健康发展。对于政府而言，需要制定数据治理和数据安全相关的政策法规体系，为数据经济的发展提供有力保障。同时，还需要加强跨部门协作和信息共享机制建设，推动数据资源的开放和共享。对于企业而言，需要积极拥抱数据经济时代带来的机遇和挑战，不断加强数据技术的应用和创新能力的培养。通过深度挖掘和分析数据资源，企业能够发现新的商业机会和增长点，推动产品和服务的创新升级。此外，还需要加强数据治理和数据安全建设，保障企业的合法权益和用户的个人隐私。对于个人而言，也需要提高数据意识和数据素养，保护自己的个人隐私和数据安全。在享受数据经济带来的便利和好处的同时，需要关注数据滥用和泄露的风险并采取相应的防范措施。

2. 数据驱动决策与业务创新

1) 数据驱动生产决策：优化制造业生产流程

在制造业领域，生产流程的优化是提升企业竞争力的关键。传统制造模式下，生产流程的优化往往依赖于经验积累和人工判断，难以做到精准和高效。然而，随着大数据技术的快速发展，越来越多的制造业企业开始利用数据驱动决策来优化生产流程，实现生产效率和产品质量的双重提升。某汽车制造企业在其智能工厂中，部署了先进的传感器和物联网技术，实时收集生产线上的各种数据。通过大数据分析平台，该企业对这些数据进行了深度挖掘和分析，发现了生产线上的瓶颈环节和潜在的质量问题。基于这些数据洞察，该企业迅速调整了生产计划，优化了生产流程，减少了不必要的停机时间和资源浪费。同时，该企业还利用预测性维护技术，提前对可能出现故障的设备进行维护，大大降低了设备故障率，提高了生产效率和产品质量。

2) 数据驱动优化运营：提升制造业供应链效率

在全球化竞争日益激烈的今天，供应链的效率直接关系到企业的生存和发展。传统的供应链管理方式往往存在信息不透明、响应速度慢等问题，难以满足市场快速变化的需求，而数据优化运营则为解决这些问题提供了新的思路和方法。某电子产品制造企业通过建立供应链协同平台，整合了供应商、库存、物流等各环节的数据。该平台利用大数据分析技术，对供应链数据进行了实时分析和预测，帮助企业实现了供应链的透明化和可视化。该企业能够准确掌握库存情况，及时调整采购计划，避免了库存积压和缺货现象。同时，通过对物流数据的分析，该企业优化了配送路线和运输方式，降低了物流成本，提高了配送效率。

3) 数据驱动业务创新：推动价值模式重构

在制造业转型升级的过程中，业务创新是不可或缺的一环。传统的业务模式往往难以满足市场多元化和个性化的需求，而数据驱动业务创新则为制造业企业提供了新的发展方向和动力。某家具制造企业利用大数据分析技术，对消费者购物行为、偏好等数据进行了深度挖掘和分析。基于这些数据洞察，该企业推出了个性化定制服务，允许消费者根据自己的需求和喜好，选择家具的材质、颜色、尺寸等参数。该企业还利用智能制造技术，实现了个性化定制家具的快速生产和交付。这种基于数据驱动的个性化定制服务，不仅满足了消费者的多元化需求，提高了客户满意度和忠诚度，还为企业带来了新的收入来源和增长点。

3. 数据经济对全球格局的影响

1）数据经济重塑制造业竞争新生态

数据经济正在以前所未有的方式重塑制造业的全球竞争版图，数据成为驱动制造业转型升级、优化资源配置、促进跨界合作与创新的关键因素，如表1-4所列。

表1-4 数据经济对制造业竞争生态的影响

视角	数据经济对制造业竞争生态的影响
竞争焦点转变	从资源、劳动力成本转向数据资源和技术创新能力
数据价值提升	从单一领域数据应用提升转向将数据作为企业决策的重要依据和竞争优势的来源
市场预测与产品设计	从被动应对市场变化转向高效收集、分析数据，提前洞察市场趋势，优化产品设计
生产过程优化	从盲目生产转向利用数据分析优化生产流程，提高生产效率和产品质量
跨界融合与协同创新	从行业严格隔离转向借助数据分析发现新需求，促进跨行业合作，共同开发新技术、新产品

2）数据经济促进制造业全球供应链变革

通过提升供应链的透明度、效率、灵活性，并促进全球供应链的协同与整合，数据经济正深刻改变制造业的竞争格局和商业模式。企业可以充分利用这些数据技术的优势，优化供应链管理，提升竞争力，实现可持续发展,如表1-5所列。

表1-5 数据经济对制造业全球供应链变革的影响

视角	数据经济对制造业全球供应链变革的影响
透明度提升	从按经验制定产供销计划转向实时收集和分析供应链各环节数据,实现供应链信息的全面可视化
效率提高	从表格传递数据转向精准掌握库存、物流、生产进度等信息,优化资源配置,降低运营成本
灵活性增强	从依赖固定的供应商转向全球寻源,提高生产的灵活性和适应性,增强供应链韧性
协同整合	通过企业单打独斗转向通过数据平台实现供应链各参与方的信息共享和协同作业,提升整体效率
竞争格局变化	从逐渐固化的供应链体系转向基于数据的竞争与合作新生态,推动全球产业链和价值链重塑

3) 数据经济对制造业全球治理的挑战与机遇

随着数据经济的蓬勃发展,数据跨境流动和交易日益频繁,给全球治理带来了新的挑战。其中,如何保障数据安全和个人隐私成为亟待解决的问题。在制造业领域,企业收集、处理和分析大量数据以优化生产流程、提升产品质量和服务水平,但这些数据往往涉及个人隐私和商业秘密。一旦数据泄露或被滥用,将对企业和消费者造成重大损失。因此,各国政府需要加强合作,共同制定数据保护法规和标准体系,明确数据权属、使用权限和责任主体,为数据经济的健康发展提供法律保障。

尽管数据经济给全球治理带来了挑战,但它也为全球治理提供了新的思路和手段。通过数据分析,政府可以更加精准地把握制造业的发展趋势和市场动态,制定更加科学合理的产业政策,引导制造业向智能化、绿色化、服务化方向转型升级。同时,数据共享和交换也有助于各国政府加强合作与交流,共同应对全球性挑战和问题,加强产业政策的协调与合作,推动构建更加开放、包容、普惠的全球经济体系。

1.2.2 数据驱动的经济模式变革

1. 数据经济模式的兴起与发展

1) 数据经济模式的兴起与特点

数据经济模式是指基于数据资源的开发和利用而形成的经济形态和商业模式。随着数据技术的不断进步和应用范围的扩大，数据经济模式正在全球范围内逐渐兴起并展现出强大的生命力。这一模式的核心在于通过数据驱动来实现资源的优化配置和价值的创造，它为企业提供了全新的竞争优势和发展机遇。

在数据经济模式下，企业能够利用大数据、云计算等先进技术，收集和分析海量数据，从而深入了解市场需求、消费者行为等关键信息。这使得企业能够制定更加精准的市场策略和产品规划，提高市场响应速度和客户满意度。同时，数据共享和交换也成为数据经济模式的重要组成部分，有助于降低交易成本、提高合作效率，促进产业链上下游企业的紧密协作。数据经济模式的兴起不仅推动了传统产业的数字化转型和升级，还催生了新的产业和商业模式。例如，在制造业中，数据经济模式促进了智能制造和工业互联网的发展，提高了生产效率和产品质量；在服务业中，数据经济模式推动了共享经济和平台经济的发展，改变了传统服务行业的业态和商业模式。

2) 数据经济模式对经济结构的优化与升级

随着数据经济的崛起，数字经济在国民经济中的比重逐渐提高，成为推动经济增长的重要力量。数字经济以数据为核心生产要素，通过技术创新和模式创新，不断推动传统产业的转型升级，提高经济效率和竞争力。

数据经济模式的发展不仅带来了商业模式的创新，还促进了经济结构的优化和升级。服务业作为国民经济的重要组成部分，其数字化转型和升级不仅提高了服务质量和效率，还创造了大量就业机会。高技术产业如大数据分析、云计算、人工智能等领域的快速发展，为经济增长提供了新的增长点。这些产业的兴起不仅推动了经济结构的优化和升级，还提高了整个经济体系的创新能力和可持续发展能力。

此外，数据经济模式的发展还促进了全球经济的融合与发展。随着数据跨境流动和交易的日益频繁，各国之间的经济联系和合作日益紧密。数据经济模式为全球经济的繁荣与发展提供了新的机遇和动力，推动了全球经济的共同繁荣与发展。

2. 数据驱动下的商业模式创新

1) 数据驱动助力制造业商业模式创新

在制造业中，数据驱动的一个重要应用体现在推动产品与服务创新上。通过对生产、销售、物流等环节中产生的海量数据进行深度挖掘和分析，制造业企业能够洞察市场趋势、消费者行为以及潜在需求，从而发现新的商业机会和增长点。例如，通过对消费者购物行为、偏好等数据的分析，制造业企业可以精准把握市场需求，开发出更加符合消费者期望的定制化产品和服务。这种以数据为驱动的产品创新策略，不仅能够提升企业的市场竞争力，还能增强客户满意度和忠诚度。此外，数据驱动还促使制造业企业不断优化现有产品和服务。一方面，通过对产品使用数据、售后反馈等信息的分析，企业可以及时发现产品存在的问题和改进空间，进而进行迭代升级，提升产品质量和性能。另一方面，基于数据的服务创新也为企业带来了新的收入来源，如提供基于数据的维护服务、增值服务等，进一步拓宽了企业的盈利渠道。

数据驱动在制造业中的另一个重要应用是促进供应链协同与服务模式创新。通过数据共享和交换，制造业企业能够与供应链上下游企业实现更加紧密的合作，共同优化生产流程、降低交易成本、提高合作效率。在智能制造领域，数据平台成为连接供应商、制造商、物流公司等供应链各环节的关键纽带。通过数据平台，企业可以实现供应链信息的实时共享和协同作业，提高供应链的透明度和响应速度。数据驱动还促进了制造业服务模式的创新。传统上，制造业企业主要关注产品的生产和销售，而数据驱动则使企业能够向提供综合解决方案和服务转型。例如，通过数据分析，制造业企业可以为客户提供定制化的生产计划、库存管理建议等增值服务，增强客户黏性并拓展业务范围。

2) 数据驱动促进制造业跨界融合与协同发展

数据驱动下的商业模式创新能极大地促进制造业与其他行业的跨界融合。随着数据技术的不断发展和应用，制造业与服务业之间的界限逐渐模糊，两者通过数据技术的深度融合实现了互利共赢。例如，在智能制造领域，制造业企业利用数据技术与服务业深度融合，从单一的产品制造向提供整体解决方案的服务型制造转变。这种转变不仅提升了企业的附加值和竞争力，还满足了市场对个性化、定制化产品和服务的需求。同时，制造业与信息技术的跨界融合日益紧密。通过数据技术的应用，制造业企业能够实现生产过程的智能化、自动化和精细化管理，提高生产效率和产品质量。

数据驱动下的商业模式促进了制造业与智慧城市、智慧交通等领域的协同发展。通过数据技术，制造业企业能够为智慧城市的建设提供智能设备、物联网解决方案等支持，推动城市管理的智能化和协同化。例如，通过开发智能安防设备、智能交通系统等产品，为智慧城市的安全、便捷、高效地运行提供有力保障。通过与智慧交通领域的企业合作，共同开发智能交通设备和服务，能够深入了解交通系统的运行状况和市场需求，为智慧交通的建设提供定制化解决方案。

3. 数据经济面临的挑战与机遇

当前，推进数据驱动的数字化转型的主要工作是从管理提升入手，推行标准化建设，优化产品设计、质量、成本、制造等管理流程，建立统一的数据服务平台，培养数据驱动的企业文化，推动业务流程的优化和管理模式的变革，提升创新发展能力。

1）业务流程变革，推行标准化建设

装备制造业属于离散制造，要实现数字化转型，首要在于业务流程标准化。通过标准化的流程，将生产活动固化下来，利用信息化手段记录生产活动的结果，从而具备数据采集的能力。在标准化建设中，从技术、制造、经营三个维度开展工作。技术的标准化为制造业企业提供标准化的产品数据；制造的标准化为制造业企业提供标准化的制造过程数据；经营的标准化是在产品和制造标准化的基础上，形成标准化的制造业企业绩效管理评估过程。

2）系统整合，建立统一的数据平台

构建统一的数据基础平台，能够整合各信息系统多源异构数据，打破数据系统界限，有效解决数据孤岛问题。通过对数据统一采集、抽取、清洗、加工、建模、挖掘分析、输出等过程，实现数据集中化、标准化、共享化的一站式大数据服务平台。使用大数据平台进行数据管理，对数据进行全生命周期及数据质量监控，为数据分析、报表查询、管理决策、监管报送、业务应用等提供统一、标准、规范的数据支撑及服务，如图1-1所示。

图1-1 大数据平台架构

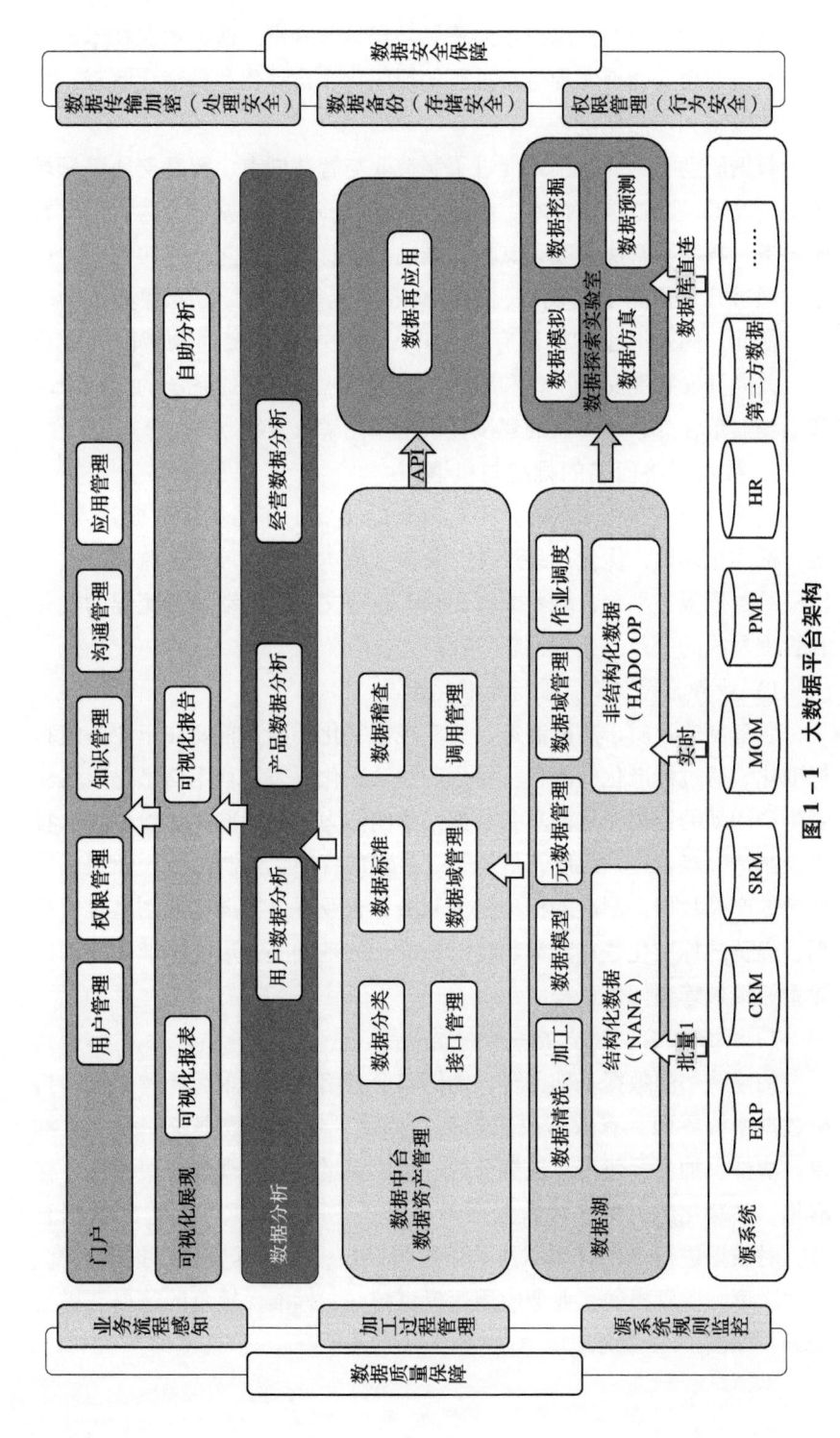

3）数据是核心，开展数据治理工作

数据是数字化企业的"血液"，通过持续推进数据治理工作，能够提升数据质量，提高数据可用性。数据治理工作涉及数据的全生命周期管理，从数据的采集、存储、处理、分析到应用，每一个环节都需要严格把控，确保数据的准确性、完整性、时效性和安全性。首先，建立完善的数据治理体系，明确数据治理的目标、原则、组织架构和职责分工。其次，加强数据质量管理，通过制定数据质量标准、建立数据质量监控机制、开展数据质量评估和改进工作，不断提升数据质量。再次，注重数据的安全管理，建立完善的数据安全防护体系，加强数据访问权限管理，防止数据泄露和被滥用。此外，加强数据治理人才的培养和引进，提升数据治理团队的专业素养和执行能力。通过持续的数据治理工作，可以构建更加可靠、高效、安全的数据基础，为数字化转型和智能化升级提供有力支撑。

4）价值是目标，构建数据服务能力

统一数据应用开发路径，聚焦业务主线，打造有价值的数据应用场景。面向具体的业务场景，依托大数据平台搭建标准化的数据模型，由企业服务总线发布模块化的数据服务接口，业务系统和用户端通过统一的通道调用和获取数据，实现业务、管理和数据场景的集成应用。企业服务总线统一管理调配数据服务，实现数据服务的实时监测、整合利用和安全管控，确保数据服务的实时性、可用性、时效性、安全性，进而构建企业级数据服务能力。

1.3 数据驱动下的工业生态重构

在数据驱动工业革命的历史进程中，跨行业的数据共享与合作成为推动制造业转型升级的新引擎。随着数据技术的不断进步和数字化转型的不断加速，打破行业壁垒、实现跨行业数据互联互通已成为大势所趋。本节将聚焦跨行业数据共享与合作的现状与未来，探讨如何通过构建数据共享平台、促进数据驱动的跨行业协同创新，以及应对合作过程中面临的挑战，推动制造业与其他行业的深度融合与协同发展，共同开启工业智能革命的新篇章。

1.3.1 企业内部的数据重构

1. 数据治理体系的构建

在当今这个数据驱动的时代，数据已成为企业决策、业务运营和创新发展的核心资源。确保数据的准确性、一致性、安全性和合规性，对于提升决策效率、优化业务流程、防范风险及挖掘数据价值至关重要。因此，建立全面完善的数据治理体系，不仅是提升组织竞争力的必然选择，也是保障数据资产有效管理和利用的前提。目前我国企业常用的数据治理模型是数据管理能力成熟度评估模型（Data Management Capability Maturity Assessment Model，DCMM），这是我国首个数据管理领域国家标准，将组织内部数据能力划分为数据战略、数据治理、数据架构、数据应用、数据安全、数据质量、数据标准和数据生存周期 8 个核心能力域，如图 1-2 所示。

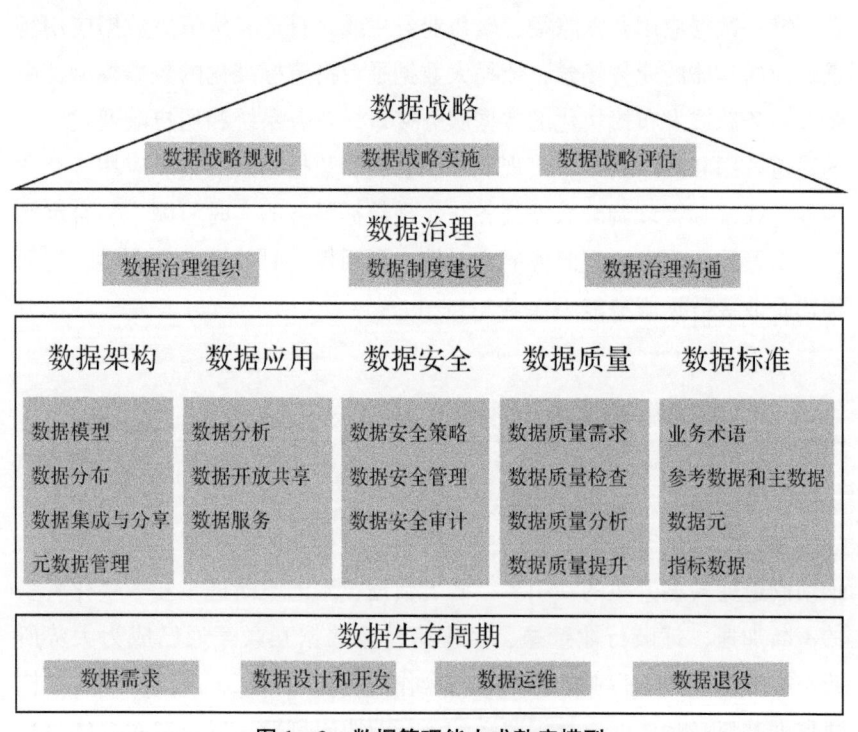

图 1-2 数据管理能力成熟度模型

1) 制定数据战略

数据治理的起点是制定与企业战略高度协同的数据战略。首先需要明确数据治理的核心目标，如通过提升数据质量支持业务决策，或满足外部合规要求，同时结合具体业务场景（如客户分析、供应链优化）梳理关键数据需求。在此基础上，企业需要形成完整的数据战略规划，涵盖愿景、实施路径、资源投入及优先级划分，明确短期聚焦点（如解决数据质量问题）和长期目标（如数据资产化），确保治理方向与业务发展一致，最终输出数据战略规划书和业务需求清单作为后续行动的依据。

2) 建立数据治理组织

为保障数据治理有效落地，需要建立跨层级、跨部门的组织架构。通常包括高层决策的数据治理委员会、统筹执行的数据治理办公室，以及业务部门的数据所有者和技术团队的数据管家，形成"决策－协调－执行"三层体系。通过制定《数据治理章程》，清晰定义各角色职责（如委员会审批政策、数据 Owner 负责业务侧数据质量），并建立例会、联合评审等协作机制，确保组织间高效协同。输出组织架构图、角色说明书等文档，为后续治理活动提供组织保障。

3) 定义数据标准与架构

在统一企业数据语言的基础上，需要系统化制定数据标准和架构蓝图。数据标准包括主数据定义（如客户、产品）、命名规范、编码规则及元数据管理规则，形成企业级数据字典；架构蓝图需要规划数据分类（结构化与非结构化）、存储逻辑（如湖仓一体）、数据流向（从采集到集成的全链路），并构建概念模型、逻辑模型和物理模型，确保数据资产的可控性和可扩展性。通过数据标准、架构蓝图等文档固化标准，为数据应用奠定基础。

4) 实施数据质量管理

数据质量是治理成效的核心衡量指标，需要从评估体系和监控机制两方面入手。在评估体系方面，定义质量维度（如完整性、准确性）及量化指标（如错误率阈值），开发数据检核规则（如手机号格式校验）；在监视机制方面，部署质量工具实现自动化检测，结合问题分发、根因分析和闭环修复流程，形成"发现—整改—验证"的持续改进闭环。通过定期输出质量评估报告、问题跟踪表等文档，推动数据可信度的实质性提升。

5）强化数据安全管理

数据安全需要遵循"合规先行、技术兜底"原则。在合规方面，基于法律法规制定数据分级标准（如敏感、机密、公开），明确访问控制模型（如基于角色的权限管理）和脱敏规则；在技术方面，通过加密、水印、审计日志等技术手段，构建从存储到使用的全链路防护体系，并制定安全事件应急预案。通过输出安全分级清单、权限矩阵等文档，在保障安全的前提下释放数据价值。

6）管理数据全生命周期

数据全生命周期管理需要覆盖从创建到销毁的每个环节。根据业务需求划分数据阶段（如活跃期、归档期、销毁期），制定存储策略（如热数据实时访问、冷数据低成本存储）和清理规则，避免冗余数据占用资源。通过归档策略文档和生命周期管理流程，实现数据成本与效用的平衡，同时满足合规性要求。

7）推动数据应用与价值实现

数据治理的终极目标是驱动业务价值。通过开发商业智能（Business Intelligence，BI）看板、预测模型等工具，将数据嵌入业务决策流程，或通过应用程序编程接口（Application Programming Interface，API）服务化提供实时数据支持；同时建立价值评估模型（如ROI分析、业务效益量化），定期输出应用案例和收益报告，向管理层直观展现数据治理成果，推动企业向数据驱动型组织转型。

8）持续评估与改进

基于DCMM成熟度模型，定期评估各能力域水平（如从"初始级"到"优化级"），识别差距并制定改进计划。通过PDCA循环（计划—执行—检查—改进）迭代优化治理体系，结合业务变化调整数据战略，最终输出评估报告和优化路线图，确保治理能力持续提升。

2. 企业内部数据共享与协同

1）数据共享：打破信息孤岛，促进高效决策

在数据驱动的工业智能革命中，数据共享是实现高效决策和协同工作的关键。传统上，企业各部门往往各自为政，数据被视作部门的"私

有财产"，导致信息孤岛现象严重。为了打破这一壁垒，需要构建统一的数据平台，将分散在各部门的数据资源进行整合，形成可供全企业共享的数据池。以某大型制造企业为例，该企业过去因部门间数据不互通，导致生产计划与市场需求脱节，库存积压严重；后来引入了数据共享机制，建立了企业级的数据仓库，生产部门能够实时访问销售部门的市场预测数据，根据需求调整生产计划，实现了供应链的精益化管理。

2）数据协同：激发创新活力，提升整体竞争力

数据共享不仅促进了部门间的高效协作，更为企业的创新提供了源源不断的动力。当各部门数据实现共享后，员工能够更容易地发现数据间的关联性和潜在价值，从而激发出新的商业想法和创新方案。以某电商平台为例，该平台通过数据协同发现，用户在购买某类商品时，往往会对另一类商品感兴趣。基于这一发现，他们推出了"搭配购买"的推荐功能，不仅提升了用户的购物体验，还显著增加了销售额。此外，数据协同还使得企业能够更快速地响应市场变化，推出符合消费者需求的新产品或服务。这种以数据为基础的创新模式，不仅增强了企业的市场竞争力，还推动了行业的持续进步。

3. 数据驱动的决策机制变革

在数据驱动工业智能革命的浪潮下，制造业的决策机制正经历着从经验到科学的深刻变革，逐步迈向决策智能化。这一变革不仅提升了决策的效率与准确性，更为企业的长远发展注入了新的活力。

1）传统决策模式的局限性

在传统制造业中，决策往往依赖于管理层的个人经验和直觉。然而，在日益复杂多变的市场环境下，这种决策模式的局限性日益凸显。市场和客户需求的变化越来越快，经验和直觉往往难以全面、准确地把握这些动态。管理层可以基于过往的经验做出判断，但这些经验可能已不再适用于当前的市场状况。此外，传统决策模式还容易受到个人情感、认知偏差等因素的影响。管理层在做出决策时，会受到个人情绪、偏好或认知局限的干扰，导致决策过程缺乏客观性和科学性。

2）数据治理体系奠定决策基础

工业数据治理是一个久久为功的系统工程，不能期待一劳永逸。在推进过程中，应兼顾数据治理长期目标和短期成效，按照"总体规划—

重点突破—分步实施—全面推进"的整体思路，做好工业数据治理的顶层设计、总体规划，明确各阶段的战略目标和重点任务，引导多方参与，以工业企业为主体，营造"政产学研用资"协同的工业数据治理生态。

在政府层面，一是完善顶层战略规划，聚焦突出问题和明显短板，统筹绘制工业数据治理战略蓝图，探索建设符合工业数字化基础的"工业数据空间"。二是健全相关法规标准，围绕工业数据确权、使用、安全等方面，制定可操作的实施细则，加快重点标准研制，构建工业大数据规范化发展的环境。三是推动公共数据开放，积极制定公共数据开放共享目录，优先推动与工业生产相关的公共数据开放，辅助企业科学决策。四是培育壮大企业主体，对标埃森哲、谷歌（Google）等国际一流数据服务商，面向重点工业领域培育工业大数据龙头企业，打造一批具有竞争力的"专精特新"数据服务商。五是培育工业数据交易市场，依托北京国际大数据交易所、上海数据交易所建设，完善工业数据流通制度体系，建立合理的数据价值评价体系，开展工业数据交易试点。六是打造高水平数据人才队伍，结合"新工科"和特色化示范性软件学院建设，加强复合型人才培养，加强海外高层次人才引进，加大工业行业人才再培训。七是加强国际交流合作，利用金砖、G20、中俄、中欧等多双边合作关系，与各国建立工业数据治理领域的合作机制，推动我国工业数据领域优秀企业、产品、技术"走出去"。

在产业层面，一是推广完善行业标准，具体包括：持续开展DCMM数据管理标准系列宣贯活动，提升企业参与贯标的积极性，扩大数据管理标准的社会影响力；引导企事业单位参与标准的修订和试验验证，不断完善工业数据标准的配套服务生态。二是落实数据分类分级，梳理行业重要数据和核心数据具体目录，对目录实施动态管理，对列入目录的数据进行重点保护。三是引导沿链协同治理，具体包括：发挥链主企业的引领作用，鼓励大型企业通过开放平台等多种形式与中小企业开展互利合作；开展工业数据协同治理试点，探索多元联动、共建共治的数据协同治理新机制。四是提升公共服务能力，发展面向制造业企业的数字化服务平台，搭建聚焦质量大数据的公共服务平台，不断丰富工业数据治理支撑生态。五是开展标杆示范推广，充分利用工业和信息化部大数据产业发展试点示范项目标杆效应，树立一批标杆企业，引领全行业发展。

在企业层面，一是以数据驱动决策，形成"用数据说话、用数据决策、用数据管理、用数据创新"的数据思维，合理制定企业数据治理战略。二是完善工业数据治理制度体系，根据相关战略规划调整数据治理组织架构，在决策层成立数据治理委员会，设置企业首席数据官。三是实施全生命周期数据管理，具体包括：加快工业设备互联互通和关键设备上云上平台，推动工业数据采集汇聚；对内构建数据中台，对外构建数据开放共享平台，促进工业数据流通共享；规范工业数据开发应用，发挥各类工业互联网平台优势，推动工业知识、技术、经验的软件化和流程化，培育发展面向不同场景的工业数据应用 App；重视工业数据退役销毁。四是强化数据安全与质量管理，具体包括：明确数据安全主体责任，围绕数据的分级分类、隐私保护、权限管理、访问行为审计、数据加密，加强数据安全技术能力建设；按照"事前数据质量校核、事中数据质量监控、事后数据质量认责"的原则，打造全流程、闭环的数据质量管理体系。五是加快高端人才的培养和引进，具体包括：持续提升员工数字素养和工业大数据技能；建立健全企业数据人才发展通道，优化数据人才评价制度，加快设立数据分析师、数据工程师、数据科学家等专业岗位。

3）数据分析技术助力决策智能化

在数据治理体系奠定的坚实基础上，数据分析成为企业挖掘数据价值、实现决策智能化的关键技术。数据挖掘技术能够深入剖析海量数据，揭示出其中隐藏的关联性和规律，为企业的战略规划和日常运营提供有力支持。例如，通过对生产数据的挖掘，企业可以发现生产过程中的瓶颈环节，进而优化生产流程，提高生产效率。同时，机器学习算法的应用使得企业能够基于历史数据预测未来的市场趋势和客户需求，从而提前调整生产计划，减少库存积压，提高市场响应速度。数据分析技术的运用不仅限于生产领域，还广泛渗透于市场营销、产品研发、供应链管理等多个环节。其中：在市场营销方面，企业可以通过分析客户行为数据，精准定位目标客户群体，制定个性化的营销策略，提高营销效果；在产品研发方面，数据分析可以帮助企业了解市场需求，指导产品设计和功能优化，提升产品竞争力；在供应链管理方面，数据分析则能够预测原材料需求，优化库存水平，降低采购成本，提高供应链的整体效率。

数据分析技术的另一大价值在于其预测未来的能力。通过对历史数据的深入分析和模型构建，企业可以预测未来的市场走势和客户需求，从而提前制定应对策略，把握市场先机。这种预测能力对于制造业而言尤为重要，因为制造业的生产周期相对较长，对市场变化的响应速度较慢。通过数据分析预测未来趋势，企业可以在市场变化之前做出调整，降低市场风险，提高竞争力。数据分析预测未来趋势的能力不限于单个企业层面，它还能对整个工业生态的重构产生深远影响。随着数据分析技术的普及和应用，越来越多的企业开始意识到数据的重要性，并积极构建自己的数据治理体系和分析能力。

4）决策智能化提升企业竞争力

在数据驱动的工业智能革命浪潮中，企业的决策机制正经历着前所未有的变革。传统决策模式往往依赖于经验判断与直觉，而在大数据与先进分析技术的加持下，决策过程变得更为科学、高效。数据成为决策的核心要素，它不仅能够实时反映市场动态、客户需求及内部运营状况，还能通过算法模型预测未来趋势，为决策者提供精准的信息支持。这种决策机制变革极大地缩短了决策周期，使得企业能够在瞬息万变的市场环境中迅速做出反应，调整生产、销售、研发等各个环节的策略。例如，通过实时监测销售数据，企业可以即时调整生产计划，避免库存积压，提高资源利用效率。数据驱动的决策机制，如同为企业安装了一副"透视眼"，让其在复杂多变的市场迷雾中，依然能够保持清晰的视野和敏锐的洞察力。

数据不仅是决策的加速器，更是企业增强市场适应能力的关键。在数据驱动的工业生态中，企业能够更深入地理解客户需求，通过数据分析挖掘消费者的偏好变化、购买习惯，从而提供定制化产品和服务，实现精准营销。同时，数据还能帮助企业识别市场趋势，预测行业走向，为战略调整提供有力依据。在竞争激烈的市场环境中，这种对市场变化的快速响应能力，是企业保持竞争优势的重要法宝。数据驱动的市场策略，使企业能够灵活调整，不断适应市场的新需求、新挑战，确保在激烈的市场竞争中立于不败之地。

数据驱动的决策机制不仅关注当下，更着眼未来。通过对海量数据的深度挖掘与分析，企业能够发现隐藏在市场背后的新机遇和增长点。这些数据可能来自社交媒体、客户反馈、行业报告等多个渠道，它们蕴含着丰富的创新灵感和商业价值。企业可以利用这些数据，结合自身的技术优势和资源条件，开发出新的产品或服务，开拓新的市场空间。数据驱动的创新模式，不仅促进了企业的持续成长，也为制造业的转型升级提供了源源不断的动力。

1.3.2 产业链上下游的数据融合

1. 产业链数据整合与协同

1) 打破数据孤岛，实现资源高效配置

在数据驱动的工业智能革命中，产业链数据整合与协同的首要任务是打破长期存在的数据孤岛。传统产业链上，企业间信息闭塞，各自为战，导致资源难以高效配置，市场响应速度慢。然而，随着云计算、大数据等技术的兴起，这一状况得到了根本性改变。以汽车制造业为例，某知名汽车制造商通过构建产业链数据平台，实现了与供应商、分销商以及终端客户的全面数据连接。该平台能够实时采集并整合原材料供应情况、零部件生产进度、整车装配状态、市场需求变化等多维度数据。借助这些数据，汽车制造商能够精准预测市场需求，及时调整生产计划，避免库存积压或短缺。同时，通过与供应商共享生产计划和库存信息，供应商能够提前准备原材料和零部件，确保供应链的顺畅运行。

2) 促进企业间紧密合作，提升产业链整体竞争力

产业链数据整合与协同的另一大价值在于促进企业间的紧密合作，共同提升产业链的整体竞争力。在数据共享的基础上，企业能够更好地理解彼此的需求和挑战，共同制定解决方案，应对市场变化。以电子产品制造业为例，某智能手机生产商与多家零部件供应商建立了数据协同机制，通过共享产品设计数据、生产流程数据以及市场反馈数据，双方能够共同优化产品设计，提高生产效率，降低生产成本。在产品设计阶段，供应商可以提前介入，提供零部件的可制造性评估，确保设计方案的可行性和经济性。在产品生产阶段，双方可以实时共享生产进度和质

量控制数据，及时发现并解决问题，确保产品质量和交货期。

2. 数据驱动的供应链优化

1) 数据驱动的需求预测与生产优化

随着大数据技术的日益成熟，制造业企业能够收集并分析海量的历史销售数据、市场趋势信息以及消费者行为数据。这些数据为精准预测市场需求提供了坚实的基础。通过构建预测模型，企业能够提前洞察市场变化，制定出更加合理的生产计划。这种基于数据的决策方式，不仅避免了库存积压和缺货风险，还提高了供应链的灵活性和响应速度，使制造业企业能够更好地适应市场变化，满足消费者需求。在智能穿戴设备领域，某领先企业利用大数据分析技术，对消费者的购买习惯、偏好以及市场趋势进行了深入研究。通过构建需求预测模型，该企业成功预测了未来一段时间内某款智能手表的市场需求量，提前调整了生产计划，确保了产品供应的充足性。同时，该企业还根据市场需求的变化，灵活调整了产品功能和设计，进一步提升了市场竞争力。

2) 数据驱动的供应商管理与物流智能化

在供应链管理中，供应商的选择和管理至关重要。数据驱动的方法使得企业能够对供应商的历史表现、交货能力、质量水平等进行全面评估，从而筛选出优质的供应商并建立稳定的合作关系。通过实时监控供应商的生产进度和库存情况，企业可以及时调整采购计划，确保供应链的顺畅运行。同时，物联网技术的应用使得物流过程更加智能化，物流企业能够实时追踪货物的运输状态，优化物流路径，降低运输成本，提高物流效率。在汽车制造业中，某知名企业采用了数据驱动的供应商管理方法，通过对供应商的历史数据进行深入分析，成功筛选出了一批信誉良好、交货能力强、质量稳定的供应商，并与之建立了长期合作关系。在物流管理方面，该企业引入了物联网技术，实现了对汽车零部件运输状态的实时追踪，这不仅提高了物流效率，降低了运输成本，还增强了供应链的透明度和可追溯性。

3. 产业链上下游的数据共享与合作模式

1) 数据共享促进技术创新与产业升级

在数据驱动的工业生态中，产业链上下游的数据共享成为推动技术创新和产业升级的关键。通过共享数据，企业能够打破信息孤岛，汇聚各方智慧，共同探索新技术、新产品的研发。这种合作模式不仅降低了研发成本，还加速了技术创新的步伐，为整个产业链带来了显著的竞争优势。在智能汽车行业，某国内新能源汽车制造商与多家供应商建立了数据共享机制，通过建立实时数据仓库监控车辆电池状态，与供应商共享库存车电池、胎压等风险数据，实现主动预警和点对点管控，降低库存质损率至零。这种合作模式促进了技术创新，加快了产供销协同，更好地满足客户需求，引领了智能电动汽车市场的潮流。

2）数据共享助力风险共担与利益共享

数据共享不仅促进了技术创新，还为企业间提供了风险共担和利益共享的平台。在产业链中，各个环节都面临着不同的风险和挑战，如市场波动、供应链中断等。通过数据共享，企业可以更加全面地了解整个产业链的风险状况，共同制定风险防范和应对措施，降低风险损失。同时，数据共享也促进了利益分配的公平合理，确保了产业链上下游的共同发展。在服装产业链中，越来越多的连锁销售服装平台通过与其供应商建立数据共享平台，实现了库存、销售等数据的实时共享，使得企业能够快速响应市场需求变化，调整生产计划，降低库存风险。同时，供应商通过数据共享获得了更准确的订单信息，避免了生产过剩或不足的情况，实现了风险共担和利益共享。

3）数据共享推动产业链数字化转型与智能化升级

数据共享还推动了产业链上下游企业的数字化转型和智能化升级。在共享数据的基础上，企业可以更加便捷地应用云计算、大数据、人工智能等先进技术，提升生产效率和管理水平。这种数字化转型和智能化升级，不仅提高了企业的竞争力，还推动了整个产业链的智能化发展，为制造业的转型升级提供了有力支撑。在航空制造业中，中国商飞公司与其合作伙伴共同建设了全球首个5G工业园区，并打造了基于5G的新型工业互联网平台"商飞企业大脑"，通过该平台进行数据共享，连接了设计、采购、生产、仓储、物流、销售、服务等各个环节，使生产更加智能化。同时，中国商飞公司还建立了"商飞商城"作为其采购共享平台，实现了数据共享和采购流程的优化。此外，数据共享也为供应商提供了更多的业务机会和创新空间，推动了整个航空制造业的智能化发展。

1.3.3 跨行业的数据共享与合作

1. 跨行业数据共享平台的构建

1) 平台构建的意义与功能

在数据驱动的工业智能革命中，跨行业数据共享平台的构建具有深远意义。这类平台通过打破信息孤岛，整合不同行业的数据资源，为各行业提供了丰富、多元的数据支持。这种数据的汇聚与共享，不仅促进了资源的优化配置，还极大地推动了产业间的协同合作。平台的建设过程中，数据安全性、隐私保护以及数据标准的统一是不可或缺的要素，确保了数据在共享过程中的合法合规，为平台的稳定运行提供了坚实保障。跨行业数据共享平台的功能多样且强大。一方面，数据共享平台使企业能够更便捷地获取所需数据，进行深度分析和挖掘，从而发现新的市场机会和业务模式，极大地提升了企业的市场竞争力和创新能力。另一方面，数据共享平台还促进了各行业之间的知识交流和技术转移，加速了创新成果的转化和应用。

2) 智能制造领域的跨行业数据共享平台

在智能制造领域，跨行业数据共享平台的应用尤为突出。以某知名智能制造数据共享平台为例，该平台涵盖了机械、电子、信息等多个行业，汇聚了各行业在设备运维、生产流程、产品设计等方面的数据，为制造业企业提供了全面的生产优化建议。该平台还能通过收集设备运维数据，分析设备的运行状态和故障模式，为制造业企业提供了设备预测性维护的建议。这不仅提高了设备的可靠性和稳定性，还降低了维修成本和停机时间。同时，该平台还整合了生产流程数据，通过数据分析优化生产流程，提高生产效率和质量。此外，该平台上的产品设计数据为新产品研发提供了灵感和依据，推动了制造业的创新发展。例如，某汽车制造企业通过该平台获取了其他行业在智能制造方面的先进经验和技术，成功地将这些技术应用到自己的生产线上。通过数据驱动的优化和创新，该企业不仅提高了生产效率和质量，还降低了生产成本，增强了市场竞争力。

2. 数据驱动的跨行业协同创新

1) 跨行业协同创新的意义

数据驱动的跨行业协同创新在工业智能革命中扮演着至关重要的角

色。它打破了传统行业界限,使不同行业的企业能够基于共同的市场挑战和技术需求,展开深入的合作与交流。通过共享数据资源,企业能够协同研发新技术、新产品,实现资源共享和优势互补。这种协同创新模式不仅有助于降低研发成本,还能加快技术创新的步伐,提升整个产业链的竞争力。在日益激烈的市场竞争中,跨行业协同创新已成为企业获取竞争优势、实现可持续发展的关键途径。

2)跨行业协同创新生态构建

数据驱动的跨行业协同创新展现出了巨大的潜力和价值。以智能物流为例,物流行业与制造业、信息技术行业等紧密相连,通过数据共享和协同创新,能够实现共赢。具体来说,物流行业通过获取制造业的货物需求信息,能够更精准地预测物流需求,优化物流路径和配送计划,从而提高物流效率和服务质量。同时,信息技术行业为物流行业提供了先进的物联网、大数据等技术支持,使物流过程更加智能化、自动化。这些技术的引入不仅提高了物流的准确性和效率,还降低了运营成本,增强了物流行业的竞争力。在智能物流的实践中,跨行业协同创新的优势得到了充分体现。例如,某物流公司通过与制造业企业合作,实现了货物需求的实时共享和预测,从而优化了物流资源的配置。同时,该公司还引入了信息技术企业提供的智能物流解决方案,通过大数据分析优化运输路线和配送策略,显著提高了物流效率和客户满意度。这种跨行业的协同创新,不仅提升了物流行业的服务水平,还促进了制造业和信息技术行业的发展,形成了多赢的局面。

3. 跨行业数据合作面临的挑战与解决方案

1)数据安全与隐私保护的挑战及应对

不同行业的企业在共享数据时,必须确保数据不被非法获取、滥用或泄露,以保护企业自身的商业机密和客户隐私。为此,建立完善的数据安全机制和隐私保护政策是至关重要的。这包括采用先进的加密技术、访问控制机制和数据脱敏技术,以确保数据在传输、存储和处理过程中的安全性。同时,企业还应制定严格的隐私保护政策,明确数据的收集、使用和共享规则,并加强对员工的数据安全意识培训,从源头上降低数据泄露的风险。

2）数据标准与格式差异的挑战及应对

由于各行业的数据采集、存储和处理方式各不相同，导致数据难以直接整合和分析。为了解决这个问题，推动数据标准的统一和规范化是关键。政府和企业可以共同制定跨行业的数据标准和格式规范，促进数据的互通互联。同时，还可以利用数据转换和清洗技术，将不同格式的数据转化为统一的标准格式，降低数据整合的难度和成本。

3）利益分配与知识产权归属的挑战及应对

在跨行业数据合作中，利益分配和知识产权归属问题往往容易引发争议。为了确保各方在合作中的权益得到保障，需要建立公平合理的利益分配机制。这可以通过签订详细的合作协议来实现，明确各方在合作中的贡献、权益和收益分配方式。同时，加强知识产权的保护和管理也是必不可少的。企业应建立完善的知识产权管理制度，明确知识产权的归属和使用规则，避免知识产权纠纷的发生。

4）政府与企业的角色与责任

政府应出台相关政策，鼓励和支持企业参与跨行业数据合作，提供资金和技术支持。例如：设立专项基金，支持跨行业数据合作项目的研发和实施；建立数据共享平台，为企业提供便捷的数据共享服务。同时，政府还应加强对数据安全和隐私保护的监管力度，确保数据合作的合法合规。企业则应主动寻求合作机会，拓展合作领域。例如：积极参与跨行业的数据交流会议和研讨会，了解其他行业的数据需求和技术趋势；主动与其他企业建立合作关系，共同开展数据合作项目；利用自身的技术优势和数据资源，为合作企业提供有价值的数据支持和服务。通过政府和企业的共同努力，跨行业数据合作将成为推动制造业智能化升级的重要力量，为工业生态的重构注入新的活力。

第2章
数据经纬，治理筑基

在当今信息化社会，数据已成为驱动经济社会发展的关键生产要素，而随着信息技术的飞速发展和工业4.0时代的到来，工业数据正以全新的速度增长和积累，成为工业领域的重要资源。但是，数据的海量增长并未自动转化为价值的提升，反而带来了诸多挑战。数据质量参差不齐、数据孤岛现象严重、安全风险与合规问题日益凸显，这些问题严重制约了工业数据的有效利用和价值挖掘。构建完善的数据治理体系，成为提升工业数据价值、保障数据安全与合规性的必由之路。数据治理不仅关乎数据的质量与管理效率，更是促进数据价值挖掘与利用、推动工业数字化转型的重要所在。

本章将深入探讨数据治理的关键要素、国内外数据治理体系的现状与差异，以及工业数据治理的特性和挑战，为读者提供一套系统而全面的数据治理理论与实践框架，为构建安全可靠的数据环境提供技术与管理上的指导。

2.1 数据治理体系

本节将明确数据治理的定义与内涵，辨析其与相关概念的异同，阐述数据治理的目标设定，提出数据治理应遵循的基本原则，详细解析数据治理的关键要素。

2.1.1 数据治理关键要素

1. 概念界定

数据治理是组织内部对数据资产管理进行全面规划、监督和执行的一系列活动，其核心目标在于确保数据的质量、安全性、可用性和合规性。这一体系涉及数据的全生命周期管理，从数据的创建、存储、处理直至销毁，旨在通过战略性和系统性的方法实现数据的全面管控与优化。数据治理需要明确的战略规划指导，充分考虑业务需求、法律法规和技术发展趋势。在此基础上，数据质量管理成为关键，它要求确保数据的准确性、完整性、一致性、时效性和可理解性，通过建立监控机制、定期清洗和校验数据，提升数据的可靠性和使用价值。数据安全是组织必须采取严密措施保护数据免受未经授权的访问、泄露、篡改或破坏，这包括数据加密、访问控制、安全审计等多种手段，并需严格遵循相关法律法规和行业标准。数据合规性管理至关重要，组织应建立合规性监控机制，定期审查数据处理活动，确保所有操作的合法合规。在数据生命周期管理方面，组织应制定相应策略和流程，覆盖数据的创建、采集、存储、处理、分析和销毁等各个阶段，确保数据在每个环节都得到妥善管理和保护。统一的数据架构和数据标准是数据治理的基础，有助于实现数据的一致性和互操作性，促进数据在组织内部的共享和集成。

为了成功实施数据治理，组织需要建立专门的数据治理机构或委员会，负责推动相关工作的实施和监督，并培养一种注重数据质量、安全和合规性的组织文化。先进的技术和工具是数据治理的重要支撑，它们能帮助组织实现自动化和智能化管理，提高数据管理的效率和效果。数据治理是一个复杂的系统工程，需要组织在战略规划、质量管理、安全管理、合规性管理、生命周期管理、架构与标准、组织与文化以及技术与工具支持等方面进行全面考虑和协同推进，以最大化数据的价值并降低潜在风险。

2. 目标设定

数据治理的主要目标是确保数据资产的有效管理，保证数据决策的正确性、及时性、有效性和前瞻性，确保数据管理活动规范、有序和可控，并实现数据资产价值的最大化。首先，数据应具有准确性、完整性和一致性。准确的数据是决策的基础，错误的数据可能导致错误的决策。完整性用于确保数据不缺失关键信息。一致性用于保证不同来源的数据在含义和格式上的统一。其次，数据可用意味着数据能够被方便地获取和使用。这需要建立有效的数据存储、检索和共享机制，确保数据在必要时能够及时提供给相关人员。再次，数据够用强调数据的充分性和及时性。数据治理应确保拥有足够的数据来支持业务决策，这些数据需要及时更新以反映业务的变化。

不同行业的数据治理目标会有所不同。例如，在银行保险业，随着大数据、物联网、人工智能、区块链等新技术的发展，数据治理的目标是为行业注入新活力，推动数据互联互通、跨界融合、生态应用[2]。而在电信运营商领域，数据资产管理的目标是实现数据可管、风险可控、分析可用，通过组织建设、制度建设和系统建设来保护用户隐私性极强的数据，并为企业创造价值。

对于企业数据业务而言，需要根据自身的资源基础和治理能力，选择数据业务战略并制定相应的数据质量治理和数据合规治理目标[3]。例如，数据提供者战略应注重数据的准确性和完整性，以提供高质量的数据资源；数据整合者战略应强调数据的融合和统一，以实现数据的跨界应用。

3. 基本原则

数据治理是组织数据管理的高级形态，其成功实施并非偶然，而是建立在遵循一系列基本原则的基础之上。这些原则为数据治理活动提供了科学性与合理性的保障，确保了治理实践的有效性与可持续性。战略导向、全员参与、持续改进与合法合规构成了数据治理的基本原则框架，为组织数据管理水平的提升奠定了坚实基础。

数据是现代组织的核心资产，其治理必须服务于组织的长期发展愿景。将数据治理融入组织的战略规划之中，不仅能确保数据成为支持决策和运营的关键要素，还能促进组织目标的实现。在这一过程中，组织应明确数据治理的战略定位，将其视为推动业务创新、提升运营效率的重要手段。通过战略导向的引领，数据治理能更有效地整合资源、优化流程，为组织创造更大的价值。

数据治理并非单一部门或个体的责任，而是需要组织内所有成员的共同努力。从高层管理者到基层员工，每个角色都应在数据治理中发挥积极作用。高层管理者的支持与引导是数据治理成功的关键，他们需为治理活动提供必要的资源、制定明确的政策，并推动治理文化的形成。数据管理员是治理措施的具体实施者，应确保数据的质量、安全与合规性，不断提升自身的专业技能和素养。业务人员则通过日常操作和数据使用，为数据治理提供宝贵的反馈和改进建议，促进治理实践的持续优化。全员参与的数据治理文化能激发组织内部的协同效应，推动数据治理的深入实施与持续改进。

数据治理是一个动态的过程，随着组织业务的发展、技术的进步以及法律法规的变化，治理策略和方法需要不断调整和优化。因此，组织应建立有效的治理评估机制，定期对数据治理的成效进行评估，及时发现并纠正治理过程中的偏差。组织还应鼓励创新，积极探索新的治理方法和技术，以不断提升数据治理的效能和水平。通过持续改进，组织能确保数据治理始终保持在行业前列，为组织的长远发展提供有力支持。

在数据治理过程中，组织必须严格遵守相关法律法规和行业标准，确保所有数据活动均在合法合规的框架内进行。这包括数据的收集、处理、存储、传输和销毁等各个环节，均应符合相关法律法规的要求。通过遵循合法合规原则，组织不仅能保护自身免受法律风险和声誉风险的侵害，还能确保数据资产的合法性和合规性，为组织的稳健发展提供坚实保障。

战略导向、全员参与、持续改进与合法合规是数据治理的基本原则。这些原则相互关联、相互作用，共同构成了数据治理的坚实基石。遵循这些原则，组织能确保数据治理活动的科学性与合理性，推动组织数据管理水平的不断提升，为组织的长期发展奠定坚实基础。

4. 关键要素解析

数据治理体系是确保数据质量、安全性、可用性和合规性的核心框架，其构建与运行依赖于一系列精心设计的规划、监督和执行活动。这些活动并非孤立存在，而是由组织架构与职责划分、数据标准与规范体系、数据生命周期管理以及数据治理工具与技术等关键要素紧密交织而成，共同构成了数据治理的完整生态。

组织架构与职责划分是数据治理体系的基石，它明确了治理工作的组织结构和各角色的职责，为治理活动的有序进行提供了坚实的组织保障。在这一框架下，数据治理委员会是最高决策机构，扮演着制定数据治理策略、政策和规程，并监督其实施的关键角色。委员会成员通常来自组织的高层管理者，他们具备深厚的业务洞察力和战略眼光，能确保治理策略与组织目标的高度契合。数据治理办公室是执行机构，负责协调和执行数据治理计划，管理数据资产，解决数据质量问题，并推动治理措施的具体落实。每个部门或业务领域都指定的数据负责人是数据治理的"前线哨兵"，负责管理和维护本部门或领域的数据资产，确保数据的准确性、完整性和及时性，从而实现数据的精细化管理。

数据标准与规范体系确保了数据的一致性和互操作性，为数据的高效利用和共享奠定了坚实基础。在这一体系中，元数据标准、主数据标准、交易数据标准等被制定出来，以实现数据的标准化、规范化。这些标准不仅规定了数据的格式、命名规则、编码体系等基本要素，还涵盖了数据的质量标准、安全标准等关键方面。规范体系还包括数据管理的流程、制度、细则等，它们详细规定了数据在收集、存储、处理、分析等各个环节中的操作规范和要求，确保了数据管理活动的规范性和高效性。通过遵循这些标准和规范，组织能显著降低数据错误率，提高数据处理的效率和准确性，从而为数据分析和决策支持提供有力保障。

数据生命周期管理涉及数据的创建、存储、处理、分析和销毁等各个阶段，确保了数据在每个环节都得到妥善管理和保护。在这一过程中，组织需制定存储策略、归档策略、保留策略等管理策略，以针对数据生命周期的各个阶段进行相应的管理。例如，在数据创建阶段，组织需确保数据的准确性和完整性；在数据存储阶段，需采取合适的存储方式和存储介质，以确保数据的安全性和可访问性；在数据处理和分析阶段，需遵循相关的数据处理规范和分析方法，以挖掘数据的潜在价值；在数据销毁阶段，则需确保数据的彻底删除或安全处理，以防止数据泄露或滥用。通过全面的数据生命周期管理，组织能确保数据的完整性和安全性，提高数据的利用效率和价值。

数据治理工具与技术能帮助组织更有效地管理数据、提高数据质量和安全性。在这一领域，数据管理平台（DMP）、数据集成工具等数据管理工具发挥着重要作用，能实现数据的整合、清洗、转换等操作，从而确保数据的准确性和一致性。数据挖掘工具、商业智能（BI）工具等数据分析工具则帮助组织对数据进行深入分析，发现数据中的价值和趋势，为决策支持提供有力依据。数据加密工具、数据脱敏工具、数据备份与恢复工具等数据安全工具则确保了数据在存储、传输和处理过程中的安全性和隐私性。这些工具和技术的应用不仅提高了数据治理的效率和准确性，还降低了数据管理和维护的成本，为组织的数据治理实践提供了强有力的技术支持。

组织架构与职责划分、数据标准与规范体系、数据生命周期管理以及数据治理工具与技术等关键要素共同构成了数据治理体系的完整框架。它们相互关联、相互支撑，共同推动了数据治理的有效实施。在这一框架下，组织能确保数据的质量、安全性、可用性和合规性，从而实现数据的全面优化和价值最大化。这些关键要素也为组织的数据管理实践提供了明确的指导方向和实施路径，有助于组织在数据治理领域取得更加显著的成效。

2.1.2 国内外数据治理体系

1. 国内数据治理现状

2023年10月，国家数据局正式成立，负责协调推进数据基础制度建设，统筹数据资源整合共享和开发利用，统筹推进数字中国、数字经济、数字社会规划和建设等，这充分体现了国家决策层面对于数据作为经济社会发展总抓手的高度重视，这一举措将有利于解决目前数据要素、数字经济领域发展的制度性难题，有利于数据、算法、算力等数字经济相关产业的发展和创新，有利于形成数据要素流通和使用的良好发展格局，有利于数字经济、数字中国、数字社会的迅速健康发展。

近年来，我国政府高度重视数据治理工作，通过出台一系列相关政策法规，为数据治理提供了坚实的法律保障。其中，《中华人民共和国数据安全法》和《中华人民共和国个人信息保护法》的颁布实施，标志着我国在数据治理领域迈出了重要步伐。这些法律法规不仅明确了数据保护的基本原则和要求，还规定了数据处理活动的法律责任和监管机制，为数据治理的规范化发展奠定了坚实基础。各行业也在积极响应国家号召，根据自身特点制定了相应的数据治理标准和规范。这些标准和规范不仅细化了数据治理的具体要求，还促进了行业内数据治理经验的交流和共享，推动了数据治理工作的深入开展。在国家层面我国已经出台了一系列政策来保障和促进数据治理，地方政府针对地方特殊性也探索性出台了部分区域政策，由于数据治理系统化推进工作刚刚起步，政策在系统性和统一性上仍有待提高。随着数据量的激增，数据安全成为重要的议题。我国的数据安全治理虽然取得了一定进展，但在数据保护法律体系、数据安全监管等方面还存在不足。通过研究国外的成功经验，可以为我国的数据安全治理提供指导和借鉴。

在金融、电信、互联网等领域，数据治理实践已经取得了显著成效。在金融领域，许多银行和金融机构已经建立了完善的数据治理体系，通过数据标准化、数据质量管理、数据安全防护等措施，提升了数据的质量和管理效率。这些实践案例不仅展示了数据治理在金融行业的重要性，还为其他行业提供了宝贵的经验和借鉴。在电信领域，运营商通过构建数据治理平台，实现了对海量数据的有效管理和利用。这些平台不仅提供了数据集成、数据清洗、数据分析等功能，还支持数据的安全共享和合规使用，为电信运营商的业务创新和发展提供了有力支撑。在互联网领域，许多企业已经建立了专门的数据治理团队，负责数据的收集、存储、处理和分析工作。通过数据治理实践，这些企业不仅提升了数据的价值密度和利用率，还增强了数据的安全性和合规性，为用户提供了更加优质、安全的服务。

2. 数据治理体系及组织模式

在全球化与数字化的双重浪潮下，数据已成为驱动经济社会发展的重要因素。为确保数据的有效管理、利用与保护，国际数据治理框架应运而生，为各国政府、企业及组织提供了科学、系统化的数据管理指南。其中，数据管理能力成熟度模型（Data Management Association, DCMM）与国际数据管理协会模型（Data Management Association, DAMA）是两个具有代表性的框架，对于推动国际数据治理的发展起到了重要的作用。

DCMM即数据管理能力成熟度模型,是我国在数据管理领域首个正式发布的国家标准。该模型以8个核心能力域为核心,全面覆盖了数据管理过程中的关键环节,包括数据战略、数据治理、数据架构、数据标准、数据质量、数据安全、数据应用以及数据生命周期管理。DCMM不仅为组织提供了一个评估其数据管理能力的现状的科学框架,还明确了提升路径,帮助组织识别数据管理中的强项与短板,并据此提出针对性的改进建议。通过DCMM的评估与认证,组织能系统地提升其数据管理能力,实现数据的全面优化与价值最大化。

与DCMM相呼应,DAMA则以其独特的视角和丰富的资源,为全球数据管理专业人士提供了宝贵的知识支持。作为一个非营利性的专业组织,DAMA致力于交流国际、国内在数据领域中的最新进展,共享业界的实践、经验和成果。其倾力打造的数据管理知识手册(Data Management Body of Knowledge,DMBOK),是数据管理专业人员的国际数据管理标准和实践的综合指南。DMBOK涵盖了数据管理的各个方面,从基础理论到实践操作,为数据治理工程师、数据治理专家等提供了全面而深入的知识体系,有力地推动了数据管理专业化的进程。

在数据治理的实践中,不同国家根据自身的国情和需求,形成了各具特色的治理模式。其中,美国和欧洲的实践尤为引人注目。美国政府高度重视数据治理,通过制定《联邦数据战略》,明确了政府数据治理的主要视角和核心目标。该战略强调从"技术治理"向"资产治理"的转变,强调数据是战略资产的重要性,并要求建立相应的权限、组织结构、策略与资源来支持数字资产的管理、维护与使用。美国还创新性地设立了首席数据官制度,负责全周期的数据治理与管理工作,进一步提升了政府数据治理的效能。欧洲国家则更注重数据保护与隐私权益的维护。《通用数据保护条例》(General Data Protection Regulation,GDPR)的出台,标志着欧洲在数据保护领域迈出了坚实的一步。作为欧盟颁布的一项重要法规,GDPR规定了企业和机构在处理欧盟居民个人数据时必须遵守的法律标准,包括数据的收集、处理、存储、传输和销毁等各个环节。GDPR的严格实施,不仅极大地提升了欧洲地区的数据保护水平,也为全球数据治理树立了新的标杆,推动了全球数据保护标准的提升。

随着全球化的深入发展,数据治理的国际合作与交流日益频繁。各国政府、企业和国际组织纷纷加强沟通与合作，共同推动全球数据治理体系的完善与发展。联合国是全球治理的重要平台，通过其经济和社会理事会（Economic and Social Council，ECOSOC）、联合国教科文组织（United Nations Educational, Scientific and Cultural Organization，UNESCO）等机构，积极协调全球数据治理的发展，推动各国在数据治理领域的合作与交流。国际电信联盟（International Telecommunication Union，ITU）是全球电信和信息通信技术领域的标准化和监管机构，也在数据治理方面发挥着重要作用。ITU通过制定标准和规范，促进全球数据治理的协调和合作，确保数据在全球范围内的安全、高效流动。此外，各类论坛、研讨会的举办也为数据治理的国际合作提供了重要平台，不仅促进了各国政府、企业和国际组织之间的信息交流与经验分享，还推动了数据治理理念和实践的创新与发展。通过这些合作与交流，各国能相互借鉴、取长补短，共同应对数据治理面临的挑战与机遇，推动全球数据治理体系向着更加完善、更加高效的方向发展。

国际数据治理框架为组织提供了科学、系统化的数据管理指南，不同国家在实践中形成了各具特色的治理模式，而国际合作与交流则进一步推动了全球数据治理体系的完善与发展。在未来的发展中，各国应继续加强沟通与合作，共同应对数据治理面临的挑战与机遇，推动全球数据治理体系向着更加开放、包容、合作、共赢的方向发展。

3. 数据治理理念比较与借鉴

数据治理在全球范围内受到高度重视，因为它关系到数据的安全、隐私保护、质量管理以及最终的价值实现。不同国家和地区根据自身的法律制度、经济发展水平、技术发展情况以及数据治理需求，形成了各具特色的数据治理体系。国内外的数据治理体系在设计理念、实施方法、技术应用等方面都有较大的差异。

国外的数据治理模型通常强调治理原则与目的的明确性，以及治理活动的标准化和流程化。例如，一些国际数据治理模型强调在构建模型之前应有一套明确的界定标准，并注重数据治理政策的重要性。国内的数据治理体系建设则更加注重与国家战略、发展需求的结合，强调顶层设计和政策引导。例如，上海市的数据治理实践强调城市数字化转型倒逼数据治理能级提升，通过地方立法的形式出台相关数据条例。国外的数据治理注重技术的应用，如通过大数据、云计算、区块链等技术完善数据治理的管理机制。国内也在不断地利用新兴技术提升数据治理的自动化和标准化水平，如利用区块链技术保障数据安全性和可追溯性。国外的数据治理体系注重实际操作的可行性，强调模型的灵活性和适应性，避免过度标准化带来的复杂性。国内的数据治理体系建设则更强调系统性和全面性，注重从国家层面推动数据治理的标准化和规范化。

对于发展中国家或新兴市场，借鉴发达国家的数据治理经验可以帮助快速建立起符合国际标准、适应本国实际的数据治理框架。从国际经验中可以看到，数据治理既需要强调技术的支撑，也要注重法律法规的配合，还需要考虑数据治理与国家安全、经济发展的结合。数据治理的国内外体系比较与借鉴需要重点关注治理理念、技术应用、实施方法等方面的差异，并结合本国实际情况，借鉴国际经验，形成适合自己的数据治理策略和实施路径。

2.2 工业数据治理

在工业4.0和智能制造的时代背景下，工业数据是驱动产业升级与转型的关键要素，工业数据不仅承载着生产流程中的各类信息，还蕴含着提升生产效率、优化产品质量、支持决策制定及推动服务创新的巨大潜力。工业数据的特性，如来源与类型的多样性、实时性与动态性，以及数据规模与增长速度的迅猛，给数据的有效管理和价值挖掘带来了全新的挑战。面对这些挑战，如何构建科学有效的工业数据治理体系，成为当前工业界和学术界共同关注的焦点。工业数据治理不仅关乎数据质量的提升与数据价值的挖掘，更涉及数据的安全保障与合规遵循，是确保工业数据资产得以充分利用并支撑企业持续发展的重要基石。

本节将深入探讨工业数据的特性及其价值，分析当前工业数据面临的挑战，并在此基础上提出针对性的工业数据治理策略。通过构建与优化治理体系、加强数据质量管理与提升、促进数据整合与共享，以及强化安全保障与合规遵循，旨在为实现工业数据的全面治理与价值最大化提供理论指导与实践路径。

2.2.1 工业数据特性及价值

1. 工业数据特性分析

工业数据的来源极为广泛，它贯穿于整个生产流程的各个环节。从原材料入库、生产加工、质量检测，到产品销售、售后服务，每一个环节都会产生大量的数据。这些数据包括但不限于传感器数据（如温度、压力、湿度等环境参数），设备日志（如设备运行状态、故障信息等），操作记录（如操作人员的操作行为、操作时间等），以及质量检测报告（如产品质量的各项指标）。从数据类型上看，工业数据涵盖了结构化数据、半结构化数据和非结构化数据。其中，结构化数据通常存储在数据库中，如产品编号、生产批次、产量等；半结构化数据如日志文件，它们具有一定的结构但又不完全固定，如设备日志中的时间戳、错误代码等；非结构化数据，如图像、视频、音频等，包含丰富的信息，但处理起来也更为复杂。

工业生产是一个连续不断的过程，因此工业数据具有很强的实时性。数据的采集、传输和处理都需要在短时间内完成，以便及时反映生产状况，支持即时决策。例如，在自动化生产线上，传感器会实时监测设备的运行状态，一旦发现异常，系统会立即发出警报并采取相应的处理措施。随着生产条件的变化（如原材料的变化、生产工艺的调整、市场需求的变化等），数据的特征也会发生相应的变化。这就要求数据处理系统能适应这种动态变化，及时调整处理策略和方法，以确保数据的准确性和有效性。

随着智能制造和物联网技术的广泛应用，工业数据的规模和增长速度都呈现出爆炸性的趋势。一方面，越来越多的设备和传感器被接入工业系统中，它们会产生大量的数据；另一方面，随着生产过程的精细化和复杂化，对于数据的采集和分析也提出了更高的要求，导致数据的规模和增长速度进一步增加。传统的数据存储和处理方式已经难以满足现代工业数据的需求，因此需要采用更为先进的数据处理技术和方法，如分布式存储、云计算、大数据处理等，以应对工业数据的爆炸式增长。同时，需要加强对数据的管理和治理，确保数据的质量和安全，为工业生产的持续优化和升级提供有力的支持。

2. 工业数据价值挖掘

工业数据是现代工业生产的宝贵资源，其潜在价值的挖掘对于提升生产效率、优化产品质量以及支持决策制定和服务创新具有深远意义。通过对生产过程中的各类数据进行深入分析，企业可以精准地识别出生产流程中的瓶颈环节。这些瓶颈可能源于设备老化、工艺不合理或操作不当等多种因素。一旦这些瓶颈被确定，企业就可以有针对性地采取措施进行优化，如更新设备、调整工艺参数或加强员工培训，从而显著提高生产效率。通过对历史生产数据的挖掘，企业还可以发现生产过程中的潜在规律，为未来的生产计划制定提供科学依据，进一步提升生产效率。通过对这些实时数据的监测和分析，企业可以及时发现生产过程中的偏差和异常，从而迅速采取措施进行纠正，不仅可以避免不合格产品的产生，减少资源浪费，还可以通过对生产过程的精细调整，进一步提升产品的质量稳定性和一致性。通过对质量数据的长期跟踪和分析，企业还可以发现产品质量的变化趋势，为产品改进和升级提供有力支持。

在决策支持方面，通过对市场数据、生产数据、财务数据等多维度数据的综合分析，企业可以更加准确地把握市场动态和内部运营状况，为战略规划和决策制定提供科学依据。在服务创新方面，工业数据的应用更是开辟了广阔的空间。例如，基于数据分析的预测性维护可以预测设备的故障风险，提前进行维护，避免生产中断；个性化定制服务则可以根据客户的特定需求，通过数据分析来优化产品设计和生产流程，提供满足客户需求的定制化产品。这些创新的服务模式不仅提升了客户满意度，还为企业创造了新的增长点。

3. 价值实现路径探索

工业数据价值实现路径探索主要涉及如何通过有效的数据管理和应用，实现工业数据的价值最大化。数据治理是实现工业数据安全流动和最大限度地挖掘释放数据价值的基础。这涉及建立数据治理体系，包括制定相关的标准、规范和技术标准，以确保数据的质量、安全性和有效管理。数据资产化是将工业数据转化为资产的过程，通过资产化路径，可以更好地实现数据的价值化。公共数据、企业数据和个人数据是数据资产化的主体，其资产化路径包括共享开放、授权运营、市场化流转等，以实现数据的价值释放。为实现数据的有效管理和使用，需要对工业数据进行分类和分级，以确定数据的重要性、安全级别和使用权限。这有助于企业更有针对性地进行数据的管理和应用。通过实际项目和企业的应用示范，探索工业大数据的具体应用场景和价值创造方式。例如，通过大数据优化企业的生产流程、降低成本、创新业务模式、提升产品质量和安全性等。技术的发展为数据价值化提供了手段，包括大数据、云计算、物联网、人工智能等技术都可以用于支持数据的价值化过程。不断创新的技术也能为数据的价值实现开辟新途径。在价值链的基础上，数据可以作为一种新的生产要素，优化产业价值链的结构和运作模式，提高企业的市场竞争力和价值创造能力。为了保障数据的安全与价值实现，需要完善相关的法律法规和政策，为数据的价值化和数据治理提供法律保障和政策引导。通过上述路径探索，可以有效促进工业数据价值的实现，并为企业及整个社会带来更多的经济效益和社会价值。

2.2.2 工业数据面临的挑战

1. 数据质量问题

在工业数据领域，数据质量问题直接关系到数据分析的可靠性、决策的有效性以及业务运营的优化程度。数据准确性与完整性的挑战构成了数据质量问题的两大基石。

数据准确性挑战主要体现在数据在采集、传输及处理过程中可能引入的误差上。这些误差可能源于传感器精度不足、数据传输过程中的噪声干扰，或数据处理算法的不完善等。例如，在智能制造环境中，传感器因环境因素（如温度、湿度）导致的测量偏差，会直接影响生产数据的准确性，进而可能误导生产过程的优化决策。确保数据从源头到终端的每一步都尽可能减少误差，是提升数据准确性的关键。

数据完整性挑战关注于数据是否全面覆盖所需的信息范围。在实际应用中，由于设备故障、通信中断或人为操作失误等原因，数据记录可能会出现缺失，导致数据集不完整。这种不完整性不仅限制了数据分析的深度和广度，还可能造成分析结果的偏倚。例如，在供应链管理中，若某环节的物流数据缺失，将难以准确评估物流效率并优化库存策略。因此，建立有效的数据监控与补全机制，确保数据的全面性和连续性，是应对数据完整性挑战的重要措施。

目前，我国工业领域数据治理难度大。例如，部分企业仍存在纸质化办公、纸质化记录生产数据等情况，造成大量工业数据属于非结构化数据，加大了数据治理的难度；个别企业在引进生产系统或技术时，对数据开发运用的前期设计不足，导致数据的收集、存储等处理行为混乱；个别企业对于工业数据质量的提升不关注"管理"，而是一般性地停留在"技术"层面的讨论，造成了数据孤岛的现象，为数据安全埋下了隐患；个别企业缺乏对数据的及时性管理，没有建立与数据分析相关的质量管理体系，造成大量的数据积压和数据"烂尾楼"，给企业的数据安全与合规治理带来极大的压力。

面对工业数据的质量挑战，加强数据采集与传输的精度控制、实施严格的数据清洗与标准化流程，以及构建完善的数据质量管理体系，是提升数据质量、促进数据驱动决策有效性的关键路径。其中，数据清洗旨在识别并纠正数据中的错误、异常值及重复项，确保数据的准确性；而数据标准化旨在将数据转换为统一的格式和结构，便于后续的数据整合与分析。这一过程不仅涉及技术层面的处理，如利用算法自动清洗数据、设定统一的数据编码标准等，还需考虑组织层面的协调与规范，确保各数据源之间的数据交换与共享能顺畅进行。这不仅需要技术上的不断创新与优化，更需要组织文化与管理机制的全面支撑。

2. 数据孤岛现象

数据孤岛现象的核心是数据隔离与共享障碍，以及由此引发的跨部门协同难题。在组织内部，数据被视为各部门独有的资源，这种数据隔离状态不仅限制了数据的流动性，也阻碍了数据价值的最大化利用。由于缺乏一个有效的数据共享机制，各部门间的信息壁垒高，数据难以跨越部门界限实现整合与分析，从而严重影响了组织决策的科学性和效率。数据隔离的根源在于组织结构的分割和部门利益的固化。每个部门在追求自身目标的过程中，会形成独特的数据收集、处理和存储方式，这些数据被视为部门内部的"私有财产"，不愿轻易对外共享。这种心态和行为模式导致了数据资源的碎片化，即使在同一组织内部，也难以形成对数据的全面、统一认知。

在复杂多变的组织环境中，各部门间的数据需求和利益冲突是不可避免的。当数据被视为部门间的"竞争资本"时，跨部门的数据共享和协作就变得尤为困难。部门间缺乏有效的沟通机制和协作平台，使得数据在传递过程中容易出现失真、延误或丢失，进而影响了整体工作的推进和效率的提升。数据孤岛现象不仅制约了数据价值的充分发挥，也阻碍了组织内部的协同与合作。为了打破这一困境，组织不仅需要建立更为开放、包容的数据共享文化，构建有效的数据共享机制和协作平台，以促进数据的自由流动和高效利用，而且需要通过制度设计和激励机制来引导各部门积极参与数据共享和协同工作，共同推动组织向更加智能化、协同化的方向发展。

3. 数据安全合规风险

安全合规风险是当前企业数据管理领域中的一大核心议题，它们直接关系到企业的信息安全、法律遵从以及声誉维护。在数字化转型的浪潮下，工业数据已成为企业的核心资产，其中蕴含了大量的商业机密、客户信息和运营数据。这些数据一旦遭遇泄露，不仅可能导致企业经济损失，还可能引发客户信任危机，对企业的长期发展造成不可估量的影响。数据的篡改同样具有极大的破坏性，它可能扭曲企业的决策依据，导致错误的商业判断，甚至可能涉及法律责任。因此，如何有效防范数据泄露和篡改，确保数据的完整性和保密性，是企业必须重视并解决的问题。

随着全球数据保护法规的不断完善，如欧盟的《通用数据保护条例》（GDPR）、我国的《中华人民共和国数据安全法》等，企业对数据处理活动的合规性要求日益严格。企业需要密切关注相关法律法规的更新动态，确保自身的数据处理流程、数据存储方式以及数据使用目的等均符合法律法规的要求。此外，企业还需建立完善的合规管理体系，包括制定合规政策、进行合规培训、开展合规审计等，以确保企业在数据处理活动中始终保持合法合规的状态。面对安全风险与合规挑战，企业需要采取综合性的应对措施。一方面，要加强数据安全防护，采用先进的加密技术、访问控制机制和数据备份策略，确保数据在传输、存储和使用过程中的安全性。另一方面，要建立健全的合规管理体系，提升员工的合规意识，确保企业在数据处理活动中始终遵循法律法规的要求。通过这两方面的努力，企业可以有效应对安全风险与合规挑战，保障自身的数据安全和法律遵从。

2.2.3 工业数据治理策略

1. 治理体系构建与优化

工业数据治理策略和治理体系的构建与优化是一个系统工程，涉及对数据的全生命周期的管理，以确保数据的质量、可用性、安全性和合规性。在工业数据治理的宏观策略中，治理体系的构建与优化不仅是数据治理实践的基石，也是确保数据资产价值最大化的关键所在。

为了有效推进工业数据治理，首要任务是构建一个专门负责数据治理的机构，该机构应被赋予足够的权威与独立性，以确保其在制定和执行数据治理政策时能不受其他部门利益的干扰。该机构需要由具备数据科学、信息技术、法律合规等多领域知识的专家组成，他们共同负责数据治理的规划、监督与实施。

建立一个从上至下的数据治理框架，确保数据治理的战略性地位。设立数据治理组织，如数据治理委员会、数据治理办公室等，确保数据治理工作在企业内部的有效推进。设计适合组织需求的数据架构，确保数据的一致性和互操作性。制定数据标准和格式，包括数据命名、格式、元数据等，以提高数据的可理解性和一致性。建立标准化的数据治理流程，如数据的采集、存储、处理、分析与共享等。采用适当的数据治理工具和方法，如数据质量管理工具、主数据管理系统等，以提高管理效率和数据价值。

强化数据安全管理，确保数据的保密性、完整性和可用性。遵守相关的数据管理法律法规，如个人信息保护法、数据安全法等，保障数据的合规性。建立数据共享机制，促进跨部门、跨企业甚至跨行业的数据流通。通过建立激励机制，推动数据的开放共享和创新应用。强化数据的商业化利用，如通过数据挖掘、分析等手段提升业务价值。鼓励数据驱动的创新，如通过数据竞赛、创新大赛等活动，促进数据应用的发展。建立持续改进的机制，定期评估数据治理的效果，并根据业务发展和技术进步进行相应的调整。注重人才培养和技术研发，不断提升数据治理的技术水平和管理能力。

通过上述策略和体系的不断完善和优化，可以有效提升工业数据治理的水平，为企业的数字化转型和智能化决策提供有力支撑。

2. 数据质量管理与提升

工业数据治理的核心主要围绕数据质量管理与提升展开，目的是提高工业数据的质量，以支持企业风险控制、分析决策和生产运营的精准度。建立合理的数据质量评估体系，综合完整性、准确性、规范性、唯一性、一致性、关联性、可追溯性等因素，根据工业实际生产情况进行细化，确保数据能真实反映生产流程和运营状况。使用先进的感知设备、优化的传感器网络部署策略和高效的数据采样技术，对感知数据进行预处理，提高数据采集的准确性和完整性。采用基于实体识别、基于函数依赖和基于主数据的错误发现方法，并通过规则、冲突数据的真值发现和机器学习等方法进行错误修复。通过分析与综合处理多个传感器的时序感知数据，使用卡尔曼滤波法、证据理论、贝叶斯推理等成熟算法提高数据精准度。建立统一的数据标准及数据模型，促进数据的规范化和共享。实施全面数据质量管理（Total Data Quality Management, TDQM）方法论，从数据质量定义、评价、分析及改进等方面进行系统的管理，以应用为导向，不断发现并解决新的数据质量问题。

在工业数据治理策略的深入探讨中，数据质量管理与提升是一个核心议题。数据是现代制造业企业的核心资产，其质量直接关乎决策的准确性、运营效率的提升以及市场竞争力的增强。构建一套完善的数据清洗与标准化流程，以及数据质量监控与评估机制，对于确保数据价值的最大化具有重要意义。为了建立有效的数据清洗流程，需要对数据进行全面审查，识别出潜在的数据问题，如缺失值、重复记录、格式错误等。根据问题的性质与严重程度，设计相应的清洗策略，如填充缺失值、删除重复项、格式转换等，但是要注意保护数据的原始性与完整性，避免在清洗过程中引入新的错误或偏差。制定统一的数据标准与规范，如数据命名规则、编码体系、量纲单位等，消除数据间的差异与冲突，促进数据的无缝集成与共享。数据标准化流程应包括标准的制定、发布、实施与监督等环节，确保标准的有效执行与持续改进。通过构建数据质量监控体系，可以实时监测数据的变化情况，及时发现数据质量问题并触发预警机制。监控指标应涵盖数据的完整性、准确性、一致性、及时性以及可解释性等多个维度，以全面反映数据的质量状况。

评估过程应基于明确的质量标准与评估方法，通过对比分析、抽样检测、专家评审等方式，对数据质量进行客观、公正的评估。评估结果不仅应反映当前数据质量的整体水平，还应指出存在的问题与改进方向，为数据质量的持续提升提供有力支撑。为了确保数据质量管理与提升的有效性，还需要建立相应的激励机制与责任追究制度。通过奖励数据质量优秀的部门或个人，激发全体员工参与数据质量管理的积极性；对于数据质量问题严重的行为，应依法依规进行严肃处理，以儆效尤。加快工业大数据的数据质量标准体系建设，以标准化为基础引领数据质量提升。重视数据质量管理相关技能人才培养，打造专业型和复合型人才队伍，为工业大数据产业发展提供人才支持。

3. 数据整合与共享促进

在工业数据治理策略的深入探索中，数据整合与共享促进是提升数据价值、促进业务协同的重要环节。数据平台是数据整合与共享的物理载体，需要充分考虑数据的特性、业务需求以及技术发展趋势；具备强大的数据存储与处理能力，能支持海量数据的快速存取与高效分析；遵循开放性与可扩展性原则，以便未来能根据业务发展的需要进行灵活调整与升级；集成先进的数据安全与隐私保护技术，确保数据在共享过程中的合法合规与安全可靠。在数据平台的基础上，建立数据共享机制，明确数据共享的范围、方式、条件以及责任义务，确保数据在各部门间的有序流通与合规使用。具体而言，通过制定数据共享目录、建立数据交换接口、实施数据访问权限控制等措施，规范数据共享的行为与流程。为了激发各部门参与数据共享的积极性，还需要建立数据共享激励机制，如根据数据贡献度进行奖励或表彰。

通过数据平台和技术手段，可以打破传统部门壁垒，实现数据的无缝连接与共享，从而促进各部门间的业务协同与决策优化。通过定期召开数据协作会议、成立联合工作组等方式，加强各部门间的沟通与合作，解决数据共享与应用中的难题。借助数据分析与挖掘技术，发现业务流程中的瓶颈与问题，提出改进建议并推动实施，以提升整体业务效率与服务质量。结合业务需求与数据特点，设计并实施跨部门数据应用项目，如客户画像构建、供应链优化、风险预警等，以实际成果展示数据共享的价值与效益。为了实现跨部门数据流通与协同应用的长期可持续发展，还需要加强数据治理文化的培育与宣传。通过培训、讲座、案例分享等形式，提升全体员工对数据治理与共享的认识与重视程度，形成全员参与、共同推进的良好氛围。

2.3 数据安全与隐私保护

数据是新时代的"石油"，正以全新的速度推动着制造业的转型与升级。随着数据价值的日益凸显，数据背后的安全风险与挑战愈发严峻，成为制约工业智能革命深入发展的关键因素之一。特别是工业数据，由于其涉及生产流程、设备状态、产品质量等诸多核心信息，一旦遭遇泄露、篡改或破坏，不仅可能导致企业经济损失，更可能危及国家安全与社会稳定。构建坚实的数据安全与隐私保护体系，成为工业智能革命中不可或缺的一环。本节将深入探讨工业数据面临的安全风险，包括数据泄露、数据篡改与破坏，以及合规性风险，分析其成因、后果及应对策略，聚焦数据加密与隐私保护的核心技术与管理策略，探讨如何通过先进的数据加密技术、隐私保护策略以及综合安全防护体系的构建，为工业数据筑起一道坚不可摧的安全防线。

2.3.1 工业数据的安全风险

1. 数据泄露风险分析

工业数据是现代制造业的核心资产，其安全性与隐私性非常重要。但数据泄露的风险如影随形，威胁着企业的生存与发展。泄露途径多样且复杂，既可能源自内部人员的非法访问，也可能遭受外部黑客的恶意攻击；既可能因恶意软件的潜入而失守，也可能在数据传输的漫长链条中被拦截。这些泄露途径的存在，为工业数据的安全防护带来了极大的挑战。从经济层面看，商业秘密的泄露可能导致企业失去市场竞争优势；客户隐私的曝光则可能引发大规模的法律诉讼和赔偿，给企业带来沉重的经济负担。从信誉层面讲，数据泄露会严重损害企业的公众形象，降低客户信任度，进而影响企业的长期发展。更为严重的是，某些关键生产流程数据或设备参数的泄露，甚至可能对国家安全构成潜在威胁，引发不可估量的后果。

面对数据泄露的严峻风险，企业应实施严格的访问控制策略，通过身份认证、权限管理等手段，确保只有经过授权的人员才能访问敏感数据。这一策略的实施，需要依托先进的技术手段，如多因素认证、细粒度权限划分等，有效提升数据访问的安全性。应定期更新网络安全补丁，修复已知的安全漏洞，防止黑客利用这些漏洞进行攻击。应部署防火墙、入侵检测系统、入侵防御系统等安全设备，构建多层次的网络安全防护体系，有效抵御外部威胁。

需要注意的是，即使采取了严密的防范措施，数据泄露的风险仍然难以完全消除。因此，企业应制定详细的应急预案，明确在泄露事件发生时各相关部门的职责和行动流程。通过定期组织应急演练，提高员工对泄露事件的应对能力和协同作战能力。一旦泄露事件发生，能迅速响应、及时止损，并启动数据恢复与补救措施，最大限度地减少泄露事件对企业造成的影响。

2. 数据篡改与破坏风险

工业数据篡改与破坏的风险主要来自数据在传输和存储过程中的安全隐患。如果没有合适的加密和保护措施，黑客可能会通过网络攻击窃取或篡改重要的工业数据，对企业的生产运营和经济安全造成严重影响。工业互联网标识解析系统是网络互联互通的枢纽，如果受到分布式拒绝服务（DDOS）、缓存感染、系统劫持等网络攻击，那么可能会导致数据篡改和破坏。随着工业互联网平台的推广应用，其网络安全风险日益加剧，如木马病毒感染、拒绝服务攻击、有组织的针对性的网络攻击（APT）等，都可能导致生产运行数据的破坏。工业互联网承载的大量工业数据和用户个人信息的安全问题凸显，个性化定制、服务化延伸等需求可能涉及大量个人隐私，这些数据一旦被窃取或篡改，将对个人隐私和企业利益造成损害。工业互联网控制系统的可靠性和实时性要求高，但相关的认证、授权、加密等安全调整信息和功能可能滞后，这会导致网络攻击风险从外部入侵内部网络，增加了控制安全风险。工业互联网业务结构的复杂性不断提升，对数据的依赖性增强，增加了数据采集、存储、使用的风险。工业数据的篡改与破坏风险主要来自数据安全措施的不足、标识解析系统和工业互联网平台的安全脆弱性、用户隐私数据的安全问题，以及控制系统的安全脆弱性等多个方面。

建立健全的工业数据安全防护体系，提高安全防护能力，是保障工业生产安全和企业利益的重要措施。企业应采取一系列技术手段和管理措施，维护数据的原始性和准确性。数据校验通过对比数据的校验值或哈希值，可以检测数据在传输或存储过程中是否被篡改。而数字签名则利用公钥加密技术，为数据添加唯一的数字标识，任何对数据的修改都将导致数字签名的无效，确保数据的真实性和完整性。企业应定期备份关键数据，并将备份数据存储在安全可靠的位置。在数据遭受破坏或篡改时，能迅速从备份中恢复数据，确保业务的连续性和数据的准确性。

3. 合规性风险与挑战

近年来，我国工业发展迅速，但工业数据安全环境仍然恶劣。工业涉及能源、钢铁、机械、化工等众多行业，符合大数据的4V特征，即大规模（volume）、速度快（velocity）、类型杂（variety）、低质量（veracity）。此外，工业数据与公共通信和信息服务、能源、交通、水利、国防科技工业等重要行业和领域的国家关键信息基础设施相关联，网络化智能化程度越高，安全也就越脆弱。根据《2022年工业信息安全态势报告》显示，2022年全球公开披露的工业领域勒索事件共89起；Verizon《2022数据泄露调查报告》显示，2022年全球制造业数据泄露事件共338起，比2021年增长25.2%。因此，亟须开展工业数据安全与合规治理，让工业数据安全可用，赋能企业发展。

遍观现行法律，工业大数据领域尚未形成专门性法律或行政法规，目前主要依托《中华人民共和国网络安全法》《关键信息基础设施安全保护条例》《中华人民共和国数据安全法》等进行合规义务的梳理，缺乏专门的立法。《工业数据分类分级指南（试行）》是对工业数据进行分类分级保护的指南性文件，但是缺乏强制约束力和上位法支撑。2021年10月，中共中央、国务院发布《国家标准化发展纲要》，明确提出要建立工业互联网标准，制定支撑科学研究、技术研发、产品研制的创新基础设施标准，促进传统基础设施转型升级。一系列政策的出台反映了我国工业互联网平台正在积极应对融通标准化这一棘手问题，应用层、数据层和资源层都缺乏标准支撑，导致"信息孤岛"和"数据烟囱"。在开展工业数据安全与合规治理时，缺乏专门、权威的可操作性指引,给企业开展工业数据治理带来很大的不确定性。

为有效应对合规性风险,企业应构建一套系统化的合规风险评估与应对机制。一是定期进行合规性风险评估,全面审视数据处理的各个环节,包括但不限于数据的收集、存储、处理、传输及销毁等,以精准识别潜在的合规风险点,以及这些风险可能带来的法律后果和声誉损害。二是更新隐私政策,确保其充分反映法律法规的最新要求,并明确告知用户数据处理的目的、方式及范围。三是优化数据处理流程,通过技术手段和管理措施提升数据处理活动的透明度和可控性。四是加强员工培训,提升全员的数据保护意识和合规操作能力,确保每位员工都能成为数据安全的守护者。五是建立长效的合规性监督机制,定期对数据处理活动进行复审,确保整改措施的有效实施,并及时调整风险评估与应对策略,以适应法律法规的变化和数据处理活动的发展。通过这一系列举措,企业不仅能有效应对合规性风险,还能在激烈的市场竞争中占据有利地位,赢得用户的信任与尊重。

2.3.2 数据加密与隐私保护

1. 数据加密技术原理与应用

数据加密是信息安全领域的基石,其核心在于利用复杂的算法将明文数据转化为难以解读的密文,从而确保数据的机密性和完整性。这一技术的实现,依赖于一系列精密的算法和严谨的管理流程,共同构筑起数据的坚固防线。

1) 加密算法的原理

加密算法是信息安全领域的核心组成部分,它们通过一系列复杂的数学运算,将明文数据转化为难以解读的密文,从而确保数据的机密性和完整性。在众多加密算法中,对称加密算法和非对称加密算法是两种最为常见且重要的类型。下面将分别对这两种加密算法进行详细的阐述。

对称加密算法,即加密和解密过程使用相同的密钥。这种算法的核心在于通过一个密钥将明文数据转换为密文,而解密时则使用相同的密钥将密文还原为明文。由于加密和解密过程使用相同的密钥,因此这种算法具有极高的加密和解密速度,非常适合处理大量数据。高级加密标准（Advanced Encryption Standard，AES）是对称加密算法中的佼佼者，被广泛应用于各种安全领域。AES算法采用分组加密的方式，将明文数据分成固定大小的块，然后对每个块进行加密。加密过程中，AES算法会进行多轮的非线性变换和密钥扩展，以确保密文的安全性和抗破解性。对称加密算法的主要优势在于其加密和解密速度快，适合处理大量数据，但其局限性也在于密钥的分发和管理。由于加密和解密使用相同的密钥，因此一旦密钥泄露，整个加密体系的安全性将受到严重威胁。为了解决这个问题，通常需要采用安全的密钥分发渠道和严格的密钥管理制度。

非对称加密算法，又称公钥加密算法，它使用一对密钥——公钥和私钥来进行加密和解密。公钥是公开的，任何人都可以使用它来加密数据；而私钥则是保密的，只有持有者才能使用它来解密数据。这种算法的安全性极高，因为即使公钥被公开，没有私钥也无法解密数据。非对称加密算法（Rivest–Shamir–Adleman，RSA）是非对称加密算法中的经典之作，也是目前应用最广泛的公钥加密算法之一。RSA算法的安全性依托于大数分解的数学难题，即给定一个极大数，很难找到其两个质因数。在RSA算法中，公钥和私钥是一对相关的数学值，它们通过复杂的数学运算生成，并且满足一定的数学关系。使用RSA算法进行加密时，发送方会使用接收方的公钥将明文数据加密成密文，而接收方则使用自己的私钥将密文解密成明文。由于公钥和私钥是成对出现的，并且只有持有者才知道自己的私钥，因此这种算法具有很高的安全性。非对称加密算法的主要优势在于其极高的安全性，适用于高度安全的数据传输；其局限性在于加密和解密过程相对较慢，不适合处理大量数据。此外，由于公钥是公开的，因此存在被恶意攻击者伪造或篡改的风险。为了解决这个问题，通常需要采用数字签名和证书等机制来确保公钥的真实性和完整性。

对称加密算法和非对称加密算法各有其优势和局限性。在实际应用中，通常要根据具体的应用场景和安全需求来选择合适的加密算法。例如，在处理大量数据时，可以选择对称加密算法以提高加密和解密速度；而在高度安全性的数据传输时，则可以选择非对称加密算法以确保数据的安全性。

2) 密钥管理的核心地位

在数据加密技术的广阔领域中，密钥管理不仅是确保数据安全的主要环节，更是整个加密体系稳固运行的基石。密钥管理涵盖了密钥从生成到销毁的全生命周期，每一个环节都至关重要，需要严格的安全措施来保障。

密钥的生成是密钥管理的起点，也是确保加密安全性的第一步。在生成密钥时，必须确保密钥的随机性和不可预测性。这是为了防止恶意攻击者通过猜测或破解手段获取密钥。为了实现这一目标，通常采用复杂的随机数生成算法，并结合物理随机数生成器等硬件设备，以确保生成的密钥具有足够的安全强度。

一旦密钥生成完毕，就需要将其安全地存储起来，以防止被未经授权的人员访问。为了确保密钥的安全存储，通常采用物理隔离、访问控制等安全措施。其中，物理隔离是指将密钥存储在安全的物理环境中，如密码箱、安全室等；而访问控制是指设置严格的访问权限和身份验证机制，确保只有经过授权的人员才能访问密钥。

在需要将密钥分发给其他实体时，必须确保密钥的安全传输，防止在传输过程中被截获或篡改。为了实现安全分发，通常采用加密传输协议、数字签名等技术手段。其中，加密传输协议可以确保密钥在传输过程中被加密保护；而数字签名则可以验证密钥的完整性和真实性，防止被篡改或伪造。

由于密钥长期使用会面临泄露的风险，因此定期更新密钥是防止潜在安全威胁的关键。通过定期更换密钥，可以有效抵御长期攻击和密钥泄露的风险，确保加密体系的安全性和稳定性。为了实现密钥的定期更新，通常需要建立完善的密钥更新机制和流程，并确保新密钥的生成、分发和存储过程符合安全标准。

当密钥不再使用时，必须进行安全的销毁处理，以防止其被恶意利用。为了实现安全销毁，通常采用物理销毁或逻辑销毁的方式。其中，物理销毁是通过将密钥存储在可销毁的介质中，如纸质文档、磁盘等，并在需要时将其销毁；而逻辑销毁是通过覆盖、清零等技术手段，确保密钥在电子存储介质中被彻底删除且无法恢复。

3）数据加密在工业数据保护中的应用

数据加密技术通过复杂的算法和严谨的管理流程，为工业数据保护提供了强有力的支持。为了确保数据在传输过程中的安全，采用传输层安全协议（Transport Layer Security，TLS）等加密协议成为业界的共识。TLS 协议通过加密通信双方的数据交换，为数据的传输构建了一道坚实的保护屏障。在 TLS 协议的保护下，数据在传输途中被截获或篡改的风险大大降低，从而确保了数据的机密性和完整性。无论是企业内部的数据传输，还是企业与外部合作伙伴之间的数据交换，TLS 协议都能提供有效的安全保障，确保数据在传输过程中的安全无忧。对敏感数据进行加密处理，已成为数据存储安全的标配。通过加密存储，即使数据被非法访问，也无法直接获取其真实内容，从而有效地保护了数据的机密性。此外，加密存储还能防止数据在存储过程中被恶意篡改或删除，确保了数据的完整性和可用性。对于制造业企业而言，大量的生产数据、客户数据、财务数据等敏感信息都需要进行加密存储，以确保其安全性。

在处理数据时，会产生大量的临时文件，这些文件若未得到妥善保护，很可能成为数据泄露的源头。因此，对临时生成的文件进行加密处理，是确保数据在处理链条中每一步都得到充分保护的关键。通过加密处理过程中的临时文件，可以避免数据在处理过程中被恶意利用或泄露，确保数据的完整性和安全性。对于处理过程中的敏感数据，也应采用加密技术进行保护，以防止数据在处理过程中被非法访问或篡改。

企业应充分认识到数据加密的重要性，并构建一套完善的加密和密钥管理体系。通过采用先进的加密技术和管理流程，确保数据的机密性、完整性和可用性。随着技术的不断发展，企业还应持续关注新的加密技术和安全威胁，不断更新和完善自身的加密策略，以应对日益复杂的安全挑战，为工业数据的保护提供坚实有力的保障。

2. 隐私保护策略与实践

在数据隐私保护的广阔领域中，数据脱敏与匿名化处理是两项重要的技术手段，为守护用户隐私筑起了一道坚实的防线。

数据脱敏技术，以其精细化的处理方式，成为保护用户隐私的得力助手。它通过对原始数据进行一系列精心设计的处理，降低数据的敏感度，巧妙地保留其原始特征，确保数据分析与挖掘的价值不受丝毫损害。在具体实践中，数据脱敏可通过将具体数值替换为相应的范围或类别，实现数据的"模糊化"处理。例如，将具体的年龄数值替换为年龄段，或将精确的地理位置信息替换为大致的区域范围。此外，还可采用数据扰动、数据泛化等技术手段，进一步降低数据的敏感度，从而在保护用户隐私的同时，确保数据的分析价值得以充分展现。

匿名化处理技术侧重于通过删除或替换数据中的个人标识信息，如姓名、身份证号、电话号码等，使得数据无法直接关联到具体个人，从而有效地保护用户隐私。匿名化处理的核心在于切断数据与具体个人之间的直接联系，即使数据被泄露或滥用，也无法追溯到具体的用户身份。为了实现这一目标，企业通常需要采用一系列复杂的技术手段，如数据替换、数据哈希、数据扰乱等，确保匿名化处理的效果达到最佳。

为了确保数据处理活动的合法性与合规性，以及用户隐私权益的充分保护，企业应当制定一套明确且全面的隐私保护政策。这份政策应详细阐述数据处理的目的、范围、方式，以及针对用户权益所采取的具体保护措施。例如，明确数据访问权限的控制机制，确保只有经过授权的人员才能访问敏感数据；制定数据泄露的应急响应机制，以便在数据泄露事件发生时能迅速响应、有效处置。通过制定这样一份全面而细致的隐私保护政策，企业能为用户隐私保护提供有力的制度保障。

建立隐私保护流程，涵盖数据收集、存储、处理、传输及销毁等各个环节，明确各环节的隐私保护措施及相应的责任人。例如，在数据收集环节，应确保收集的数据符合最小必要原则，避免过度收集；在数据存储环节，应采用加密技术等手段确保数据的安全存储；在数据处理环节，应严格遵守隐私保护政策的相关规定，确保数据处理活动的合法性与合规性；在数据传输环节，应采用安全的传输协议和技术手段，确保数据在传输过程中的安全；在数据销毁环节，应确保数据得到彻底、安全的销毁处理。通过这样一套完善的隐私保护流程，企业能实现对数据处理活动的全程监控和有效管理。

为了确保隐私保护政策的有效实施，需要通过定期的培训与宣传活动，提升员工对隐私保护的认识与重视程度。通过组织定期的隐私保护培训课程、发布隐私保护知识手册、举办隐私保护宣传活动等方式，企

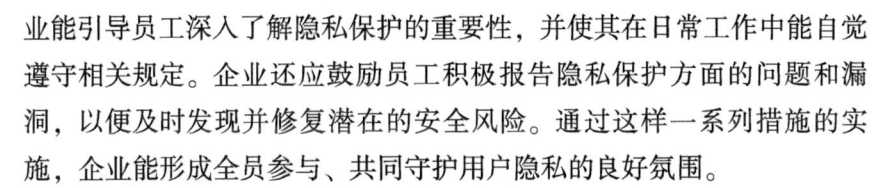

业能引导员工深入了解隐私保护的重要性，并使其在日常工作中能自觉遵守相关规定。企业还应鼓励员工积极报告隐私保护方面的问题和漏洞，以便及时发现并修复潜在的安全风险。通过这样一系列措施的实施，企业能形成全员参与、共同守护用户隐私的良好氛围。

3. 综合安全防护体系构建

在构建综合安全防护体系的过程中，需要从技术层面和管理层面双管齐下。从技术层面来看，企业应当积极采纳业界领先的网络安全技术，如防火墙、入侵检测系统、入侵防御系统等，构建起坚不可摧的网络边界防护。数据加密技术的运用能确保数据在传输和存储过程中的安全性，防止未经授权的访问和数据泄露，确保只有经过授权的用户才能访问敏感数据。在管理层面，建立健全的安全管理制度，制定详尽的安全策略、明确的安全操作规程，以及定期的安全审计和合规性检查机制。同时，企业还需构建一套高效、灵活的应急响应机制，以便在发生安全事件时能迅速响应、有效处置，最大限度地减少损失。合规性管理体系的建立能确保企业的数据处理活动始终符合相关法律法规的要求，可有效降低法律风险。

为了确保安全防护体系能持续、有效地为企业的信息安全保驾护航，企业应当采用专业的安全评估工具和方法，对安全防护体系进行全面的漏洞扫描、风险评估和渗透测试，以识别并消除潜在的安全隐患。同时，结合实际的业务场景和安全需求，应对安全防护体系进行适时的调整和优化，确保其能适应不断变化的安全威胁和业务环境。在评估与优化的过程中，企业还应注重安全防护体系的可维护性和可扩展性。通过采用模块化、可配置的设计思路，使得安全防护体系能随着业务的发展和技术的进步而不断升级和完善。此外，企业还应加强与外部安全专家和安全组织的合作与交流，及时获取最新的安全信息和威胁情报，为安全防护体系的持续优化提供有力的支持。

第3章
智能升级，大模型引领

在数字化转型的浪潮中，工业智能是推动制造业高质量发展的核心引擎，正以全新的速度重塑着行业的面貌，成为提升生产效率、优化资源配置、推动产品创新与服务升级的关键力量。从初期的探索尝试到如今的技术成熟与广泛应用，工业智能的发展历程见证了制造业向智能化、自动化迈进的坚实步伐。特别是近年来，人工智能（AI）大模型的崛起为工业智能的发展注入了新的活力。大模型凭借其强大的数据处理能力、卓越的学习能力以及良好的泛化能力，为工业大数据的挖掘与分析提供了全新的支持。在工业场景下，大模型的应用不仅限于数据的处理与分析，更在智能制造、质量检测、故障诊断等多个领域展现出了巨大的潜力与价值。工业大模型的探索之路并非坦途，如何将其与工业实际深度融合，构建符合工业需求的参考架构，解决大规模数据处理、模型训练效率与成本、模型可解释性与鲁棒性等技术难点，成为当前亟待解决的问题。工业大模型的落地实施也需要明确的需求分析、科学的实施步骤与流程规划，以及有效的效果评估与反馈机制，以确保其能真正服务于工业生产的各个环节。展望未来，随着人工智能技术的持续创新与优化，以及与其他技术的深度融合与拓展，工业大模型呈现出轻量化、高效化、多模态数据处理能力提升、智能化水平持续提升等发展趋势，不仅会进一步推动工业智能的进步，还会为制造业的转型升级提供更为强大的技术支持与智力支撑。因此，深入研究工业智能与 AI 大模型，探索其融合路径与发展趋势，对于推动制造业高质量发展、构建智能工厂、实现工业智能革命具有重要意义。

3.1 工业智能与大模型

随着信息技术的飞速发展，人工智能已逐渐渗透至社会经济的各个领域，其中工业领域是国民经济的支柱，其智能化转型尤为引人注目。工业智能是人工智能技术在工业领域的具体应用，引领着制造业向更高效、更智能的方向发展。从起源与初期探索到如今的技术突破与广泛应用，工业智能的发展历程见证了科技与产业融合的深度与广度。在工业智能的广阔应用中，智能制造、质量检测与故障诊断等场景尤为突出。其中：智能制造通过引入 AI 技术，实现了生产流程的自动化与智能化，显著提升了生产效率与产品质量；质量检测与故障诊断中通过引入 AI 技术，能精准识别产品缺陷与设备故障，有效降低了生产风险与维护成本。这些应用不仅展现了工业智能的强大功能，也揭示了其在推动制造业转型升级中的巨大潜力。AI 大模型的崛起为工业智能的发展注入了新的活力，大模型以其庞大的参数规模、强大的数据处理与学习能力，以及良好的泛化能力与适应性，为工业大数据的处理与分析提供了全新的支持。在工业领域，大模型的应用潜力巨大，不仅能高效处理海量工业数据，还能在复杂工业场景下提供智能决策支持，为制造业的智能化升级提供了有力支撑。

本节将深入探讨工业智能的兴起历程、应用场景与价值影响，分析 AI 大模型的定义、优势及技术特点，并介绍其在工业领域的应用潜力，展示典型的工业智能大模型及其在实际应用中的案例与效果，以期为工业智能的研究与应用提供有益的参考与启示。

3.1.1 工业智能的兴起

1. 工业智能发展历程回顾

工业智能是人工智能技术在工业领域的应用分支，其发展历程可追溯至 20 世纪中后期，这一时期的计算机技术逐渐崭露头角，为人工智能的孕育提供了初步的技术基础与理论支撑。在这一时期，学术界与工业界均敏锐地察觉到人工智能技术融入工业生产的巨大潜力，并展开了初步的探索与尝试。这些探索多集中于理论层面，通过构建简单的实验模型与算法，初步验证了AI在工业生产中的可行性与应用价值。尽管受限于当时的技术条件与数据资源，这些研究尚未能实现大规模的应用与推广，但其开创性的工作为后续的技术突破与工业实践奠定了坚实的理论基础与宝贵的实践经验。进入21世纪，信息技术的飞速发展，尤其是计算能力的迅猛提升，为工业智能的兴起提供了全新的机遇。高性能计算集群、云计算等先进技术的广泛应用，使得大规模数据处理与复杂算法运算成为现实，为AI技术的深入应用奠定了坚实的技术基础。在这一背景下，算法的优化与创新成为推动工业智能发展的关键驱动力，其中深度学习的崛起尤为显著。深度学习通过构建多层神经网络模型，实现了对数据中高层特征的自动学习与提取，从而在图像识别、语音识别等复杂任务中取得了突破性进展，不仅显著提升了AI在工业生产中的应用效果，还极大地拓展了其应用范围，使得工业智能开始逐步渗透到工业生产的各个环节，成为推动制造业转型升级的重要力量。工业智能的发展历程可以划分为以下几个关键阶段。

1) 萌芽阶段（20世纪50年代—20世纪末）

20世纪50年代，第三次科技革命兴起，AI以信息技术为导向崭露头角。在这一时期，AI在工业领域的应用还处于初级阶段，主要是一些理论研究和概念探索。工业领域的自动化主要依靠传统的控制技术和机械工程，AI的影响力十分有限。这一阶段的特点是技术发展缓慢，应用场景单一，且主要集中在一些大型企业和科研机构的实验室中。例如，在一些先进的制造业企业中，可能会有一些关于自动化生产的初步尝试，但这些尝试往往是基于传统的控制算法，而非真正意义上的人工智能。

2) 单点突破阶段（21世纪初—21世纪10年代）

进入21世纪，随着计算机技术和信息技术的飞速发展，AI在工业领域开始有了一些单点技术的突破。例如，在图像识别、数据处理等方面，AI技术开始应用于工业生产中的质量检测、设备监控等环节。这一阶段的特点是AI技术在工业领域的应用逐渐增多，但仍然局限于一些特定的场景和任务。例如，在汽车制造行业，AI技术可以用于检测汽车零部件的质量，提高生产效率和产品质量。同时，一些科研机构和企业开始加大对工业 AI 的研究和投入，探索更多的应用场景和可能性。

3）场景复杂化阶段（21 世纪 10 年代—21 世纪 20 年代初）

21 世纪 10 年代以来，随着大数据、云计算、物联网等技术的发展，AI 在工业领域的应用场景变得更加复杂。工业企业开始将 AI 技术与物联网、大数据分析等先进技术相结合，实现了对工业生产过程的全面监控和优化。例如，在智能制造领域，通过物联网技术将设备、生产线、工厂等各个环节连接起来，利用 AI 技术对采集到的数据进行分析和处理，实现了生产过程的智能化管理和优化。这一阶段的特点是 AI 技术在工业领域的应用逐渐从单点突破向多场景、复杂化方向发展，涉及生产、管理、服务等多个环节。

4）综合智能阶段（21 世纪 20 年代至今）

21 世纪 20 年代以来，随着生成式 AI 技术的迅猛发展，以及工业大模型与工业场景的深度结合，AI 在工业领域进入了综合智能阶段。在这个阶段，工业企业利用大规模的工业数据和先进的 AI 算法，构建工业大模型，实现对工业生产过程的全面的智能化管理和优化。例如，在一些先进的制造业企业中，通过工业大模型可以实现对生产计划的智能优化、对设备故障的预测和诊断、对产品质量的实时监控等。同时，AI 技术也开始在工业领域的各个环节发挥重要作用，包括设计、生产、销售、服务等。这一阶段的特点是 AI 技术与工业场景的深度融合，实现了工业生产的全面智能化。

未来，工业智能将向小样本深度学习方向发展，融入模型微调、数据增强、迁移学习等多种方法。针对工业中小而多的应用场景，需要通过自主研发来解决适配问题。AI 技术在工业制造领域的效率提升显著，从故障诊断到质检再到设计和维修服务，都体现了 AI 的重要作用。工业智能的发展是一个从初期的概念推动、技术探索到实际应用的不断深化过程。当前，随着技术的进步和应用场景的拓展，工业智能的发展仍然处于快速发展阶段，未来将进一步推动工业自动化和智能化的进程。

2. 工业智能应用场景分析

AI 技术早已延伸至制造业等实体产业中，工业智能更成为全球共识与趋势，获得了部分国家、地区及领先工业企业的认可。当前，在顶层规划不断完善、新一代信息技术不断进步、供给模式不断优化、数字化转型成效不断深化的背景下，我国工业智能正不断"走深向实"，赋能产业升级。工业具备大量的数据积累，生产、质检、管理等各个环节持续、快速地产生着数据，是人工智能应用的蓝海。工业智能的本质是将人工智能技术与特定的工业场景相结合，实现设计模式创新、智能生产决策、资源优化配置等创新应用，从而达到提升工业生产效能的作用。

近年来，由于我国更注重利用 AI 解决生产实际需求痛点，因此质量、制造过程和设备成为当前工业智能应用重点领域，并形成表面缺陷检测、生产过程控制优化、质量关联分析、预测性维护、安全管理与巡检、生产作业视觉识别、物料识别与操作等一批典型细分场景。其中，围绕产品质量的识别分析、设备故障诊断与预测、过程参数优化等应用近乎占据了整个工业智能应用的"半壁江山"。相比于传统的人工质检方式，AI 质检具备质检效率高、检测精度高、质检系统稳定等优势，在工业数字化转型大背景下，用 AI 完成质检无疑是最好的选择。

在钢铁领域，某钢铁企业和百度智能云开物合作，对热轧产线中10 万多个样本数据和相关的质量知识进行学习与提炼，推出了从模型服务到终端平台的软硬一体化热轧钢铁表面缺陷质量检测方案，瑕疵识别准确率达到 99% 以上，在同样的检测环境下，准确率比国外同类系统提升了 300%。

在能源领域，某石化企业采用慧之安的蜂巢物联网操作系统平台，上线人脸识别、行为识别、环境识别等智慧能源安全管理模块，创新融合大语言模型与传统视觉模型，显著提升安全生产视频分析的应用效率，降低误报率。

在电子领域，某电子通信设备制造通过实施航天云网 INDICS 工业互联网平台，在质检环节借助 AI 技术，对多个角度视觉检测，合成类似 3D 模型，以及 AI 本身自学习、自适应的算法功能，PCB "翘脚" 识别率提升 61%。

在汽车领域，最复杂的设计环节原本需要有经验丰富的工程师在 2 万多个零部件、几十万个参数里，找到满足需求的各种组合。某汽车制造企业通过 AI 大模型可以高效地找到组合信息，自动生成设计文档，大幅缩减研发周期和成本。

在电力领域，华为公司的盘古 CV 大模型在无人机智能电力巡检方面取得了较好成绩，降低了 90% 的模型开发维护成本；阿里云公司推动"通义千问"大模型的应用，致力于打造产业生态。

在石化化工领域，通过 AI 可以深入核心业务场景，在智能客服、供应链、系统调度等板块创新，促进行业的数字化转型和智能化提升。例如，针对数据质量、信息孤岛、组织及管理机制匮乏、数据安全隐患等问题，中国石油和化学工业联合会等共同发布的流程行业"supOS 工业操作系统 + 数据治理"解决方案，能最大限度地发挥数据价值，并进行分析应用。

在轻工纺织领域，作为细分场景的典型代表，纺织业发展面临人力成本提升、检测标准不一、人工检测误差较大、资金规模有限等问题，亟待升级改造。联通数科公司与雅戈尔公司携手研发的服装制造 AI 平台，利用 5G + AI 技术开展了生产单元模拟、工艺合规校验等典型场景的实践，极大提高了数字化水平，助力纺织业走向智能制造。

短短数年间，随着 AI 与工业场景的不断深化融合，工业智能不仅成为产业智能化升级的新范式，而且有力推动了"中国制造"向"中国智造"迈进。

3. 工业智能的价值与影响

在 21 世纪的科技浪潮中，工业智能是人工智能技术在工业领域的深度应用，正逐步成为推动制造业转型升级的重要力量。工业智能的兴起，不仅标志着工业生产方式的深刻变革，更预示着智能经济时代的到来。工业智能通过深度融合大数据、云计算、物联网等先进技术，实现了对工业生产流程的智能化改造，显著提升了生产效率，降低了运营成本，增强了企业的市场竞争力与创新能力。

1）提高生产效率

工业智能可以通过对生产过程的实时监测和优化，减少设备停机时间，提高生产设备的利用率，从而提高生产效率。例如在制造业中，通过设备故障预测和预防性维护，可以减少设备故障停机时间，提高设备的可靠性和稳定性；通过生产过程优化，可以提高产品质量和生产效率，降低生产成本。在物流领域，通过对交通流量、路况等数据的分析，利用人工智能算法优化物流路径，可以提高物流效率，降低物流成本，优化物流配送路线，减少运输时间和成本。

2）提升产品质量

工业智能可以通过对产品质量的自动检测和分析，提高产品质量的稳定性和一致性。例如，在制造业中，利用计算机视觉技术和机器学习算法实现对产品质量的自动检测，可以提高检测精度和效率，降低人工检测的成本；通过对生产过程中的数据进行分析，找出影响产品质量的关键因素，并采取相应的措施进行优化，提高产品质量。在能源行业，通过对电网运行数据的分析，优化电网的调度策略，提高电网的稳定性和可靠性，从而提高电力供应的质量。

3）优化决策支持

工业智能可以对海量的工业数据进行深入分析，挖掘数据中的潜在价值，为企业提供精准的市场预测和决策支持。例如，在制造业中，通过对生产数据、销售数据、客户反馈等多源数据的融合分析，为企业提供产品需求预测、市场趋势分析等决策支持，帮助企业制定更加科学合理的生产计划和营销策略。在能源行业，通过对能源消耗数据的分析，为企业提供能源管理策略优化建议，帮助企业降低能源成本，提高能源利用效率。

4）增强交互体验

自然语言处理技术的运用，使得用户与AI系统之间的交互变得全新的自然和流畅。用户无须学习复杂的操作指令，只需通过自然语言即可与AI系统进行沟通，这无疑降低了使用门槛，提高了用户的接受度和满意度。AI系统能理解用户的意图，根据用户的需求提供个性化的服务。例如，在生产过程中，AI系统可以根据用户的历史操作记录，推荐最佳的生产方案；根据用户的偏好，自动调整生产参数，以满足用户的特定需求。用户不仅可以通过语音与AI系统进行交互，还可以通过图像、视频等多种方式表达自己的需求。AI系统能实时处理这些多样化的数据，并给出相应的反馈。这种直观、自然的交互方式不仅提高了工作效率，还增强了用户的参与感和满意度。用户能更直观地了解生产过程的实时状况，更便捷地控制生产设备的运行，从而实现对生产过程的全面掌控。

5）推动产业创新升级

工业智能可以推动传统生产模式向智能化生产模式转变，为工业转型升级赋能。在工业互联网平台的应用中，工业智能可以实现设备层、边缘层、平台层和应用层的智能化，推动传统生产模式向实时感知、动态分析、科学决策、精准执行和优化迭代的智能化生产模式转变。例如，在制造业中，工业智能的应用可以促进制造业向高端化、智能化、绿色化方向发展，提高制造业的核心竞争力；通过智能制造技术的应用，实现生产过程的自动化、智能化和柔性化，提高产品质量和生产效率，降低生产成本。

6）制造与市场协同

通过市场分析和消费者行为理解，AI 系统能准确把握市场需求和消费者偏好。基于大数据分析和机器学习算法，AI 系统能深入挖掘市场数据中的潜在信息，预测产品的市场潜力和销售趋势，从而帮助企业制定科学的产品策略，避免盲目生产和库存积压。基于自然语言处理和机器翻译技术，AI 系统还能提供多语种销售对话服务，使得企业能与全球客户进行无障碍交流，支持企业拓展国际市场。此外，AI 系统还能通过智能营销手段，如个性化推荐、精准广告等，进一步提升企业的市场影响力和品牌形象。

但是，工业智能的落地过程并非一帆风顺，数据安全、算法透明度、人才培养等多方面的挑战亟待解决。其中，数据安全是工业智能应用的基础保障，如何确保数据的安全性和隐私保护是企业和政府共同面临的重要课题；算法透明度关系到 AI 决策的公正性和可信度，提高算法透明度有助于增强用户对 AI 技术的信任；人才培养是工业智能发展的关键，企业需要培养具备 AI 技能的专业人才，以支撑 AI 技术的研发和应用。

政府应出台相关政策，鼓励企业加大 AI 技术研发投入，推动 AI 技术与制造业深度融合。制定行业标准，规范 AI 技术的应用和发展，确保技术的安全性和可靠性。推动跨界合作，整合各方资源形成合力，共同推动 AI 技术在制造业中的广泛应用。工业智能的价值和影响是多维度的，涉及生产效率、成本、市场竞争力、创新能力等多个方面，需要政府、企业和社会各界共同努力，推动 AI 技术的健康发展。未来，随着技术的不断成熟和应用场景的不断拓展，AI有望成为制造业创新发展的重要引擎，引领制造业向更高水平迈进。

3.1.2　AI大模型的定义及技术特点

1. AI大模型定义与优势

AI大模型（Artificial Intelligence Large Model）是近年来人工智能领域的一个重要发展方向，它通常是指基于深度学习技术、具有庞大参数规模和海量训练数据的人工智能模型，主要用于处理大规模数据和复杂的任务。这类模型通过在大规模数据集上进行预训练，能够学习复杂的模式与通用知识，并具备跨任务、跨领域的泛化能力。

AI大模型的参数规模一般能达到数十亿甚至数万亿级别，通常采用Transformer架构，通过自监督学习从海量的文本、图像、音频等多模态数据中提取通用表征，并通过微调（Fine-tuning）或提示学习（Prompt Learning）快速适应下游任务。通过训练，AI大模型从大量标记和未标记的数据中捕获知识，并将知识存储到大量的参数中，以实现对各种任务进行高效处理的技术架构，是实现通用人工智能的重要方向。AI大模型包含自然语言类大模型、计算机视觉类大模型，以及统一整合的多模态大模型等，聊天生成预训练转换器（Chat Generative Pre-trained Transformer，Chat GPT）是AI大模型在自然语言处理领域突破性的创新。

从发展历程来看，AI大模型先后经历了预训练模型、大规模预训练模型、超大规模预训练模型三个阶段。相应的，AI大模型的发展也从以不同模态数据为基础过渡到与学习理论等方面相结合，并呈现出全面发力、多点开花的新格局。AI大模型有两个核心要义："预训练"和"大模型"，意味着模型在大规模数据基础上完成了预训练后无须调整，仅需要少量数据的微调，就能直接支撑各类应用。

从应用领域来看，AI大模型可分为通用AI大模型和垂直AI大模型（也称产业AI大模型），两者在参数级别、应用场景、商业模式等方面的差异正在显性化。通用AI大模型需要巨大的计算资源和数据量，能处理各种领域和场景的自然语言，但是不一定有深入的专业知识，如Chat GPT。垂直AI大模型是针对特定行业或者应用场景而开发，如医疗、金融、教育等，它能利用行业的数据和知识，提供更精准和高效的解决方案，更容易地与用户进行有效的沟通和合作，也更符合行业的规范和标准，因此，垂直AI大模型将是重要发展方向。

与传统的小模型相比，AI大模型在多个维度上展现出更显著的优势。得益于其庞大的参数规模与复杂的网络结构，AI大模型能学习到更为全面和抽象的数据表示，从而在面对新任务或新数据时，能更快地适应并给出准确的预测或判断。这种泛化能力的增强，使得AI大模型在跨领域、跨任务的应用中表现出色，极大地拓宽了其应用范围。通过深度学习与大规模数据的结合，AI大模型能挖掘出数据中的细微特征与潜在规律，进而在预测任务中达到更高的准确率。这种高精度的预测能力，对于图像识别、自然语言处理等领域的实际应用具有重要意义，能显著提升相关应用的性能与效果。由于其复杂的网络结构与强大的学习能力，AI大模型能根据不同的应用场景与任务需求进行灵活调整与优化。这种适应性使得AI大模型能更好地满足实际应用中的多样化需求，为各类复杂问题的解决提供了有力的工具。

2. 技术特点深入剖析

AI大模型与早期的人工智能技术相比展现出显著的不同和独特的优势。这些优势主要体现在其数据驱动、知识表示和推理、自适应和优化等方面，以下是对这些特点的详细剖析。

1）参数规模大

AI大模型的参数规模通常达到数十亿级甚至万亿级，这是其与传统小模型最显著的区别之一。如此庞大的参数量为模型提供了强大的表示能力，使其能捕捉和学习到数据中更加复杂、细腻的模式和关系。这种参数规模上的提升，不仅让模型在处理大规模数据时更加游刃有余，也为后续的任务迁移和泛化提供了坚实的基础。

2）泛化能力强

AI大模型在大规模、多样化的数据集上进行预训练，这使得它们能学习到丰富的通用知识和方法。这些知识和方法具有广泛的适用性，使得AI大模型在面对新任务或新场景时，能迅速调整并表现出较好的泛化能力。这种泛化能力的增强，极大地拓宽了AI大模型的应用范围，使其能在多个领域和场景中发挥出色表现。

3) 支持多模态

与传统单一模态的模型不同，AI 大模型具备处理和理解多种类型数据的能力。无论是文本、图像还是音频，AI 大模型都能进行跨模态的关联学习和生成。这种多模态的处理能力，使得大模型能更加全面地理解和分析数据，为复杂任务的解决提供了有力支持。

4) 自监督学习

AI 大模型通常采用自监督学习方法进行预训练。这种方法不需要大量的标注数据，而是利用数据本身的内在结构和规律进行学习。这使得 AI 大模型能从无标注的大规模数据中挖掘出有用的特征，降低了对标注数据的依赖，提高了学习效率。

5) 迁移学习

迁移学习是 AI 大模型的一个重要特性。在预训练之后，AI 大模型可以通过迁移学习快速适应特定的下游任务。这种迁移能力使得 AI 大模型在面对新任务时，不需要从头开始训练，而是可以利用已有的知识和方法进行微调，从而大幅缩短了训练时间和成本。

6) 高性能计算需求

由于 AI 大模型的规模和复杂性，其训练和推理过程需要强大的计算资源支持，例如大规模的 GPU 集群和高性能的处理器等。这些计算资源的投入，虽然增加了 AI 大模型的应用门槛，但也为其在复杂任务中的出色表现提供了有力保障。

7) 注意力机制

许多 AI 大模型基于 Transformer 架构，这一架构的核心是自注意力机制。通过自注意力机制，AI 大模型能捕捉输入数据中的长距离依赖关系，从而更好地理解和处理数据。这种机制使得 AI 大模型在处理复杂任务时，能更加准确地把握数据的整体结构和局部细节。

8) 涌现能力

当 AI 大模型达到一定规模时，会展现出小模型所不具备的能力，如上下文学习和逐步推理等。这些能力对于解决复杂任务至关重要，因为它们使得模型能更加深入地理解和分析数据，从而给出更加准确和可靠的预测或决策。涌现能力的出现，不仅进一步提升 AI 大模型的应用价值，也为 AI 技术的发展开辟了新的方向。

AI 大模型以其独特的参数规模、泛化能力、多模态支持、自监督学习、迁移学习、高性能计算需求、注意力机制和涌现能力等特点，为 AI 领域的发展注入了新的活力。随着技术的不断进步和应用场景的持续拓展，AI 大模型将在更多领域发挥重要作用，推动人工智能技术的不断创新和突破。

3. AI 大模型在工业领域的应用潜力

随着人工智能技术飞速发展，AI 大模型正以燎原之势延伸到工业领域。在数字化浪潮的推动下，不少人认为，工业大模型正成为制造业数字化转型升级的新引擎。目前，制造业企业普遍对工业大模型应用持积极态度，认识到其在提升生产效率、优化供应链、提高产品质量等方面的潜力，对工业大模型的兴趣和投入不断增加，特别是在智能制造、智能维护和智能营销等领域。工业大模型不是简单地把大模型用在工业领域，而是大模型技术结合工业数据和业务场景的创新。

AI 大模型以其独特的技术优势，展现出了巨大的应用潜力。这一潜力不仅体现在对工业大数据的高效处理上，更在于其在复杂工业场景下的智能决策支持能力。工业大数据是现代制造业的重要资源，其中蕴含着丰富的生产信息、设备状态与市场需求等关键数据。但这些数据规模庞大、结构复杂，传统的数据处理方法难以有效挖掘其中的价值。AI 大模型凭借其强大的数据处理与学习能力，能高效地处理这些工业大数据，从中提取出有价值的信息与模式。这些信息与模式不仅能帮助企业更好地了解生产状况、优化生产流程，还能为企业的战略决策与市场预测提供有力依据。通过 AI 大模型的分析，企业可以更加精准地把握市场动态，制定更加科学合理的生产计划与销售策略，从而提升市场竞争力。

在复杂工业场景下，如智能制造中的生产调度、故障诊断等，AI 大模型的应用潜力更加凸显。

生产调度是制造业中的关键环节，它涉及生产资源的分配、生产任务的安排以及生产进度的控制等。传统的调度方法依赖于人工经验与简单规则，难以应对复杂多变的生产环境。AI 大模型能利用其强大的学习与推理能力，对生产数据进行深入分析，自动学习生产调度的最优策略。在实际应用中，AI 大模型能根据生产需求、设备状态与工人技能等多方因素，动态调整生产计划与调度方案，确保生产活动的高效与协调。

工业设备在运行过程中，会出现各种故障与异常。传统的故障诊断方法依赖于人工巡检与经验判断，难以及时发现并准确定位故障点。AI大模型通过对工业设备运行数据的学习与分析，自动提取出故障特征，并建立故障预测模型。在实际应用中，大模型能实时监测设备状态，及时发现潜在故障并发出预警，为维修人员提供准确的故障定位与修复建议。这不仅提高了故障诊断的准确性与效率，还降低了因故障导致的生产停顿与损失。

3.1.3 AI大模型分类

AI大模型凭借其庞大的参数集和复杂的网络架构，能高效地学习和解析各行各业的海量数据，尤其是在制造领域能从生产流程优化、产品质量控制、设备预防性维护等多个维度进行数据分析，从而提供精准的智能化辅助。AI大模型分类方式多样，涵盖了不同的输入数据类型、应用领域、结构、用途等，并且随着技术的发展，不断涌现出新的分类和应用场景。

1. 按输入数据的类型分类

在工业智能大模型的范畴内，依据输入数据的类型进行细分，可明确界定为语言大模型、视觉大模型以及多模态大模型三大类别，每一类别均承载着独特的功能与应用价值。

语言大模型是自然语言处理技术的集大成者，以OpenAI公司的ChatGPT为典型代表，其核心竞争力在于对工业领域文本数据的深度解析与智能生成。此类模型通过复杂的神经网络结构，能精准捕捉文本中的语义信息，执行工业文档的智能分类、摘要生成、知识问答等任务，从而大幅提升工业环境中信息处理的效率与准确性。特别是在工业文档管理方面，语言大模型能自动化地整理、归档海量文档，为企业的知识管理与传承提供强有力的支撑。

相较于语言大模型，视觉大模型则聚焦于计算机视觉领域，以百度文心公司的VIMER–CAE等为代表，它们在图像分类、目标检测、缺陷识别等任务中展现出卓越的性能。在工业生产场景下，视觉大模型能迅速识别产品表面的瑕疵、监控生产线的运行状态，甚至预测潜在的安全隐患，这对于提升产品质量、保障生产安全具有不可估量的价值。通过深度学习算法对图像特征的精细提取,视觉大模型能实现对生产过程的实时监控与智能反馈,为企业的质量控制体系注入新的活力。

多模态大模型是工业智能大模型中的高级形态,如百度公司的ERNIE-GeoL,其独特之处在于能同时处理文本、图像、音频等多种类型的数据,实现跨模态的信息融合与智能分析。这类模型通过构建统一的特征表示空间,将不同模态的数据进行有效整合,从而挖掘出更深层次、更全面的信息。在工业决策支持系统中,多模态大模型能综合考虑生产数据、设备状态、用户反馈等多维度信息,为决策者提供更为精准、更全面的决策依据,助力企业实现更高效、更智能的运营管理。

2. 按应用领域分类

在工业智能大模型的应用领域中,根据模型的应用范围与针对性,可将其进一步细分为通用大模型与垂直领域大模型两大类别。

通用大模型是工业智能领域的"通才",其设计初衷在于追求广泛的适用性与高度的泛化能力。这类模型通过大规模的数据训练与复杂的网络结构,能学习到工业生产中普遍存在的规律与特征,从而在面对多种任务和领域时均能表现出色。它们如同工业智能化进程中的"万能钥匙",为生产流程优化、质量控制、设备维护等广泛场景提供了灵活且高效的智能化解决方案。通用大模型的这一特性,使得其在不同行业、不同企业之间具有较好的可移植性与复用性,极大地降低了模型开发与部署的成本。

与通用大模型相比,垂直领域大模型则更加专注于特定行业或领域的深度挖掘与定制化服务。这类模型针对汽车制造、电子装配、能源管理等特定行业的实际需求进行精心设计与训练,能更深入地理解行业内的专业知识、工艺流程与数据特征。通过定制化训练,垂直领域大模型能更精准地捕捉行业内的细微差异与潜在规律,从而为特定应用需求提供更为精确、高效的智能化支持。例如,在汽车制造领域,垂直领域大模型可以实现对零部件缺陷的精细检测、生产线的智能调度以及车辆性能的精准预测,为汽车制造商提供全方位、深层次的智能化服务。

3. 按结构分类

在探讨工业智能大模型的结构特征时,一个不可忽视的维度是其深度与宽度的配置,这直接关联到模型的表示能力、学习效率以及计算复杂度。

深度模型是工业智能大模型的一种重要形态，其标志性特征在于通过多层神经网络的精心堆叠，构建出深邃的网络架构。以深度卷积神经网络和深度循环神经网络为例，它们利用卷积层对局部特征进行细致捕捉，通过循环层对时序依赖进行建模，从而在深层次上提取数据的高阶特征，为复杂的工业任务提供强有力的支持。深度模型的这一特性，使得其在处理具有深层次结构的数据时表现出色，如图像识别、语音识别等。

与深度模型相对，宽度模型则侧重于通过增加每一层神经元的数量来拓宽模型的表示空间。宽度卷积神经网络和宽度循环神经网络是这一思路的典型代表。在这类模型中，每一层都拥有大量的神经元，能同时捕捉数据中的多种特征，从而增强模型的表示能力。宽度模型的这一设计，使得其在处理大规模、高维度的数据时具有更高的效率和准确性，尤其适用于那些需要快速响应和精确预测的工业场景。

在实际应用中，单纯追求深度或宽度的极致并非是最优选择。为了兼顾模型的性能与计算的复杂度，深度宽度均衡模型应运而生。以残差网络为代表，这类模型在深度和宽度上都达到了相当的规模，通过巧妙的网络设计和优化算法，实现了两者之间的和谐统一。深度宽度均衡模型不仅能深入挖掘数据中的深层次特征，还能有效处理大规模、高维度的数据，从而在保持高性能的同时，降低了计算复杂度和训练难度。这一特性使得深度宽度均衡模型成为工业智能大模型中不可或缺的一员，为工业智能化的深入发展提供了强大的技术支持。

4. 按用途分类

在工业智能大模型的广阔应用领域中，根据模型的具体用途与特性，可进一步将其细分为生成模型、强化学习模型、开源大模型以及在线大模型四大类别，每一类别均承载着独特的价值与应用潜力。

生成模型是工业智能大模型中的创意源泉，以生成对抗网络（Generative Adversarial Network，GAN）为代表，展现出了非凡的数据生成能力。这类模型通过构建生成器与判别器的对抗框架，能生成与真实数据高度相似的样本，为工业设计与仿真领域带来了全新的创新思路。在产品设计、材料研发等场景中，生成模型能快速生成多种设计方案，加速了创新进程，降低了研发成本。

强化学习模型，以其独特的决策机制，在工业控制、路径规划等需要智能化决策的场景中发挥着重要作用。这类模型通过与环境的持续交互，不断试错与学习，最终找到实现目标的最优策略。在自动化生产线、智能机器人等领域，强化学习模型能自主优化控制参数，提高生产效率，降低能耗，展现出强大的智能化决策能力。

开源大模型是技术共享与进步的催化剂，由社区或组织共同维护，具有较高的透明度和广泛的社区支持。例如，由幻方量化公司的 DeepSeek 就是一款非常优秀的开源大模型，在部分基准测试中甚至超越了 OpenAI 公司的闭源模型 GPT-4。这类模型的开源特性，促进了技术的快速传播与迭代，降低了技术门槛，使得更多企业和个人能参与到 AI 技术的创新与应用中来。在工业智能领域，开源大模型不仅加速了技术的普及，还促进了跨领域、跨行业的合作与交流，为工业智能化的深入发展奠定了坚实的基础。

在线大模型，以其便捷、高效的应用方式，成为工业智能大模型中不可或缺的一员。这类模型部署在云端或网络上，通过 API 接口供用户访问和使用，极大地降低了模型部署与应用的门槛。无论是中小型企业还是个人开发者，都能轻松获取到强大的 AI 能力，为业务创新与发展提供有力支持。在线大模型的这一特性，使得 AI 技术更加贴近实际应用，为工业智能化的广泛落地开辟了新的路径。

3.2 大模型与工业深度融合

在当今全球制造业转型升级的关键时期，数据是新型生产要素，正以全新的力量驱动着工业向智能化、高效化方向迈进。工业大模型是人工智能技术与工业领域深度融合的产物，正逐步成为推动这一变革的重要引擎。工业大模型以其强大的数据处理与学习能力，为破解这些难题提供了新的思路与方法。通过深入挖掘工业数据中的隐藏价值，大模型能助力企业实现生产过程的精准控制、产品质量的智能检测、设备故障的预测性维护等，从而显著提升制造业的智能化水平与市场竞争力。

回顾工业大模型的探索历程，国内外研究机构与企业纷纷加大投入，取得了一系列令人瞩目的成果。从基础理论的突破到关键技术的创新,再到典型应用案例的涌现,工业大模型正逐步从理论走向实践,展现出其在工业领域的巨大潜力。但是工业大模型的构建与应用并非一蹴而就,在数据输入与处理、模型训练与优化、输出应用与服务等环节都面临着诸多技术难点与挑战。如何高效处理与存储大规模工业数据,如何提升模型训练效率并降低成本,如何增强模型的可解释性与鲁棒性,成为当前亟待解决的问题。

本节将围绕工业大模型的探索背景与意义、参考架构及技术难点、落地实施路径等方面展开深入剖析,旨在为制造业的智能化升级提供一套系统、全面的理论框架与实践指南。

3.2.1 工业大模型的探索之路

1. 探索背景与意义阐述

在工业4.0的宏阔背景下,全球制造业正置身于一场全新的转型与升级浪潮之中,这一深刻变革不仅触及技术层面的革新,更对传统生产模式提出了根本性的挑战。面对市场需求的日益多元化与消费者偏好的快速变化,传统依赖人工经验判断与固化流程的生产方式逐渐显露出其固有的局限性,难以有效应对市场动态的瞬息万变。在此背景下,工业大模型的崛起是人工智能领域的一项重大突破,成为驱动制造业智能化转型的核心引擎。

人工智能技术广泛应用于工业领域,主要集中在研发设计、生产制造、经营管理等环节,但目前应用的大多是人工智能小模型,实现对特定任务进行精准判别和决策的场景,如工业质检领域,能够迅速判断产品质量是否合格,实现快速检测。但小模型通常需要依靠个性化的业务逻辑进行数据采集、模型训练与调优,这限制了其在多行业的通用性。大模型的出现给新一代工业智能带来了想象空间,目前还处于初步探索阶段,如多模态大模型可应用至工业机器人、数控机床等工业设备,使其自我感知、自主规划,真正成为工业智能体。工业生产体系中数据量的爆炸式增长,为深度学习算法提供了丰富的训练资源,使得工业大模型的构建与应用成为可能。工业大模型,凭借其卓越的数据处理与分析能力,能深入挖掘海量、多维度工业数据背后隐藏的知识与规律,为生产流程的优化、产品质量的提升以及设备维护策略的革新提供了强有力的数据支撑与科学指导。目前，谷歌、华为、阿里等一众科技巨头都在积极探索 AI 大模型与新型工业化的融合应用，通过研发和应用大模型技术，推动工业领域的智能化和数字化转型[8]。

工业大模型的探索与发展不仅是技术进步与创新的必然结果，更是制造业智能化升级与高质量发展的内在需求所驱动。它不仅为制造业提供了一套全新的智能工具集，包括生产效率优化、质量控制与设备维护等多个方面，更为实现高效、灵活、可持续的工业生产模式开辟了崭新的道路。工业大模型的广泛应用，无疑将对全球制造业的转型升级与高质量发展产生深远而积极的影响，推动制造业向更加智能化、绿色化与服务化的方向发展。

2. 探索历程与成果总结

1）探索历程

工业大模型是人工智能领域的前沿探索方向，其发展历程在全球范围内展现出了蓬勃的生命力与创新活力。这一探索历程不仅标志着人工智能技术从理论构想向实践应用的重要跨越，也深刻反映了科研机构与行业领先企业在推动工业智能化进程中的深度布局与不懈追求。

近几年，AI 大模型俨然成为 AI 界"最耀眼的明星"，国内外科技巨头都不遗余力地布局 AI 大模型。2018 年，美国谷歌公司提出了 3 亿参数基于变换器的双向编码器表示（Bidirectional Encoder Representation from Transformers, BERT）模型，惊艳四座；2019 年 2 月，OpenAI 公司推出了 15 亿参数的 GPT-2；2020 年 6 月，OpenAI 公司推出了 1750 亿参数的 GPT-3，直接将参数规模提高到千亿级别；2021 年 10 月，微软公司和英伟达公司联手发布了 5300 亿参数的 Megatron-Turing 自然语言生成模型（Megatron-Turing Natural Language Generative, MTNLG）；2022 年 11 月底，Open AI 公司发布了 AI 对话模型 ChatGPT，一经推出，火爆全网。国内公司的 AI 大模型研发虽然比国外公司晚，但是发展却异常迅速。2021 年 4 月，华为云公司联合循环智能公司发布盘古超大规模预训练语言模型，参数规模达 1000 亿；2021 年 6 月，北京智源人工智能研究院发布了超大规模智能模型"悟道 2.0"，参数规模达到 1.75 万亿；2021 年 12 月，百度公司推出 ERNIE 3.0 Titan 模型，参数规模达 2600 亿；同期，阿里巴巴达摩院的 M6 模型参数达到

10万亿，将大模型参数直接提升了一个量级；2025年1月，杭州深度求索公司发布了推理模型DeepSeek-R1，并开源其模型权重，该模型以极低的训练成本（仅560万美元）和出色的性能迅速引发全球关注。这些科技巨头在大模型研发领域的深度布局与持续投入，不仅推动了人工智能技术的快速发展与迭代更新，也为工业智能化进程提供了坚实的理论与技术支持。通过不断探索与实践，工业大模型正逐步从理论研究走向实际应用，为制造业的智能化转型与高质量发展注入了新的活力与动力。

2) 成果总结

在国内，工业大模型的研发工作取得了令人瞩目的成果，这得益于政策引导与市场需求的双重驱动。在此背景下，一批专注于工业大模型的技术创新型企业应运而生，并迅速崛起。这些企业紧密结合我国制造业的实际需求，将工业大模型技术深度融入智能制造、故障预测、质量控制等多个核心环节，通过深度挖掘与分析工业数据的潜在价值，成功构建了一系列高效、准确的预测与优化模型，为制造业的智能化转型与升级提供了坚实的支撑。在智能制造领域，企业通过引入大模型对生产流程进行精细化建模，能全面、深入地理解生产过程中的各个环节与要素，进而实现生产流程的精准优化与智能化调度。这不仅显著提升了生产效率，还有效降低了运营成本，为制造业的降本增效提供了新的路径与方法。

3.2.2 工业大模型参考架构及技术难点

1. 参考架构设计思路

工业大模型是人工智能技术在工业领域的高级应用，基于大模型的技术特点，提出工业大模型的总体架构，包括数据层、计算层、模型层、应用层。其中，数据层负责采集与处理海量的工业数据；计算层负责提供强大的计算能力，支持模型的训练、验证和调优；模型层负责利用这些数据训练和优化模型；应用层负责将训练好的模型与应用系统结合部署到实际的生产环境中，实现智能化决策和控制。工业大模型总体架构如图3-1所示。

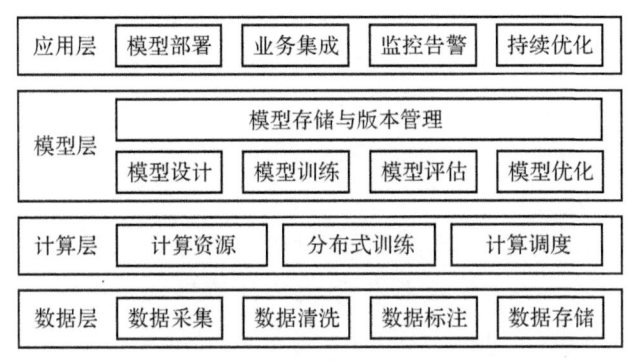

```
应用层   模型部署   业务集成   监控告警   持续优化

模型层   模型存储与版本管理
         模型设计   模型训练   模型评估   模型优化

计算层   计算资源   分布式训练   计算调度

数据层   数据采集   数据清洗   数据标注   数据存储
```

图 3-1　工业大模型总体架构图

工业大模型的参考架构设计思路，不仅体现了对数据处理、模型训练与应用服务的全面考虑，更融入了深度学习、分布式计算、云计算等前沿技术的最新成果，为构建高效、智能、可信赖的工业大模型系统提供了坚实的理论基础与实践指导。

1）数据层

数据采集是整个数据处理流程的起点，其目的是从各种来源收集原始数据。这些来源包括但不限于传感器（如温度传感器、压力传感器等）、数据库（如关系型数据库、非关系型数据库）、日志文件（如服务器日志、应用程序日志）等。通过数据采集，可以将分散在不同系统中的数据集中起来，为后续的数据处理和分析提供基础。

数据清洗是确保数据质量的关键步骤。在实际应用中，采集到的数据往往存在重复、错误或无效的情况。因此，需要对数据进行预处理和标准化，去除这些不符合要求的数据，以提高数据的准确性和可用性。例如，对于重复的数据记录，可以进行去重操作；对于错误的数据，可以通过数据校验和修正机制进行处理；对于无效的数据，可以直接过滤掉。

数据标注是机器学习中一个重要的环节，尤其是对于有监督学习，通过对部分数据进行人工或自动标注，可以为模型提供明确的训练目标。例如，在图像识别任务中，需要对图像中的物体进行标注，以便模型能够学习到物体的特征和类别。数据标注的质量直接影响模型的性能，因此需要确保标注的准确性和一致性。

数据存储是处理大规模数据集的关键环节。由于数据量通常非常庞大，传统的存储系统往往无法满足需求。因此，需要使用分布式存储系统，如 Hadoop、Cassandra 等。这些系统能够将数据分散存储在多个节点上，提高数据的存储能力和读写效率，同时具备良好的容错性和可扩展性。

2）计算层

计算资源是进行大规模数据处理和模型训练的基础。为了满足高性能计算的需求，通常需要提供强大的计算资源，包括图形处理器（Graphics Processing Unit，GPU）、张量处理单元（Tensor Processing Unit，TPU）等加速器。这些硬件设备能够显著提高计算速度，特别是在处理深度学习任务时，能够大大缩短训练时间。

分布式训练是提高模型训练效率的重要手段。通过采用分布式训练框架，如 TensorFlow、PyTorch 等，可以将训练任务分解为多个子任务，并在多个计算节点上并行执行。这样可以充分利用计算资源，加速模型的训练过程。例如，在训练一个大规模的深度神经网络时，分布式训练可以将模型的不同部分分配到不同的 GPU 上进行计算，从而显著提高训练效率。

计算调度是管理和优化计算资源的关键工具。通过使用计算调度系统，如 Kubernetes、YARN 等，可以对计算任务进行合理的调度和管理。这些系统能够根据任务的优先级、资源需求等因素，动态地分配计算资源，确保任务的高效执行。例如，Kubernetes 可以根据任务的资源需求自动调整容器的资源分配，从而提高资源的利用率。

3）模型层

模型设计是指根据具体的业务需求选择合适的模型结构和算法。不同的业务场景可能需要不同的模型。例如，在自然语言处理任务中，需要使用 Transformer 架构；在图像识别任务中，需要使用卷积神经网络（Convolutional Neural Network，CNN）。模型设计需要综合考虑任务的复杂性、数据的特点以及计算资源的限制等因素，以确保模型能够有效地解决实际问题。

模型训练是在计算层进行的关键步骤。通过在大规模数据集上进行训练，模型能够学习到数据中的模式和规律。在训练过程中，需要不断调整模型的参数，以优化模型的性能。例如，通过调整学习率、优化器等超参数，可以提高模型的收敛速度和准确率。同时，还需要使用正则化等技术来防止模型过拟合。

模型评估是验证模型性能的重要环节。通过使用验证集和测试集，可以对模型的性能进行评估，常用的评估指标包括准确率、召回率、F1分数等。例如，在分类任务中，准确率可以衡量模型正确分类的比例；召回率可以衡量模型能够正确识别出的正样本比例。通过综合评估这些指标，可以全面了解模型的性能。

模型优化是指根据模型评估的结果，对模型进行优化。这可能包括调整模型的结构、优化模型的参数等。例如，如果模型的准确率较低，则需要增加模型的层数或调整隐藏层的神经元数量；如果模型的训练时间过长，则需要优化模型的训练算法或调整超参数。此外，还可以通过模型剪枝、量化等技术来优化模型的性能。

模型存储与版本管理是确保模型可追溯性和可维护性的关键环节。通过使用模型仓库，如 Git、TFS 等，可以对模型进行存储和版本管理。这样可以方便地对模型进行回溯和更新，确保模型的安全性和一致性。例如，在团队协作开发过程中，模型仓库可以方便地管理不同版本的模型，避免版本冲突。

4）应用层

模型部署是将训练好的模型应用到实际业务中的关键步骤。通过将模型部署到生产环境，可以提供实时或批量的预测服务。例如，在金融风险评估中，模型可以实时对客户的信用风险进行评估；在图像识别应用中，模型可以批量处理图像数据并输出识别结果。模型部署需要考虑系统的稳定性和性能，确保模型能够高效地运行。

业务集成是将模型预测结果与其他业务系统进行集成的过程。通过将模型的输出结果与业务系统相结合，可以实现业务价值的转化。例如，在电商推荐系统中，模型的推荐结果可以与电商平台的用户界面进行集成，为用户提供个性化的商品推荐。业务集成需要确保数据的准确性和实时性，以提高业务系统的性能和用户体验。

监控告警是确保模型稳定运行的重要手段。通过实时监控模型的性能，可以及时发现异常情况并进行告警。例如，如果模型的准确率突然下降，则需要及时调整模型或重新训练；如果系统的响应时间过长，则需要优化系统的资源配置。监控告警系统可以自动检测这些异常情况，并通过邮件、短信等方式通知相关人员。

持续优化是根据实际应用情况不断改进模型性能的过程。通过收集模型在实际应用中的反馈数据，可以进一步优化模型的性能，提升业务效果。例如，根据用户的反馈，可以对推荐系统进行优化，提高推荐的准确性和相关性。持续优化需要不断调整模型的参数和结构，以适应不断变化的业务需求。

2. 技术难点剖析与解决方案

尽管 AI 大模型具有诸多优点，但在工业应用中也面临着一些技术难点。

1) 数据质量和隐私安全

工业数据的复杂性在于其结构的多样性与质量的参差不齐，这直接影响了模型训练的效果与准确性。数据可能来源于不同的传感器、数据库或日志文件，每种数据源都有其特定的格式与特征，这要求在处理前必须进行细致的数据清洗与标准化工作，以确保数据的一致性和可用性。这一过程耗时费力，且难以达到完美状态，从而成为制约模型性能提升的一个瓶颈。

工业数据涉及企业的核心机密与商业利益，对数据的保护和隐私要求极高。在传统的数据共享与流通模式下，数据的安全性与隐私性难以得到有效保障，极大地限制了高质量数据集的构建与共享。企业出于对自身利益的考量，不愿将敏感数据对外公开，导致模型训练所需的数据资源匮乏，进而影响了模型的泛化能力与适用性。

为应对这一挑战，需要从两个方面入手解决数据质量和隐私安全问题。一方面，加强数据预处理与质量控制技术的研发与应用，主要包括：开发高效的数据清洗与标准化工具，实现数据的自动化处理与优化，提高数据的质量与可用性；引入数据质量评估机制，对处理后的数据进行严格把关，确保数据满足模型训练的需求。另一方面，构建安全可信的数据共享与流通机制，主要包括：采用先进的加密技术与隐私保护策略，如差分隐私、同态加密等，确保数据在共享与流通过程中不被泄露或滥用；建立数据共享平台与规范，明确数据使用的权限与责任，促进数据资源的合理利用与共享；探索数据联盟或数据合作新模式，通过多方计算、联合学习等技术手段,实现数据的共享与利用,同时保护各方数据的安全与隐私。

2) 高可靠性和实时性要求

除了数据质量和隐私安全,工业应用对 AI 大模型的高可靠性和实时性要求同样构成了严峻挑战。在工业环境中,模型的预测或决策失误直接关系到生产安全、成本控制及产品质量等关键环节,其后果较为严重。工业大模型由于其复杂的网络结构与庞大的参数规模,其决策过程呈现出高度的黑箱特性,缺乏足够的透明度与可解释性。在故障诊断、生产调度等关键应用领域,这一特性可能成为制约模型广泛应用的主要因素。

为应对这一挑战,需要从多个维度入手,提升工业大模型的可靠性与实时性,并增强其决策过程的透明度与可解释性。一是引入鲁棒性训练、异常检测及冗余设计等手段,提高模型对噪声数据、异常情况及系统故障的抵御能力,确保模型在复杂多变的工业环境中能稳定、准确地运行。二是对模型的预测结果进行持续监控并验证,及时发现并纠正可能的错误,以维护模型的可靠性。三是提升模型的实时性能,通过优化模型结构、减少计算复杂度及采用高效的并行计算技术,缩短模型的决策时间,确保模型能在规定的时间内给出准确的预测或决策结果。四是将模型部署于边缘计算节点,以减少数据传输延迟,进一步提升模型的实时响应能力。

在增强模型透明度与可解释性方面,需要探索可解释的机器学习技术与方法。通过构建可解释的模型结构、引入模型解释工具及开发可视化界面等手段,使模型的决策过程更加直观、易懂。这不仅有助于提升用户对模型的信任度与接受度,还能为模型的调试与优化提供有力支持。要鼓励科研人员与工程师在模型开发过程中注重可解释性的设计,将可解释性作为模型评估与选择的重要指标之一。

3) 计算和存储资源受限

在计算和存储资源受限的工业环境中,AI 大模型的部署与落地是一个重大挑战。工业软件通常运行于本地环境,受限于硬件条件与技术水平,其计算和存储能力有限,且更新迭代速度相对缓慢。这不仅制约了大模型的研发设计,也阻碍了其在工业领域的广泛应用。为了在资源受限的条件下有效部署大模型，必须探索并应用高效的模型压缩与优化技术。针对计算资源受限的问题，模型压缩技术成为关键。通过剪枝、量化、低秩分解等技术，可以在不显著牺牲模型性能的前提下，大幅度减少模型的参数数量与计算复杂度。其中，剪枝技术通过移除模型中不重要的连接或神经元，实现模型的稀疏化；量化技术则将模型的参数从高精度表示转换为低精度表示，以减少计算过程中的内存占用与计算量；低秩分解则通过分解模型参数矩阵，降低其秩数，从而简化计算过程。这些技术的综合运用，可以显著提升模型在资源受限环境中的运行效率。

在存储资源方面，通过采用高效的存储格式与压缩算法，可以减少模型占用的存储空间，提高数据的访问速度。同时，可以考虑将模型的部分计算任务卸载到云端或边缘计算节点，减轻本地存储与计算的压力。这种云边协同的计算模式，不仅能有效利用云端丰富的计算与存储资源，还能确保数据的安全性与隐私性。

除了模型压缩与优化技术外，还应加强工业软件与硬件的协同设计。通过深入了解工业软件的运行特点与硬件资源的限制条件，可以设计出更加高效、灵活的模型部署方案。例如，根据硬件的并行计算能力，优化模型的并行处理策略；根据存储设备的读写速度，调整数据的存储与访问方式。这种软硬件协同的设计理念，有助于在资源受限的工业环境中实现大模型的高效部署与运行。

4）高昂的训练和部署成本

高昂的训练和部署成本，以及模型泛化能力的挑战，是当前工业应用中AI大模型面临的又一重要难题。大模型的训练与推理对计算资源有着极高的需求，不仅需要高性能计算集群提供强大的计算能力，还需要大容量的存储空间以及高速的网络连接，以支持数据的传输与处理。这些因素共同导致了模型训练与部署成本的高昂，对工业企业的资金投入构成了巨大压力。从安全角度出发，许多工业场景倾向于采用私有化部署方式，以确保生产安全与数据隐私。私有化部署意味着更高的硬件购置与维护成本，以及更复杂的技术支持需求，进一步加剧了成本问题。

为降低训练与部署成本，一方面需要探索高效的模型训练与优化技术。其中，采用分布式训练、云端训练等策略，利用多台机器并行计算，可以显著缩短模型训练时间，降低计算资源的消耗；开发针对大模型的专用优化算法与工具，提高训练过程的收敛速度与稳定性，也是降低成本的有效途径。另一方面应积极推动模型轻量化技术的发展，通过模型剪枝、量化、蒸馏等技术，减少模型的参数规模与计算复杂度，从而降低对硬件资源的需求，实现模型的低成本部署。

针对私有化部署带来的高成本问题，可以考虑采用混合云或边缘计算等灵活部署方案。其中，混合云部署方案允许企业在私有云与公有云之间灵活切换，根据实际需求动态调整资源分配，既保证了数据安全与隐私性，又降低了硬件购置成本；边缘计算则将计算任务下沉至设备端或边缘节点，减少了数据的传输延迟与带宽消耗，降低了对中心云资源的依赖，有助于实现低成本、高效率的模型部署。工业领域应用场景多样，数据分布复杂，要求大模型具备强大的泛化能力，以适应不同场景下的任务需求。为此，需加强模型的正则化设计，引入多样化的训练数据，采用迁移学习、元学习等先进技术，提高模型对新任务的适应能力与泛化性能。

5) 模型管理体系和监控机制

在工业应用中，AI 大模型的有效管理与持续监控是确保模型性能稳定与优化的关键。随着工业环境和数据的不断变化，模型需要定期地进行训练、调优与更新，以适应新的任务需求与数据分布。这一过程并非易事，它要求建立完善的管理体系和监控机制，以确保模型在整个生命周期内都能保持最佳状态。

构建有效的模型管理体系，需要从组织架构、流程规范与技术支持三个层面入手。在组织架构层面，应设立专门的模型管理团队，负责模型的规划、开发、部署、监控与优化工作。团队成员应具备丰富的机器学习、数据分析与工业应用经验，以确保模型管理工作的专业性与高效性。在流程规范层面，应制定完善的模型管理流程，包括模型需求分析、数据准备、模型训练、验证测试、部署上线、性能监控与调优更新等环节，确保模型管理工作的有序进行。在技术支持层面，应引入先进的模型管理平台与工具，提供模型版本控制、性能评估、参数调优、故障诊断等功能，以支持模型的高效管理与优化。

建立全面的模型监控机制,应涵盖模型的性能指标、数据质量、运行状态等多个方面,通过实时采集与分析模型运行过程中的关键数据,及时发现并处理潜在的问题。例如,可以设定模型性能阈值,当模型性能下降至阈值以下时,自动触发报警机制,通知相关人员进行干预。此外,还可以利用可视化技术,将模型的运行状态与性能指标以直观的方式呈现出来,便于管理人员快速了解模型的整体状况,为决策提供支持。

为了进一步提升模型管理与监控的智能化水平,可以探索将机器学习技术应用于模型管理过程中。例如,利用异常检测技术,自动识别模型运行过程中的异常行为;利用强化学习技术,自动调整模型参数以优化性能;利用自动化测试技术,对模型进行定期的验证与测试,以确保其稳定性与可靠性。

3.2.3 工业大模型落地实施路径

1. 需求分析与目标设定

在探索工业大模型落地实施的复杂过程中,需求分析构成了项目规划与策略制定的基石。这一分析聚焦于技术层面的精进,深入探讨了资源调配的合理性以及安全与治理框架的构建,旨在确保工业大模型能在遵循技术规律、资源可持续利用及社会伦理规范的前提下,实现高效、稳定的运行与广泛的应用。

1) 需求分析

下面从业务、技术、资源、安全与治理四个方面进行需求分析。

一是业务需求。要充分发挥工业大模型的价值,必须坚持以问题和价值为导向,深入剖析工业生产过程中的各个环节,精准识别其中的关键问题,并结合企业的实际需求,明确大模型应当解决的核心问题以及期望达成的效果。例如,设备故障预测是一个极具挑战性且至关重要的问题,设备的突发故障不仅会导致生产中断,还会带来巨大的经济损失和安全隐患。通过工业大模型,可以对设备运行数据进行实时监测和分析,提前预测潜在故障,从而实现预防性维护,降低设备停机时间,提高生产效率和设备可靠性。又如,生产计划优化是工业生产中的一个关键环节。在复杂的生产环境中,如何合理安排生产任务、优化资源配置,以满足订单需求并最大化生产效益,是一个亟待解决的问题。工业大模型可以通过对生产数据的深度学习和分析,结合市场需求预测,制定出更加科学合理的生产计划,从而提高生产效率、降低成本并增强企业的市场响应能力。再如,质量控制同样是工业生产中不可或缺的一部分,产品的质量直接关系到企业的声誉和市场竞争力。通过工业大模型对生产过程中的质量数据进行分析和监控,可以及时发现质量问题的根源,实现精准的质量控制和改进,从而提高产品质量,减少次品率,增强客户满意度。

二是技术需求。工业大模型的开发需要高水平的技术能力,特别是在模型的推理和生成能力、多模态处理性能、大模型的行为一致性与可解释性等方面。模型的推理与生成能力是其核心功能,要求具备高度的精确性与效率性。在工业场景下,这种能力不仅关乎生产流程的智能化改造,还直接影响到产品质量的提升与成本控制。因此,提升模型的推理速度与准确性,优化生成内容的多样性与创新性,是技术需求中的首要任务。多模态处理性能的强化也是不可忽视的一环。随着工业4.0时代的到来,数据形态日益丰富,从自然语言到图像、视频,乃至更复杂的多媒体数据,都成为工业大模型需要处理的对象。这就要求模型具备跨模态的信息融合与理解能力,以实现对多维度数据的全面解析与高效利用。大模型的行为一致性确保了模型在不同情境下的决策稳定性,避免了因环境变化而导致的性能波动;而可解释性则赋予了模型"透明性",使得用户能理解模型的决策逻辑与依据,从而增强了对模型的信任度与接受度。这对于工业大模型在关键领域的应用尤为重要,如智能制造中的故障诊断、医疗健康中的辅助诊断等,都需要模型能提供清晰、可靠的决策支持。

三是资源需求。一方面,大模型需要大量的数据进行训练,目前各行业存在数据壁垒,数据获取困难,限制了数据的自由流动与共享,导致模型训练所需的高质量数据难以获取。即便数据可得,如何有效整合、清洗与标注,以满足模型训练的需求,也是一项艰巨的任务。因此,探索数据共享机制,打破行业界限,促进数据的开放与融合,成为资源需求中的关键一环。另一方面,算力和内存资源的需求巨大,以Chat GPT为例,不仅需要高性能GPU芯片和大量内存,还存在高昂的电力消耗与成本。如何在保证模型性能的同时，降低运算成本，实现绿色可持续的发展，成为资源需求中亟待解决的问题。

四是安全与治理需求。大模型的应用涉及数据安全和 AI 治理等方面的问题，需要确保生成的内容不违反社会价值观和法律法规，确保数据的安全性与隐私保护，防止数据泄露与滥用。首先，需要建立健全的数据安全管理体系，采用先进的加密技术与防护措施，确保数据的全生命周期安全。其次，需要考虑对社会就业、产业发展、道德伦理的影响，这要求企业在模型设计与训练过程中，融入伦理考量，确保模型的决策与输出符合社会规范与道德标准。再次，需要建立全面的 AI 治理框架，评估模型的社会影响，制定相应的应对策略，这包括但不限于建立模型使用的监督机制、制定数据使用的伦理规范、开展社会影响评估等。通过这些措施，确保工业大模型的应用能在促进技术进步的同时，兼顾社会利益与伦理道德，实现技术的健康发展与社会的和谐稳定。

2）目标设定

在明确了工业大模型落地实施的需求分析后，目标设定是后续行动的指南针。业务目标、技术目标、资源目标以及安全与治理目标共同构成了工业大模型发展的四大要素，为技术的健康发展和应用落地提供了清晰的导向。

一是业务目标。为了确保 AI 大模型的应用能够真正为企业带来价值，必须设定明确的业务指标，应涵盖提高质量、降低成本和提升效率三个方面，以便全面评估大模型的应用效果。在提高质量方面，可以通过 AI 大模型对生产过程中的质量数据进行实时监测和分析，及时发现潜在质量问题，明确质量控制的精度目标；利用 AI 大模型优化生产工艺和流程，减少生产过程中的次品率。在降低成本方面，通过 AI 大模型实现自动化任务，减少人工干预，制定人效指标；利用 AI 大模型对市场需求进行精准预测，优化库存管理和物流安排，减少库存积压和缺货现象，将库存成本纳入考核。在提升效率方面，通过 AI 大模型优化生产计划和调度，提高生产资源的利用效率，可将生产效率作为实施目标。

二是技术目标。设定高水平的技术标准，确保模型的推理和生成能力强、多模态处理性能优、行为一致性与可解释性高，这不仅要求模型在处理复杂任务时能迅速、准确地给出答案，还要求其能创造出具有新颖性和实用性的内容。在推理和生成能力方面，推理能力使得模型能更好地理解工业场景中的复杂逻辑和关系，为生产流程的优化和智能决策提供支持；生成能力则将激发模型的创造力，为产品创新和服务升级注入新的活力。多模态处理性能方面，模型必须具备处理自然语言、图像、视频等多种数据形态的能力，并实现这些数据的跨模态融合与理解，这将有助于模型从更全面、更深入的角度洞察工业现象，提高数据分析的准确性和效率性。行为一致性与可解释性作为技术目标的补充，确保了模型的稳定性和可信度，其中：行为一致性要求模型在不同情境下保持决策的稳定性，避免因环境变化而导致的性能波动，从而增强用户对模型的信赖；可解释性则要求模型能清晰地展示其决策过程和依据，使用户能理解模型的"思考方式"，进而促进模型在关键领域的应用和推广。

三是资源目标。在资源投入上，应合理控制成本、优化资源配置，尽量减少对高性能 GPU 和大量内存的依赖，同时考虑能源消耗和成本。首先，面对高昂的硬件成本和能源消耗，必须合理控制资源投入，优化资源配置。其次，通过算法优化、模型压缩等技术手段，可以减少对高性能 GPU 和大量内存的依赖，降低硬件成本。再次，探索更加高效的能源利用方式，如利用可再生能源进行模型训练，也是实现资源目标的重要途径。最后，通过构建数据共享平台、挖掘数据潜在价值等方式，可以提高数据的利用率和效益，为模型的训练和应用提供更加丰富的数据资源。

四是安全与治理目标。建立严格的安全与治理框架，确保大模型应用的安全性和合规性，同时平衡技术发展与社会责任。在加强数据安全防护、防止数据泄露和滥用、确保模型的决策符合社会价值观和法律法规等方面，通过建立健全的安全管理机制和监管体系，可以有效防范安全风险，保障用户权益和社会利益。在追求技术进步的同时，必须关注技术对社会就业、产业发展、道德伦理等方面的影响。通过开展社会影响评估、建立利益相关者沟通机制等方式，可以及时了解并应对技术可能带来的社会问题，确保技术的健康发展与社会的和谐稳定。

工业大模型的落地实施，需要综合考虑业务、技术、资源、安全等多方面的需求，并据此设定合理的目标，以促进大模型技术的健康发展和应用落地。在未来的探索中，应坚持这四个目标的导向作用，推动工业大模型技术的健康发展和应用落地，为智能制造和产业升级贡献力量。

2. 实施步骤与流程规划

在工业大模型的落地实施过程中，需要遵循一套系统而严谨的步骤与流程，不仅确保了工业大模型落地实施的高效推进，还保证了模型性能的最优化与实际应用效果的最大化。

1）数据准备与预处理阶段

数据是工业大模型的基石，其质量与完整性直接关乎模型的训练效果与预测能力。在数据准备阶段，需要广泛收集生产过程中的各类相关数据，包括但不限于传感器数据、设备日志、生产记录、质量检测报告等。数据的来源应尽可能全面，以覆盖生产流程的各个环节，为模型提供丰富的特征信息。同时，还应加强模型与行业知识的结合，可以通过知识图谱、规则引擎等技术，将行业知识和经验加工为行业知识库，以提升模型的行业适用性。在数据预处理阶段，主要工作包括数据的清洗、去噪与标准化处理。其中，数据清洗旨在消除数据中的异常值、缺失值与重复值，确保数据的准确性与一致性；数据去噪旨在通过滤波、平滑等技术手段，降低数据中的噪声干扰，提升数据质量；标准化处理旨在将数据按照一定比例缩放，使其落入一个特定的范围，以消除不同量纲对模型训练的影响。经过预处理后的数据，应满足模型训练对于数据质量的高标准要求。

2）模型适配和集成阶段

大模型是工业大模型应用的核心，其性能和效果直接影响到工业生产过程的改善。因此，需要根据工业生产的特点和需求，选择合适的大模型，并进行针对性的裁剪和优化。考虑到行业复杂性，需要采用多个工业大模型进行模块化集成，这就需要投入资源，建设模型开发和训练平台，支持模型设计、集成、调优等全流程，同时还需要大规模算力和数据支持模型的训练，形成整体解决方案。

3）模型训练与验证阶段

对基础大模型进行训练和调优，生成行业大模型和专用小模型。一方面，使用行业知识库训练大模型。训练过程中，需要采用合理的训练策略，如学习率调度、批量大小选择、迭代次数设定等，以平衡模型的训练效率与性能表现，并引入正则化、dropout 等机制。训练完成后，通过交叉验证、测试集评估等方式，对模型的性能与泛化能力进行全面验证，包括模型的准确率、召回率、F1 分数等指标，以及模型在不同数据集上的表现稳定性。另一方面，需要对模型进行调优，可以采用迁移学习等方式，使其适应具体业务场景，实现快速适应。经过训练和调优，生成满足需求的行业通用大模型和细分场景专用小模型（工业 APP、知识引擎等）。

4）部署应用与持续优化阶段

模型训练与验证达到预期效果后，便进入部署应用阶段。首先，根据生产环境的实际需求，模型可通过 API 接口软件开发工具包（Software Development Kit，SDK）或直接集成到现有系统中，实现与生产流程的紧密对接。其次，部署过程中，需要确保模型的实时性与稳定性，以满足生产过程中的快速响应与准确预测需求。再次，在实际应用过程中，应建立完善的监控与反馈机制，实时跟踪模型的表现，并根据生产数据的变化与反馈信息，对模型进行必要的调整与优化，包括模型的参数调整、结构改进，以及针对新出现的生产问题的适应性训练等。通过持续的优化迭代，可以确保模型始终保持在最佳状态，为生产过程的持续优化与智能化升级提供有力支持。

工业大模型的落地实施需遵循一套系统而严谨的步骤与流程，从数据准备与预处理、模型训练与验证，到部署应用与持续优化，每一环节都至关重要，共同构成了模型成功落地的完整路径。

3. 效果评估与反馈机制

在工业大模型的落地实施过程中，效果评估与反馈机制是确保模型应用成效、实现持续优化与高效运行的关键环节。这一机制不仅涉及对模型应用效果的量化评价，还涵盖对模型在实际生产环境中表现的全面监控与及时调整，以确保模型能适应不断变化的生产需求，为企业带来持续的智能化升级与经济效益提升。

1）构建科学合理的评估指标体系

为了全面、准确地评估工业大模型的应用成效，构建一套科学、合理的评估指标体系非常重要。这一指标体系应综合考虑生产效率、故障预测与预防、成本节约等多个维度，以全面反映模型对生产流程的优化效果与经济价值的提升。

在生产效率方面，可通过对比模型应用前后的生产周期、产量等关键参数，量化评估模型在提高生产效率方面的贡献。例如，生产率增长率、单位时间内产品数量的增加量等指标，能直观展示模型对生产流程的加速作用。结合生产过程中的具体环节，如原料处理、加工制造、质量检测等，进一步细化生产效率的评估指标，以更精确地反映模型在各环节中的优化效果。

在故障预测与预防方面，模型的应用应有效减少设备故障，提高生产稳定性。通过统计模型应用后的设备故障次数、故障间隔时间等，计算故障率的降低比例，这是评估模型在这一方面效果的重要指标。同时，还可考虑引入故障预测准确率、故障处理时间缩短率等指标，以更全面地评价模型在故障管理方面的性能。

在成本节约方面，综合考虑模型应用带来的原材料节约、能源消耗减少、维修成本降低等方面的成本节约效果，通过计算成本节约额或成本节约率，可以量化评估模型在降低生产成本方面的作用。结合企业的实际财务状况和成本控制目标，进一步分析模型应用对利润增长、投资回报率等财务指标的影响，以更全面地评价模型的经济价值。

2）建立有效的反馈机制

为确保工业大模型在不断变化的生产环境中保持最佳性能，应建立有效的反馈机制。这一反馈机制应涵盖用户反馈收集、问题追踪与解决、模型迭代优化等多个环节，以实现对模型性能的持续监控与及时调整。

在用户反馈收集方面，通过问卷调查、访谈、用户论坛等多种渠道，主动收集用户对模型使用的感受、意见与建议。这些反馈不仅关乎模型的功能性与易用性，还涉及模型在实际应用中的适应性与可靠性。通过定期整理和分析用户反馈，可以及时发现模型存在的问题和不足，为后续的改进和优化提供有力依据。

在问题追踪与解决环节，针对用户反馈中提及的问题，建立问题追踪系统，确保每个问题都能得到及时记录、分析与解决，避免问题遗漏或处理不及时导致的生产延误或质量风险。对于常见问题或典型问题，可形成解决方案库，以便快速响应与解决类似问题，提高问题处理效率和满意度。

在模型迭代优化环节，基于用户反馈与问题追踪结果，定期对模型进行迭代优化是确保模型性能持续提升的主要环节。这包括模型的参数调整、结构改进、算法升级等，以不断提升模型的性能与适应性。在迭代优化过程中，应充分考虑生产环境的变化、用户需求的更新以及技术发展的新趋势，以确保模型能始终保持在行业领先水平。为了验证模型迭代的有效性，需要对比优化前后的评估指标。通过对比生产率增长率、故障率降低比例、成本节约额等关键指标的变化情况，可以直观展示模型迭代带来的性能提升和经济效益增长。这一过程不仅有助于评估模型迭代的效果，还可以为后续的模型优化工作提供有价值的参考和借鉴。

3.3 工业大模型前沿与趋势

随着信息技术的飞速发展，人工智能已成为推动制造业转型升级的重要力量。在这一进程中，工业大模型是连接数据、算法与应用的关键纽带，正逐步展现出其巨大的潜力与价值。本节深入探讨人工智能技术的最新进展，特别是算法创新与优化、技术融合与拓展等方面的前沿动态，以及这些进展如何为工业大模型的发展注入新的活力。本节还将展望工业大模型的未来发展趋势，包括模型轻量化与高效化、多模态数据处理能力提升，以及智能化水平的持续提升等关键方向。通过全面剖析工业大模型的现状与未来，本节旨在为制造业的智能化升级提供理论支撑与实践指导，助力企业把握智能时代的机遇，重塑制造业的未来格局。

3.3.1 人工智能技术最新进展

1. 算法创新与优化

在人工智能这一科技前沿阵地，算法是技术进步的基石，其创新与优化无疑构成了推动整个领域向前跃进的核心驱动力。随着大数据技术的发展和普及，传统的人工智能算法难以应对海量数据带来的挑战，需要从诸多角度出发，进一步针对大数据环境设计新型的人工智能算法。还有各种类型的新型算法在实际的应用过程中需要具备高效处理大规模数据的能力，利用分布式计算和并行处理等技术优势，有效实现快速、准确的数据分析和挖掘。

基于大数据的新型人工智能算法设计需要充分分析数据的特点和应用场景。不同领域的大数据在一定情况之下会具有不同的特征和结构，需要有针对性地设计适用于特定数据类型的算法模型。例如，在处理图像数据时，能采用深度学习算法来实现特征学习和图像识别；在处理文本数据时，能采用自然语言处理技术来实现文本分类和情感分析。

新型人工智能算法设计在实际的应用过程中，需要进一步注重算法的可解释性和可扩展性。一方面，随着人工智能应用的不断推广，算法的可解释性已经进一步成为越来越重要的考量因素。设计具有良好可解释性的算法，能帮助用户理解算法的工作原理和决策过程，进一步增强算法的可信度和可接受性。另一方面，考虑到大数据环境下数据规模的不断增长，新型人工智能算法在实际应用过程中同样需要更为优异的可扩展性，以便有效处理不断增加的数据量，充分保持算法的高效性和稳定性。

基于大数据的人工智能算法优化通常具有以下方法，下面进行分析。

一是优化算法模型的设计和参数配置。在实际的设计过程中，通过合理设计算法模型的结构和选择合适的参数配置，能充分提高算法的性能和效率，有效降低算法的复杂度和训练成本。例如，对于深度学习模型，采用自动化调参技术或模型搜索算法来优化模型的超参数，通过相应的方式更加有效地提高模型的训练效率和泛化能力。

二是采用并行计算和分布式处理技术。大数据环境下数据量庞大，单机计算在应用过程中就一般而言难以满足实时性和效率要求，因此在技术应用过程中，需要利用分布式计算框架和并行处理技术来加速算法的计算过程。通过将任务分解为多个子任务，并在多个计算节点上并行执行，能提高算法的计算速度和处理能力，实现大规模数据的高效处理和分析。

三是采用增量学习和在线学习策略。增量学习算法在应用过程中能更加有效地实现对新数据的实时学习和模型更新，不需要重新训练整个模型，可降低算法的计算成本和时间开销。在线学习算法在应用过程中能更为充分地实现对连续数据流的即时处理和预测，适用于需要实时决策和反馈的应用场景，如智能推荐、在线广告等。增量学习和在线学习策略在实际的落实过程中需要考虑数据的漂移和遗忘问题。由于数据分布和特征可能随时间不断变化，增量学习算法需要自适应地更新模型参数，避免因数据漂移而导致的性能下降。在线学习算法则需要考虑如何在保持模型准确性的同时，有效处理历史数据的遗忘和新数据的学习，确保模型的持续适应性和稳定性。

2. 技术融合与拓展

在科技日新月异的今天，AI技术的飞速发展不仅得益于其内部理论架构的不断精进和算法创新的持续推动，更得益于它与其他前沿技术的深度融合与广泛拓展。这一融合与拓展的趋势，如同一股强大的潮流，不仅拓宽了人工智能的应用边界，还促进了不同技术领域间的知识共享与协同进化，为科技进步的宏伟画卷添上了浓墨重彩的一笔。

云计算是信息技术领域的一次革命性飞跃，以其强大的计算能力、灵活的资源调度机制以及高效的数据处理能力，为人工智能模型的训练与部署提供了坚实的基石。在云计算的助力下，人工智能模型得以摆脱硬件资源的束缚，利用云端的海量计算资源，实现模型训练过程的加速与成本的降低。这种高效的计算支持，使得人工智能模型能更快地响应市场变化，提高模型的时效性与实用性，从而更好地服务于社会经济的各个领域。云计算的弹性扩展能力为人工智能模型处理大规模数据提供了可能，使得工业大模型在面对复杂数据环境时能游刃有余，为制造业的智能化转型提供了强大的算力支撑。

物联网技术的蓬勃发展，为人工智能模型提供了丰富的数据源泉。通过遍布各处的传感器与智能设备，物联网实现了对生产过程的全面监控与数据采集。这些数据，如同涓涓细流，汇聚成人工智能模型所需的庞大数据库，使得模型能更准确地把握生产过程中的细微变化，为生产优化、故障预测与质量控制等提供精准决策支持。物联网的实时数据传输能力，确保了人工智能模型能及时获取最新数据，实现模型的动态更新与持续优化，从而提高了模型的准确性与可靠性。这种数据驱动的决策模式，不仅提升了生产效率，还降低了运营成本，为制造业的可持续发展注入了新的动力。

区块链技术，以其独特的分布式账本特性，为人工智能模型提供了可靠的数据保障。在涉及敏感数据或需要高度信任的应用场景中，区块链技术能确保数据的不可篡改与透明性，从而显著提升模型的可靠性与用户接受度。这种技术融合，不仅增强了人工智能模型的数据安全性，还为其在金融、医疗等敏感领域的应用开辟了新的道路。例如，在金融领域，智能风控系统利用区块链技术确保交易数据的真实性与完整性，有效降低了金融风险；在医疗领域，人工智能辅助诊断系统结合区块链技术，为患者提供了更加安全、可靠的医疗服务。

人工智能与其他技术的深度融合与拓展，不仅拓宽了其应用领域，还促进了技术间的相互借鉴与共同提升。这种跨界协同进化的模式，为人工智能技术的发展注入了新的活力。在工业领域，这种融合趋势尤为显著。工业大模型是人工智能技术在工业领域的重要应用形式，其发展与完善离不开云计算、物联网、区块链等技术的支持。这些技术的融合应用，为工业大模型提供了强大的技术支持与丰富的应用场景，推动了制造业向更加智能化、高效化的方向迈进。

在工业大模型的应用过程中，云计算技术通过提供高效的计算资源与灵活的资源调度机制，降低了模型训练与部署的成本与时间；物联网技术则通过实时数据采集与传输，为模型提供了丰富的生产数据，提高了模型的准确性与实用性；区块链技术则通过确保数据的真实性与完整性，增强了模型的可靠性与用户接受度。这些技术的协同作用，使得工业大模型在制造业的智能化转型中发挥了重要作用。以智能制造为例，工业大模型结合云计算、物联网与区块链技术，实现了生产过程的全面监控与智能调度。通过实时数据采集与分析，模型能准确预测生产需求与设备故障，为生产计划与设备维护提供精准决策支持。云计算的弹性扩展能力确保了模型能处理大规模数据，提高了生产效率与响应速度。区块链技术则确保了生产数据的真实性与完整性，为产品质量追溯与防伪提供了有力保障。这种智能化的生产模式，不仅提高了生产效率与产品质量，还降低了运营成本与风险，为制造业的可持续发展奠定了坚实基础。

人工智能与其他技术的融合与拓展不断推动新应用的出现。例如在智慧城市领域，人工智能结合物联网与大数据技术，实现了城市管理的智能化与精细化。通过实时数据分析与预测，模型能优化交通流量、提高能源利用效率、改善环境质量等，为城市居民提供了更加便捷、舒适的生活环境。又如在医疗健康领域，人工智能结合区块链与远程医疗技术，实现了医疗资源的共享与优化配置。通过模型分析与预测，医生能为患者提供更加个性化、精准的医疗服务，提高了医疗效率与治疗效果。

人工智能与其他技术的深度融合与拓展是科技进步的必然趋势。这种融合不仅拓宽了人工智能的应用边界，还促进了技术间的相互借鉴与共同提升。在工业领域，这种融合趋势为工业大模型的发展提供了强大的技术支持与丰富的应用场景，推动了制造业向更加智能化、高效化的方向迈进。未来，随着技术的不断进步与应用场景的不断拓展，人工智能与其他技术的融合将呈现出更加多样化、深层次的特点，为科技进步与社会发展注入新的活力与动力。

3.3.2 工业大模型未来发展趋势

1. 模型轻量化与高效化

工业大模型的未来发展趋势主要表现在轻量化与高效化两个方面。工业大模型轻量化与高效化是指在工业设计、制造和生产过程中，通过各种技术手段减少模型的数据量，提高数据处理的速度和效率，以便于在有限的计算资源下实现高质量的设计和分析。这对于提高产品设计效率、优化制造流程、降低生产成本以及支持复杂的产品生命周期管理具有重要意义。

轻量化是指减少大模型的计算复杂度和存储需求，提高模型的运行效率，使其在资源有限的环境下（如边缘计算环境）也能得到有效应用。这对于工业领域中的实时性和低延迟要求尤为重要。例如，在使用边缘计算进行实时数据处理和决策时，轻量化的大模型可以更加快速地进行计算并给出反馈。轻量化主要涉及以下几个方面：通过对三维模型的几何数据优化、格式优化和数据压缩，减少模型的数据总量，从而减少存储空间和加速数据处理速度；在进行产品的展示或分析时，需要进行模型的渲染，轻量化后的模型可以在较低的硬件配置下实现快速渲染，提高用户体验；在进行有限元分析、流体动力学分析等计算密集型任务时，轻量化的模型可以减少计算资源的消耗，提高计算速度和计算结果的准确性。轻量化的模型可以更快地上传到云端或在虚拟现实环境中使用，为设计师和工程师提供更灵活的工作环境。在产品设计和分析过程中，轻量化的模型可以有效地减少由于数据量过大带来的计算负担，使得更复杂的设计和分析成为可能。

高效化是指提升模型的预测准确性和学习能力，使其能更好地从数据中学习并预测。这要求大模型在设计时不仅要考虑到计算效率，还需要优化模型结构和算法，以减少过拟合的风险，提高模型的泛化能力。高效化则体现在以下几个方面：通过使用轻量化的模型，设计师可以更快速地开展产品设计，迭代速度加快，提高整体的设计效率；在制造过程中，轻量化的模型可以减少计算机辅助设计（CAD）软件的处理负担，使得制造流程更加流畅；生产线上，轻量化的数据可以减少数据处理时间，加快产品从设计到生产的转化速度，从而提高生产效率。轻量化的模型减少了数据传输和处理的需要，降低了计算和存储成本，有助于降低企业的运营成本。

随着环保与节能成为全球共识，降低计算能耗与减少碳足迹已成为技术发展的重要考量。轻量化模型通过减少计算量与资源消耗，为实现绿色制造与可持续发展贡献了力量。模型轻量化与高效化不仅是工业大模型未来发展的必然趋势，也是推动智能制造与工业4.0进程的关键技术。通过创新模型压缩与优化技术，将能构建出更加高效、灵活且可持续的工业大模型，为工业生产的智能化升级提供坚实的技术支撑。

2. 多模态数据处理能力提升

在工业生产环境的复杂生态中，数据以多种形式存在并交织，构成了信息世界的多元画卷。图像、视频、音频与文本这些不同模态的数据各自承载着独特的生产细节与业务知识，它们相互补充，共同描绘出生产流程的全貌。如何有效整合并处理这些多源异构数据，成为挖掘生产潜力、提升制造效能的关键所在。面对多模态数据的异质性、高维度以及其间复杂的关联关系，传统的数据处理方法显得力不从心，工业大模型的数据处理能力因此面临着全新的挑战。为解决这一难题，多模态数据融合与处理技术应运而生，它如同一座桥梁，连接着不同模态的数据世界，使之能相互沟通、协同工作。在这一领域，联合表示学习技术崭露头角，成为多模态数据处理的核心。该技术致力于构建一个统一的特征空间，使来自不同模态的数据能在此空间内找到共同的表达形式，从而实现有效的比较与融合。通过精心设计神经网络架构与损失函数，联合表示学习能深入挖掘不同模态数据之间的潜在联系，实现信息的互补与增强。这一过程不仅增强了模型对单一模态数据的理解能力，更重要的是，它促进了多模态数据之间的协同作用，为精确预测与智能决策提供了有力的支持。

在联合表示学习的基础上，跨模态检索技术进一步拓宽了多模态数据的应用边界。传统上，数据检索局限于单一模态之内，如通过关键词搜索文本或通过图像特征匹配查找图片。跨模态检索技术打破了这一局限，它允许用户以一种模态的数据作为查询条件，检索另一种模态的相关数据。例如，用户可以通过输入一段文本描述，查找与之相关的图像或视频内容。这种技术的实现，依赖于对多模态数据之间复杂对应关系的深刻理解与精确建模。通过构建跨模态的映射与关联机制，模型能在不同模态之间建立精确的桥梁，使得数据检索变得更加灵活、高效。除了跨模态检索外，多模态生成技术同样展现了其在工业生产中的巨大潜力。这项技术不仅能根据给定的单一模态数据生成相应的多模态输出，如根据文本描述生成逼真的图像或视频，还能实现多模态数据的联合生成，创造出更加丰富、生动的多媒体内容。在工业生产中，多模态生成技术的应用为创意设计与产品展示提供了全新的可能性。设计师可以通过简单的文本描述或草图，快速生成具有高度逼真度的产品模型或演示动画，从而加速设计迭代与产品上市进程。在智能制造领域，多模态生成技术也为虚拟现实、增强现实等前沿技术注入了新的活力，使得用户能沉浸在更加真实、交互性更强的生产环境中。

随着多模态数据处理技术的不断进步与创新，其在制造业中的应用场景也日益丰富。在生产监控环节，多模态数据融合技术能整合来自不同传感器的图像、视频与文本信息，实现对生产过程的全面监控与异常检测。在质量控制方面，通过精确分析产品图像与声音特征，模型能自动识别并剔除不合格产品，确保产品质量符合标准。在故障诊断与智能客服方面，多模态数据处理技术也展现出了显著的优势，通过深入分析用户提供的文本描述、图像或视频资料，模型能快速定位问题所在，并提供针对性的解决方案或建议。

展望未来，随着技术的持续迭代与应用的不断深化，多模态数据处理能力将成为工业大模型不可或缺的核心竞争力之一。它不仅推动制造业向更加智能化、高效化的方向发展，还将为企业的创新能力与市场竞争力提供强大的支撑。在这个过程中，学术界与产业界需要紧密合作，共同探索多模态数据处理技术的新理论、新方法与新应用，为制造业的智能化升级与可持续发展注入源源不断的动力。

3. 智能化水平持续提升

在工业大模型的持续演进中，自主学习与自适应能力是衡量其智能化程度的重要指标，正逐步展现出新的潜力与价值。这一能力的提升，不仅意味着模型能更有效地处理工业生产中复杂多变的数据集，更预示着模型能主动适应生产环境的动态变化，实现自我优化与迭代升级，从而在工业应用的广阔舞台上发挥更加卓越的作用。自主学习能力的飞跃，得益于深度学习、强化学习等先进机器学习算法的持续革新。深度学习算法以其强大的数据建模与特征提取能力，为工业大模型提供了坚实的理论基础。通过构建深层神经网络，模型能自动从海量数据中学习并提取出关键特征，进而形成对生产过程的深刻理解。而强化学习算法则进一步赋予模型以试错与优化的能力，使其能在不断探索与尝试中找到最优策略。更为重要的是，通过引入在线学习与迁移学习机制，工业大模型能在实际运行过程中持续吸收新知识、新数据，实现模型参数的动态调整与优化。这种持续学习的能力，确保了模型能紧跟生产环境的变化，始终保持与当前生产状态的紧密贴合。

面对生产系统的动态性与不确定性，模型不仅需要具备对环境的敏感感知能力，更需能根据环境变化自动调整其行为策略。这要求模型在设计之初就充分考虑到生产场景的多样性与复杂性，通过构建灵活可调的模型架构与参数体系，为模型的自适应能力奠定坚实基础。通过引入反馈机制与自我评估机制，工业大模型能实时监测其性能表现，并根据评估结果自动调整模型参数或选择更优的决策路径。这种自我调整与优化的能力，使得模型能在不断变化的生产环境中始终保持最佳工作状态，为企业的稳定生产提供有力保障。随着模型自主学习与自适应能力的不断增强，其对于生产过程的深入理解与精准预测能力也日益凸显。通过深度融合领域知识与优化算法，工业大模型能为企业生产决策提供科学依据与智能建议。在生产流程优化方面，模型能基于历史数据与实时数据，深入分析生产过程中的瓶颈环节与浪费现象，提出针对性的改进建议与优化方案。这些建议与方案不仅能帮助企业提升生产效率、降低成本，更能推动生产流程的持续优化与升级。

模型能根据生产需求与市场变化，智能调整原材料采购计划、生产安排与库存管理等关键环节。通过精准预测市场需求与产能状况，模型能为企业制定出最为合理的资源配置方案，实现资源的高效利用与最大化价值创造。这种智能化的资源配置方式，不仅提升了企业的市场响应速度与竞争力，更为制造业的智能化转型与升级提供了有力支撑。工业大模型的智能化水平的提升，不仅需要学术界与产业界的紧密合作与共同努力，不断推动算法创新、数据积累与应用实践，而且需要政府、企业与社会各界的广泛关注与支持，为工业大模型的智能化发展创造良好的政策环境与市场机遇。自主学习与自适应能力的提升以及智能决策支持与优化服务的发展，共同构成了工业大模型智能化水平持续提升的核心内容。这一过程的不断推进，不仅将推动制造业向更加智能化、高效化的方向发展，更将为企业的创新能力与市场竞争力提供强大的动力源泉。随着技术的不断进步与应用的不断深化，工业大模型将在未来工业生产的广阔舞台上绽放出更加璀璨的光芒。

4. 工业大模型与产业深度融合

随着人工智能技术的不断发展和创新应用场景的不断涌现，工业大模型的应用前景十分广阔。未来，工业大模型将朝着更加智能化、自适应和高效化的方向发展。随着边缘计算、云计算等技术的不断进步和应用场景的不断拓展，工业大模型将能更好地满足工业生产的需求，推动新型工业化的深入发展。

1) 基础大模型与工业 APP 结合，行业定制属性突显

随着大模型参数规模的不断增大，由模型规模带来的性能提升边际效应递减。大模型与小模型协同发展将是技术趋势，其中：基于基础大模型或行业大模型，输出知识与认知推理能力给专用小模型，提高小模

型的训练效率和泛化能力；基于大模型基础，小模型结合垂直场景感知、认知、决策、执行能力，反馈执行与学习结果给大模型，使大模型知识与能力持续进化。随之带来的是工业大模型向专业化、实用化方向发展，大模型将更倾向于满足特定工业场景，预计将有数十或数百个基础工业大模型结合工业 APP，打造一批行业"智脑"，为企业提供更为精准的解决方案。

2）Agent 和具身智能应用深入，工业智能体崭露头角

智能代理系统（Agent）和具身智能应用的深入，将使得工业智能体的概念逐渐成为现实。大模型与工业设备、工业系统融合形成工业智能体，将具备更强的自主决策和自适应能力，能在复杂的工业环境中独立完成任务，甚至在某些情况下超越人类的决策水平。这种趋势将进一步提升工业生产的效率和灵活性，为新型工业化注入更强的动力。

3）数据要素和价值效益变化，产业协作模式革新

工业大模型的训练依赖行业大模型和海量数据，尤其是行业一手数据，随着工业大模型技术的不断成熟和应用范围的不断扩大，行业内外部企业开始尝试利用 AI 技术来优化全业务流程，实现工业价值效益生产方式的全面升级。因此，工业大模型的应用将带来产业协同模式的新一轮创新，新的协作机制和保障措施将在探索中不断完善，硬件厂商、软件开发商、系统集成商、工业企业、用户等相关方将构建大模型生态圈，共同推动工业智能升级。

第4章 价值释放，应用场景探索

在数据驱动工业智能的浪潮中，制造业正经历着深刻的变革。本章将聚焦于如何通过数据驱动释放制造业的潜在价值，并通过实际应用场景的探索，展现其对产品创新、生产优化、管理提升及商业模式革新的深远影响。这些应用不仅是技术的实践，更是制造业未来发展的关键驱动力。

4.1 产品创新与研发设计

在数据驱动智能革命的推动下，制造业产品创新与研发设计迎来新的突破。大数据分析和智能交互技术正在重新定义产品开发流程，开创未来制造的新纪元。

4.1.1 基于大数据的产品需求分析

大数据分析帮助企业精准捕捉市场趋势与用户需求，为产品创新提供科学依据，推动研发设计从经验驱动向数据驱动转型。

1. 市场趋势预测与动态调整机制

在大数据技术的推动下，制造业正在经历一场深刻的变革，对市场的判断不再依赖于传统的经验和直觉，而是基于对海量数据的深度分析。市场趋势预测与动态调整机制成为企业保持竞争力的重要工具，它通过对历史销售数据、消费者行为数据、社交媒体趋势等多维度数据的综合分析，揭示出隐藏在数据背后的市场规律与未来走向。企业能够借此洞察先机，提前布局，确保产品与市场需求的精准对接。更为重要的是，这一机制并非一成不变，而是具备高度的灵活性与响应速度。它能根据市场反馈与实时数据的变化，自动调整预测模型与策略，确保企业始终站在市场变化的前沿，快速适应并引领市场潮流。在这一机制的助力下，企业不仅能有效提升产品的市场竞争力，更能通过数据驱动的创新模式，开创出更加广阔的市场空间与增长潜力，如表4-1所列。

表4-1 市场趋势预测与动态调整机制应用场景

变革领域	具体内容	应用场景	实际案例
产品创新与研发设计	从依赖传统经验和直觉，转变为基于海量数据的深度分析	产品设计优化	某家电制造企业通过大数据分析发现消费者对节能环保功能的需求增长，调整产品设计，增加智能节能模式，获得市场优势
生产计划与库存管理	利用大数据分析消费者行为、使用习惯和反馈意见，预测市场需求变化	市场趋势预测	某服装制造企业通过分析社交媒体和季节性消费数据，预测下一季度热门款式，提前设计和生产，实现销售增长
产品生命周期管理	基于大数据分析的实时反馈，优化和改进产品	数据跟踪及动态调整	某汽车制造企业通过分析用户反馈和维修数据，发现设计安全隐患，迅速启动召回和改进计划，避免品牌危机
市场拓展	分析全球市场数据，发现未充分开发的市场或新兴消费需求	市场战略调整	某电子产品制造商通过分析全球消费者购买数据，发现东南亚地区对智能家居产品的需求增长迅速，调整战略，加大投入，占领市场先机
实时数据监控与响应	建立实时数据监控系统，快速响应市场变化	市场竞争应对	某快消品企业通过大数据分析发现某款产品销量下降，分析后发现竞争对手推出类似产品，迅速调整营销策略，通过促销和品牌宣传挽回市场份额

2. 用户行为数据挖掘与需求洞察

用户数据作为企业市场决策的黄金数据，蕴含着巨大的商业价值。通过深度挖掘用户行为数据，企业能够洞察用户的真实需求与偏好，为产品创新提供有力支撑。这不仅包括对用户基本属性、购买历史等静态数据的分析，更涉及对用户浏览轨迹、点击行为、搜索关键词等动态数据的追踪与解读。通过这些数据，企业能够构建出用户画像，精准把握用户的消费习惯与心理预期，从而指导产品的研发设计与迭代升级。同时，对用户行为数据的挖掘还能帮助企业发现市场空白与新兴需求，为企业的市场拓展与战略调整提供科学依据。这种基于用户行为数据的洞察能力，正逐步成为企业市场竞争力的核心要素之一，如表4-2所列。

表4-2 用户行为数据挖掘与需求洞察应用场景

变革领域	具体内容	应用场景	实际案例
产品创新与设计优化	通过收集和分析用户行为数据，企业能够精准把握用户需求，推动产品创新和设计优化	产品设计与功能优化	某智能家居企业在开发新款智能音箱时，通过分析用户使用现有产品的数据，发现用户对语音识别精度和响应速度有较高要求，因此在新产品设计中强化了这一功能，赢得市场好评
个性化服务与用户黏性提升	利用用户行为数据挖掘，提供个性化服务，增强用户黏性和满意度	定制化服务与个性化推荐	某运动品牌通过分析用户在智能手环上记录的运动数据，发现部分用户对科学训练计划和专业指导有较高需求，推出了配套的定制化训练方案，提升了用户运动效果，增加了产品附加值
市场细分与精准营销	通过分析用户行为数据，企业能够发现不同用户群体之间的差异，进行精细化市场细分	精细化市场细分	某家电制造企业在开发新款洗碗机时，通过分析不同年龄段和收入水平用户的购买行为，发现年轻家庭用户更注重产品的智能化和便捷性，而中老年用户则更关注产品的安全性和耐用性，因此分别推出了不同的系列

续表

变革领域	具体内容	应用场景	实际案例
产品生命周期管理	基于用户行为数据的实时反馈，企业在产品生命周期内进行持续优化和迭代	产品优化与迭代	某电动汽车企业在推出新款车型后，通过分析用户驾驶数据和充电数据，发现部分用户在长途旅行中遇到充电站分布不足的问题，迅速调整了充电设施布局，并优化了电池管理系统
市场趋势预测与新兴需求发现	通过对用户在线搜索行为和社交媒体讨论的分析，企业能够发现新兴的消费需求和市场趋势	新兴需求发现	某电子消费品制造商通过分析用户在社交媒体上对健康监测功能的关注，发现智能手环和智能手表在健康管理领域有巨大市场潜力，迅速推出了多款主打健康监测功能的新产品

3. 竞争对手分析与差异化策略制定

对竞争对手的全面剖析是企业全面了解行业格局，找到自身竞争优势的重要手段，通过深入对比竞品的功能特性、市场表现及用户反馈，企业能够明确自身的差异化定位，从而制定出更具针对性的市场竞争策略。这不仅涉及对竞品产品的技术性能、价格策略、销售渠道等显性因素的剖析，更涵盖对竞品企业文化、创新能力、品牌影响力等隐性因素的洞察。通过这种全方位、多层次的竞争对手分析，企业能够准确把握市场动态，挖掘出自身的核心竞争力，进而在激烈的市场竞争中脱颖而出，如表4-3所列。

表4-3 竞争对手分析与差异化策略制定应用场景

变革领域	具体内容	应用场景	实际案例
市场策略制定	通过收集和分析竞争对手的产品信息、市场表现、用户评价等多方面数据，企业能够全面了解行业格局，找到自身竞争优势，制定有效市场策略	竞争对手分析与市场预测	某智能手机制造商通过分析竞争对手的新品发布节奏、定价策略和市场营销活动，预测市场焦点，提前调整产品研发方向和营销计划，保持领先地位

续表

变革领域	具体内容	应用场景	实际案例
产品差异化定位	收集和分析竞争对手的产品规格、功能特点、用户反馈等数据，明确自身产品与竞品之间的差异，制定突出自身优势的市场营销策略	产品设计与功能优化	某汽车制造商通过对比分析竞争对手的新能源车型，发现竞品在续航里程和充电速度上有优势，但在内饰设计和智能配置上不足，着重提升内饰舒适度和智能化水平
市场份额评估与增长策略	对竞争对手的销售数据和市场份额进行分析，评估自身在市场中的位置，并制定相应增长策略	市场细分与渠道优化	某家电企业在分析主要竞争对手在特定区域的市场份额后，发现某些地区存在市场空白或对手实力较弱，针对性加大市场推广和渠道建设，扩大销售网络
新产品开发与市场机会识别	识别竞争对手的弱点和市场上的未被满足的需求，开发具有独特价值主张的产品和服务，从而在市场中脱颖而出	新产品开发与市场拓展	某化妆品品牌通过分析竞争对手的产品线和目标客户群，发现高端天然有机护肤品市场有较大空间，推出专注于有机成分和可持续生产的高端护肤品系列
实时市场动态监控	建立竞争对手监控系统，实时跟踪对手的产品更新、价格变动、促销活动等市场行为，迅速做出反应，调整营销策略，保持竞争力	动态市场响应与策略调整	某在线零售商通过实时监测竞争对手的网站数据，及时调整产品价格和库存管理，确保在价格战中保持优势

4. 需求场景模拟与创新设计优化

在早期设计阶段，企业往往会通过构建虚拟的需求场景，模拟用户在不同使用情境下的行为模式和需求变化，以此为基础进行产品的创新设计优化。这种方法不仅能够帮助企业提前发现并解决潜在的设计问题，还能激发设计师的创意灵感，推动产品的差异化发展。同时，需求场景模拟还能帮助企业更好地理解用户对于产品外观、材质、交互方式等方面的偏好，从而指导产品的细节设计，使产品更加符合用户的审美和使用习惯，如表4-4所列。

表4-4 需求场景模拟与创新设计优化应用场景

变革领域	具体内容	应用场景	实际案例
产品设计优化	通过构建虚拟需求场景，模拟用户在不同使用情境下的行为模式和需求变化，企业在产品设计阶段预见到可能的挑战和改进点	用户行为模拟与功能优化	某智能家居企业利用大数据技术模拟用户在不同时间段对智能照明系统的使用习惯，发现用户在早晨和傍晚时段对灯光亮度和色温的需求不同，优化了系统的自动调节功能
创新设计支持	需求场景模拟支持企业在产品开发早期阶段进行创新设计，通过结合历史数据和预测模型，在虚拟环境中测试多种设计方案的效果，选择最优设计路径	设计方案测试与选择	某汽车制造企业在开发新款智能驾驶系统时，通过模拟不同驾驶场景和天气条件，测试多种传感器配置方案的性能表现，最终选择了适应多种复杂环境的方案，提升了产品的可靠性和市场竞争力
用户体验优化	模拟数据用于优化产品的交互设计和用户体验，通过深入分析用户行为，设计出更符合用户习惯的操作界面和功能布局	交互设计与用户体验优化	某消费电子企业在开发新款智能手机时，通过模拟用户在不同应用场景下的操作路径，优化了系统的多任务处理和手势操作功能，提高了产品的易用性和用户满意度

续表

变革领域	具体内容	应用场景	实际案例
持续创新与优化	需求场景模拟支持企业在产品生命周期内进行持续的创新设计优化，通过实时监测用户使用数据和市场反馈，不断调整和改进产品设计	产品生命周期内的持续优化	某家电制造企业在推出新款智能冰箱后，通过分析用户在使用过程中的操作数据，发现用户对食材管理功能有较高需求，迅速推出了新的智能食材管理系统，进一步提升了产品的市场吸引力

4.1.2 智能交互的新一代产品

智能交互技术赋能新一代产品，实现人机无缝对接，提升用户体验，开辟产品功能新境界，引领制造业迈向智慧新时代。

1. 增强现实技术提升产品交互

增强现实（Augmented Reality，AR）技术通过将虚拟信息与现实世界相结合，正在深刻改变企业的运营方式和用户体验。在产品使用和培训方面，AR 技术为用户提供了更加直观、互动和便捷的体验，降低了学习成本，提升了操作效率。在远程协作和故障诊断方面，AR 技术通过实时视图共享和协作平台，极大地提高了工作效率和问题解决速度，减少了停机时间和成本。在产品设计和市场营销方面，AR 技术为企业提供了全新的展示和推广方式，通过虚拟预览和沉浸式体验，提升了品牌的影响力和市场竞争力。增强现实技术提升产品交互应用场景如表 4-5 所列。

表 4-5 增强现实技术提升产品交互应用场景

变革领域	具体内容	应用场景	实际案例
用户使用培训优化	AR 技术通过虚拟信息与现实世界的结合，为用户提供直观、互动的产品使用方式，增强用户满意度	用户培训与使用指导	某汽车制造商开发了一款 AR 应用程序，用户通过手机或平板电脑的摄像头，可以看到汽车引擎盖下的虚拟指示，指导他们如何更换灯泡或检查机油水平

续表

变革领域	具体内容	应用场景	实际案例
培训与教育创新	AR技术为培训和教育领域带来沉浸式学习环境,提高学员技能水平和自信心	医疗手术培训	医学生通过AR眼镜练习手术步骤,获得实时反馈
远程协作与支持	AR技术通过实时视图共享和协作平台,支持远程专家与现场人员的高效协作,提高工作效率和问题解决速度	工业设备维护	某重型机械制造企业利用AR技术,通过远程专家的实时指导,减少设备停机时间,提升生产效率
故障诊断与维修	AR技术通过虚拟信息叠加到现实环境中,为技术人员提供实时故障诊断步骤和解决方案,提高维修效率	汽车维护与工业设备维修	某汽车制造商开发AR应用程序,帮助车主进行车辆维护
产品设计与展示创新	AR技术在产品设计和市场营销中提供虚拟预览和沉浸式体验,提升品牌影响力和市场竞争力	家具设计与展示	某家具制造企业利用AR技术在其网站上提供虚拟家具摆放功能,提高购买决策的准确性
市场营销与品牌推广	AR技术通过创造沉浸式的消费体验空间,增强品牌形象,提升用户参与度,实现精准的广告投放	消费电子展示	某消费电子企业在产品发布会上通过AR技术展示新款智能手表的功能和应用场景,显著提升了品牌的影响力和市场认知度

2. 虚拟现实技术优化用户体验设计

虚拟现实（Virtual Reality，VR）技术的出现，为企业的产品设计、用户体验优化、培训教育以及市场推广等领域带来了全新的变革。通过创建沉浸式的虚拟环境，VR技术使企业能够在产品开发的早期阶段更全面地理解和预测用户需求，加速产品迭代速度，并优化用户体验。在产品设计中，VR技术允许用户在虚拟环境中与产品原型进行互动，及时发现并改进潜在问题；在医疗和培训领域，VR技术提供沉浸式学习和模拟操作环境，提高专业技能和操作安全性；在市场营销中，VR技术通过虚拟展示增强用户参与感和品牌认知度。此外，VR技术还被广泛应用于用户调研和反馈收集，帮助企业更精准地调整产品设计和功能。虚拟现实技术优化用户体验设计应用场景如表4-6所列。

表4-6 虚拟现实技术优化用户体验设计应用场景

变革领域	具体内容	应用场景	实际案例
产品设计优化	VR技术允许设计师创建虚拟产品模型，用户可在虚拟环境中互动体验，及时调整设计以满足用户需求	汽车设计与体验	某汽车制造商利用VR技术让用户在虚拟车内空间体验座椅舒适度、操控界面布局及智能化功能操作，根据用户反馈优化设计
家居设计与消费体验提升	VR技术应用于家居设计，用户可在虚拟环境中摆放家具并实时查看效果，减少因产品与环境不符导致的退货	家具设计与虚拟摆放	某家具公司推出VR应用，用户可选择不同款式、颜色和布局的家具，模拟不同光照条件，确保家具与家居风格匹配
医疗设备设计与优化	VR技术创建虚拟手术室，医生模拟手术操作，提前提出改进建议，确保设备符合实际需求	医疗器械开发	某医疗器械公司利用VR技术创建虚拟手术室，医生模拟手术操作，提出改进建议，优化手术设备设计

续表

变革领域	具体内容	应用场景	实际案例
培训与教育创新	VR技术提供沉浸式训练环境，提高专业技能和操作安全性	飞行员与员工培训	某航空公司利用VR技术进行飞行员复杂飞行操作和紧急情况应对训练；某制造企业利用VR技术为员工提供设备操作和维护培训
市场营销与品牌推广	VR技术通过虚拟展示增强用户参与感和品牌认知度	电子产品展示	某电子产品公司在新品发布会上通过VR技术展示产品多种使用场景和功能，增强用户视觉冲击力
用户调研与反馈收集	VR技术创建虚拟用户体验实验室，通过数据分析用户操作路径和行为习惯，提高反馈准确性	家电产品开发	某家电公司利用VR技术创建虚拟实验室，用户在虚拟环境中进行日常操作，企业通过数据分析收集用户反馈

3. 智能化功能模块的集成与创新

随着传感器、人工智能算法和云计算技术的不断进步，制造业正迎来一场深刻的变革。产品不再仅仅是单一的功能实体，而是集成了多种智能化功能的综合体，为用户带来前所未有的体验和价值。智能化功能模块的集成，使产品具备了自感知、自适应和自优化的能力，从而在使用过程中能够更好地满足用户的需求。这种技术进步不仅提升了产品的附加值和用户满意度，还在工业自动化、交通工具、智慧城市、健康医疗和教育等多个领域取得了显著的进展。通过智能化功能模块的集成，企业能够实现更高效的生产管理、更安全便捷的出行体验、更智能的城市运行以及更个性化的医疗服务和教育体验，如表4-7所列。

表4-7 智能化功能模块的集成与创新应用场景

变革领域	具体内容	应用场景	实际案例
智能家居优化	智能化功能模块集成使产品具备自感知、自适应和自优化能力,提升用户满意度	智能空调与环境控制	某智能家居企业开发的智能空调,能够根据室内外温度和用户使用习惯自动调节温度,提前调整室内环境,实现更舒适的居住体验
智能交通发展	集成先进传感器和人工智能算法,实现自动驾驶功能,提高驾驶安全性和便捷性	汽车自动驾驶功能	某汽车制造商在其新款车型中集成雷达、摄像头和激光雷达等传感器,实现车道保持、自动泊车和自适应巡航等功能
智慧城市管理	跨领域智能化功能模块集成,实现城市运行的全面监控和智能管理	城市交通与能源管理	某智慧城市项目通过集成交通、环境、能源等领域的智能化功能模块,实现公共交通系统根据客流量调整发车频率,能源管理系统优化电力分配
健康医疗创新	智能化功能模块用于健康监测和远程医疗服务,提供个性化健康建议	智能健康监测设备	某医疗器械公司开发的智能手表,集成心率监测、血氧检测和睡眠分析功能,并通过人工智能算法提供个性化健康建议

4. 产品全生命周期管理与数据共享

在当今数字化时代,企业正通过将产品全生命周期纳入数字化管理,实现对产品全过程的精准控制和优化。这种管理方式不仅涵盖了从设计、生产到使用和回收的各个环节,还通过数据共享平台促进了企业内部各部门以及供应链上下游之间的高效信息流动,从而加速了创新和决策的速度。通过整合和分析产品全生命周期的数据,企业能够在设计阶段优化产品模型，确保设计的可行性；在生产阶段实时监控和调整生产过程，提高生产效率和质量；在使用阶段通过物联网技术提供远程维护和升级服务，延长设备使用寿命。此外，数据共享平台的建立使得企业能够整合来自不同部门和合作伙伴的数据，进行跨领域的数据分析，发现新的商业机会和创新点。产品全生命周期管理与数据共享应用场景如表4-8所列。

表4-8 产品全生命周期管理与数据共享应用场景

变革领域	具体内容	应用场景	实际案例
设计阶段优化	通过产品生命周期管理（Product Lifecycle Management，PLM）系统和虚拟仿真技术，对产品的设计进行优化，确保设计的可行性	汽车设计与仿真	某汽车制造商利用PLM系统，在设计阶段对车辆的结构强度、空气动力学性能和材料成本进行全面分析，确保产品在进入生产阶段前达到最优设计状态
生产阶段智能化	PLM系统与制造执行系统（Manufacturing Execution System，MES）无缝对接，实时监控和调整生产过程，提高生产效率和质量	电子产品生产监控	某电子产品制造商通过PLM系统，实现对生产线上每一台设备的实时监控，自动调整生产计划，避免因设备故障导致的生产停滞
使用阶段远程维护	结合PLM系统和物联网技术，实时收集产品运行数据，提供远程维护和升级服务	工业设备远程监控	某工业设备制造商通过PLM系统，实现对全球范围内设备的远程监控和维护，自动分析故障原因并推送解决方案，缩短故障处理时间
数据共享与协同	建立数据共享平台，促进企业内部各部门及供应链上下游之间的高效信息流动	家电制造协同	某家电制造商通过数据共享平台，实现设计部门与生产部门之间的无缝协作，优化产品设计，减少生产过程中的调整和浪费

续表

变革领域	具体内容	应用场景	实际案例
供应链优化	通过数据共享平台与供应商和客户系统对接，优化采购和生产计划	服装制造供应链	某服装制造商通过数据共享平台，实现与面料供应商和零售商的实时数据交换，自动调整生产计划，确保供应链的灵活性和响应速度
跨领域数据分析与创新	整合来自不同部门和合作伙伴的数据，进行跨领域分析，发现新的商业机会和创新点	医疗器械数据分析	某医疗器械公司通过数据共享平台，整合医院、患者和研发部门的数据，开发出基于人工智能的疾病预测系统，为用户提供个性化预防建议

4.1.3 生成式的研发设计辅助

生成式设计通过算法与数据驱动，快速生成多样化的设计方案，大幅缩短研发周期，推动制造业向智能化、高效化方向迈进。

1. 基于 AI 的设计方案自动生成

传统的研发设计流程正在经历一场深刻的变革，AI 技术通过分析海量的设计数据、用户需求和市场趋势，能够自动生成多种设计方案，并根据特定的优化目标进行调整，从而显著提升设计的质量和效率。在产品设计初期，AI 能够快速生成多种设计方案，缩短设计周期并降低试错成本；在复杂产品的设计中，AI 通过模拟仿真和优化算法，快速评估设计方案的性能，帮助设计师找到最优方案。此外，AI 技术还能根据用户的个性化需求生成定制化的设计方案，提升用户体验和市场竞争力。在建筑设计、制造业和时尚设计等领域，AI 技术的应用展现出巨大的潜力，不仅提高了设计效率，还优化了产品的性能和成本，如表 4-9 所列。

表4-9 基于AI的设计方案自动生成应用场景

变革领域	具体内容	应用场景	实际案例
产品设计初期优化	AI通过对历史设计数据的深度学习和模式识别,快速生成多种设计方案,缩短设计周期	汽车设计	某汽车制造商利用AI算法分析历史设计数据,自动生成数十种车身造型和内饰布局方案,设计师根据这些方案进行筛选和调整
复杂产品设计优化	AI通过模拟仿真和优化算法,快速评估设计方案的性能,帮助设计师找到最优方案	航空发动机设计	某航空设备制造商利用AI技术自动生成多种叶片结构和材料组合方案,并通过仿真计算性能参数,快速找到最优设计
个性化设计服务	AI根据用户的个性化需求生成定制化的设计方案,提升用户体验和市场竞争力	智能家居设计	某家电公司利用AI技术分析用户生活习惯和偏好,自动生成个性化的家居设计方案,推荐最佳的家电摆放位置和功能组合
制造业材料与工艺优化	AI通过对材料性能和工艺参数的深度分析,自动生成最优的材料组合和加工工艺方案,降低生产成本	金属加工	某制造企业利用AI技术选择最适合的材料和加工工艺,提高产品质量和生产效率
时尚设计创新	AI通过对历史设计作品和时尚趋势的分析,自动生成多种服装款式和色彩搭配方案,满足不同用户的审美需求	服装设计	某服装品牌利用AI技术生成多种服装款式和色彩搭配方案,快速推出符合市场需求的时尚新品

2. 多维度设计参数的智能优化

智能优化系统的引入正在彻底改变传统研发设计流程。以往，设计师需要手动调整多个设计参数以达到最佳性能和成本平衡，这一过程不仅耗时，还容易受到主观因素的影响。而智能优化系统通过结合人工智能算法和大数据分析技术，能够自动对多个设计参数进行全局优化，显著提升设计的效率和质量。它通过对历史设计数据、材料性能、制造工艺等多维度信息的深度分析，快速识别关键参数并建立数学模型，从而实现设计的自动化和智能化。无论是在汽车、机械制造、电子产品、建筑还是航空航天领域，智能优化系统都展现出巨大的潜力，不仅缩短了研发周期，还提高了产品的性能和市场竞争力，如表4-10所列。

表4-10　多维度设计参数的智能优化应用场景

变革领域	具体内容	应用场景	实际案例
汽车设计优化	智能优化系统通过分析车身结构、材料强度、空气动力学性能等参数，自动调整车身形状、材料厚度及零部件布局，实现轻量化和安全性优化	汽车轻量化设计	某汽车制造商利用智能优化系统分析历史设计数据，自动生成数十种车身造型和内饰布局方案，显著提升设计效率和产品性能
复杂机械设计优化	智能优化系统处理大量设计参数，通过全局优化算法找到最优解，降低能耗和维护成本	重型机械设计	某重型机械制造商利用智能优化系统对液压系统、传动系统和结构强度参数进行优化，提高设备性能和能效
电子产品设计优化	智能优化系统根据性能、成本和功耗目标，自动调整电路设计、材料选择和制造工艺，实现最佳设计方案	集成电路设计	某智能手机制造商利用智能优化系统优化电路板设计和元器件布局，在保证电池续航的前提下降低功耗和成本

续表

变革领域	具体内容	应用场景	实际案例
定制化产品设计	智能优化系统通过分析用户房间布局、风格偏好和功能需求，自动生成个性化家具设计方案，提升用户体验	家具定制设计	某家具制造商利用智能优化系统生成个性化家具设计方案，根据用户反馈自动调整尺寸、材料和颜色
航空航天设计优化	智能优化系统分析飞行数据和市场趋势，自动调整飞机结构、材料和发动机设计，实现最佳燃油效率和载客量	航空客机综合设计	某航空公司利用智能优化系统对新型客机的结构、材料和燃油效率进行全面优化，提高飞行安全性和经济性

3. 虚拟仿真实验与设计验证

基于仿真数据的虚拟技术正在彻底改变传统的产品研发和设计验证流程。传统的物理原型测试不仅耗时耗力，而且成本高昂，而虚拟仿真技术使设计师能够在计算机环境中模拟产品的行为和性能，从而实现快速、高效的设计验证和优化。通过构建高度逼真的虚拟环境，虚拟仿真平台能够在设计阶段全面评估产品的性能，发现潜在问题并进行优化，避免了后续物理原型测试中的反复调整和修改。这种基于虚拟仿真的设计验证不仅缩短了研发周期，还显著降低了开发成本，如表4-11所列。

表4-11 虚拟仿真实验与设计验证应用场景

变革领域	具体内容	应用场景	实际案例
汽车设计验证	虚拟仿真平台模拟车辆在不同路况和环境条件下的行驶表现，包括动力性能、操控稳定性、碰撞安全性和空气动力学特性等	汽车性能评估	某汽车制造商利用虚拟仿真平台模拟车辆在不同路况下的行驶表现，提前发现并优化潜在问题，避免物理原型测试中的反复调整

续表

变革领域	具体内容	应用场景	实际案例
航空设计验证	虚拟仿真技术对飞机的气动特性、结构强度和飞行控制进行全面模拟，评估飞机在不同飞行条件下的性能表现	航空性能验证	某航空制造公司利用虚拟仿真技术对新型飞机进行全面模拟，优化设计参数，加速新产品上市速度
电子设备设计优化	虚拟仿真技术对电路板的设计、信号完整性和热管理进行优化，模拟电路板在不同工作条件下的性能表现	电子产品性能优化	某电子产品制造商通过虚拟仿真技术优化电路板设计，减少物理原型的制作和测试次数，降低研发成本
机械工程设计优化	虚拟仿真技术对液压系统、传动系统和结构强度进行全面模拟，评估挖掘机在不同工况下的性能表现	重型机械设计优化	某重型机械公司通过虚拟仿真技术优化挖掘机设计，提高产品的可靠性和耐久性，缩短研发周期
跨学科协作优化	虚拟仿真平台为多个学科领域的专家提供协同工作的虚拟环境，共享设计数据和仿真结果，实现高效的设计优化	复杂产品开发	某高科技产品开发项目中，机械工程师、电气工程师和软件工程师通过虚拟仿真平台共同优化产品性能

4. 设计资源共享与协同创新

在传统研发设计过程中，不同团队和企业之间的知识和资源难以共享，导致创新效率低下。然而，设计资源共享与协同创新平台的引入正在改变这一现状。通过整合各方资源和促进跨组织合作，这些平台实现了设计知识的共享和创新潜能的释放。它们不仅为设计师、工程师和企业提供了丰富的设计资源和知识库，还通过协作工具促进了跨组织的协同创新。这种资源共享机制不仅加快了新产品开发的速度,还为小型企业和初创公司提供了宝贵的发展机会,降低了研发成本,提高了创新能力。此外,平台还促进了不同行业之间的技术交流和合作,推动了环保材料的应用,为人才培养和行业进步提供了有力支持。设计资源共享与协同创新应用场景如表4-12所列。

表4-12 设计资源共享与协同创新应用场景

变革领域	具体内容	应用场景	实际案例
汽车制造业资源共享	设计资源共享平台汇集标准零部件、材料特性和设计工具等资源,加快新产品开发速度	汽车设计协同	多家汽车制造企业共同建立设计资源共享平台,设计师可以获取所需资源并共同参与项目,促进跨组织协同创新
小型企业与初创公司支持	平台为资源有限的小型企业和初创公司提供设计资源和专业知识,降低研发成本,提高创新能力	智能家居共享设计	某智能家居初创公司通过加入设计资源共享平台,获得传感器和控制系统的技术资料和设计方案,迅速开发出具有竞争力的智能产品
跨行业技术交流与合作	不同行业的企业和设计师通过平台交流技术和设计理念,产生新的创意和解决方案	医疗器械与航空材料合作	某医疗器械公司与航空制造商通过平台合作,将航空材料的轻量化设计应用于医疗器械,提高产品性能和便携性
环保材料与可持续设计推广	平台共享环保材料数据和设计案例,鼓励设计师选择环保材料和生产工艺,减少环境影响	服装品牌环保设计	某服装品牌在平台上分享采用可持续材料和生产方式的设计案例,激励其他企业向环保方向转型

4.2 智能制造与生产优化

智能制造作为数据驱动工业的核心，通过实时数据分析与智能设备应用，显著提升了生产效率与资源利用率，为制造业带来了前所未有的生产优化和成本管控能力。

4.2.1 实时数据分析与生产过程控制

实时数据分析在生产过程中发挥核心作用，支持动态调整与优化，提升生产效率，推动制造业实现从被动响应到主动优化的跨越。

1. 生产线实时监控与动态调整

在现代制造业中，传统的生产管理模式已难以满足高效、灵活且高质量的生产需求。而生产线实时监控与动态调整机制的引入，正在彻底改变这一现状。通过部署各种传感器和数据采集设备，实时收集生产线上各个工序的数据，包括设备运行状态、物料流动情况和产品质量指标等，企业能够实现对生产过程的精确掌握和精准控制。这种机制不仅提高了生产效率，还降低了成本，提升了产品质量，为制造业带来了显著的价值。此外，实时监控与动态调整机制还能够为企业提供详尽的数据分析报告，帮助管理者进行决策，优化生产流程，提高生产效率和盈利能力，如表4-13所列。

表4-13 生产线实时监控与动态调整应用场景

变革领域	具体内容	应用场景	实际案例
电子制造实时监控	通过传感器和数据采集设备实时收集设备运行参数、物料流动和产品质量数据，实现生产过程的实时监控和动态调整	电子设备生产过程跟踪及调优	某电子制造企业通过部署多种传感器监测设备运行参数，利用射频识别（Radio Frequency Identification，RFID）技术和视觉检测系统追踪物料流动和产品质量，中央控制系统实时分析数据并自动调整生产流程

续表

变革领域	具体内容	应用场景	实际案例
汽车行业生产流程优化	实时监控装配线上的每一道工序,跟踪零部件装配情况,自动调整后续工序计划,减少生产流程的影响	汽车装配动态调整	某汽车制造商引入实时数据监控系统,监控装配线上的每一道工序,确保每个环节符合质量标准,动态调整机制提高生产线灵活性和响应速度
化工行业安全监控	部署大量传感器监测温度、压力、流量等关键参数,通过实时数据分析预测安全生产风险,自动调整控制参数防止事故发生	化工生产参数检测	某化工企业通过实时监控和动态调整机制,监测生产过程中的关键参数,预测并防止安全生产风险,提高生产过程的安全性和可靠性
食品加工质量优化	实时监控生产过程中的温度、湿度和微生物指标,确保产品质量和安全,优化生产工艺提升产品口感	食品质量监测及工艺优化	某食品加工企业通过实时监控生产过程中的关键指标,优化生产工艺,提升产品质量和消费者满意度
制药企业质量控制	实时监控温度、湿度、压力等关键参数,结合在线质量检测,及时发现并纠正偏差,确保药品符合标准	药品生产实时跟踪	某制药企业通过实时监控和动态调整机制,严格控制生产过程中的各项参数,确保药品的安全性和有效性
数据可视化与决策支持	建立数据可视化平台,管理者和员工实时查看生产状态、设备运行情况和质量指标,提高决策效率和协同能力	生产管理数据可视化	某制造企业通过数据可视化平台,实时查看生产状态和质量指标,优化生产流程,提高生产效率和盈利能力

2. 生产数据异常预警与快速响应

实时监测和分析生产过程中的各种数据，对于确保生产的稳定性和产品的质量至关重要。生产数据异常预警与快速响应系统通过先进的传感器技术和大数据分析算法，能够实时收集和处理来自生产线各个环节的数据，及时发现潜在的问题和异常情况，并迅速采取相应的措施。这种系统不仅能够提高生产效率，降低生产成本，还能显著提升产品质量和企业的应急响应能力。通过对设备运行状态、物料流动情况、环境参数以及产品质量指标的实时监控和分析，企业可以实现生产过程的精细化管理，优化生产流程，减少停机时间，并通过历史数据分析持续改进生产过程，如表4-14所列。

表4-14 生产数据异常预警与快速响应应用场景

变革领域	具体内容	应用场景	实际案例
生产过程管控	通过安装多种传感器，实时监测设备运行状态和产品质量，利用图像识别技术检测瑕疵。系统发现异常立即发出警报，并通知相关负责人	家电制造实时监控与预警	某家电制造企业通过实时监测设备运行状态和产品质量，及时发出警报并通知维修人员，迅速处理故障，减少生产中断时间，显著提升了生产效率和产品质量
生产故障预测与维护	系统分析设备历史和实时数据，预测故障并提前预警。企业可安排合适时间进行维护，避免意外停机	钢铁高炉监测及预警	某钢铁企业在高炉上安装传感器，实时监测温度、压力和气体成分。系统预测高炉可能出现的结焦或损坏情况，提前建议检修，避免生产事故，降低维护成本
制造流程优化	系统持续监测生产数据，识别瓶颈环节和浪费点，提供改进建议。企业据此优化生产流程，减少等待时间，提高效率	汽车零部件生产优化	某汽车制造商通过分析各工序的耗时和物料流动数据，发现等待时间过长的问题。企业重新设计生产流程，减少等待时间，提高整体生产效率，缩短产品交付周期

续表

变革领域	具体内容	应用场景	实际案例
生产质量控制	系统实时监测温度、湿度和微生物指标等关键参数，发现异常立即停止生产线并通知操作人员检查调整，确保产品质量安全	食品灌装监控及预警	某饮料生产企业在灌装过程中设置温度和压力监控点，一旦发现异常，系统立即停止生产线并通知操作人员检查调整，确保产品安全，提升消费者信任度
制造质量改进	系统分析历史数据，发现生产趋势和潜在风险，识别质量问题根源，企业据此优化供应商管理和生产工艺	电子设备原材料质量跟踪	某电子制造企业通过分析生产数据，发现质量问题与特定原材料供应商有关。企业重新评估供应商，提高原材料质量，降低不良品率，提升客户满意度
生产应急响应	系统在突发状况时迅速识别问题根源，根据预设应急预案快速处理，自动启动减压程序，通知操作人员采取措施	化工危险源预警	某化工企业通过实时监测反应釜压力，一旦压力异常升高，系统立即发出警报并启动减压程序，通知操作人员采取措施，防止事故发生，保障生产安全

3. 生产效率智能分析与优化

在工业智能化转型中，生产效率智能分析与优化策略通过数据驱动的实时监控、动态调度与质量闭环管理，推动制造业迈向精细化运营。企业依托传感器网络、大数据分析及智能算法，从设备运行、物料流动到质量追溯实现全链路优化，覆盖生产瓶颈识别、资源动态调配、缺陷原因分析及预测性维护等场景。典型应用包括设备能耗异常检测、紧急订单柔性响应、不良品率优化及批次追溯管理，显著提升生产效率、降低运维成本，同时保障产品质量与合规性，如表4-15所列。

表4-15 生产效率智能分析与优化应用场景

变革领域	具体内容	应用场景	实际案例
数据采集与实时监控	部署传感器与数据采集设备,实时监测设备参数(温度、振动、能耗)及物料流动状态	生产线运行状态动态监控	某电子制造企业在生产线上安装多个传感器,实时监测设备运行温度、振动和能耗,发现设备维护不及时和运行效率低下的问题
智能调度与资源优化	基于实时数据分析的智能调度系统,动态调整生产计划与资源分配	紧急订单响应与物料管理优化	某汽车制造企业在接到紧急订单时,通过智能调度系统自动调整生产线工作计划,优化设备和人员调配,确保订单按时完成
质量管控与缺陷分析	长期跟踪生产数据,分析工序质量趋势,定位缺陷根因	不良品率优化与质量追溯	某食品加工企业通过分析生产线上每道工序的质量检测数据,发现某工序的不良品率较高,进一步分析发现温度控制不当是主要原因,改进后不良品率显著下降
物料需求预测与库存优化	建立物料需求模型,动态调整采购计划以减少库存积压	供应链协同与库存周转率提升	某家电制造企业通过分析历史订单和生产数据,建立精确的物料需求预测模型,系统根据生产计划自动调整物料采购数量,减少库存积压和缺料情况
质量追溯与合规管理	全流程数据记录与批次追踪,快速定位质量问题源头	产品合规性保障与责任追溯	某制药企业通过实时监测生产数据,自动记录每个批次的生产信息,一旦发现质量问题,可迅速追溯到具体生产环节,及时采取纠正措施

4.2.2 工业智能设备与预测性维护

工业智能设备通过数据驱动的预测性维护，提前识别潜在故障，降低停机风险，提高生产稳定性，助力制造业实现精细化管理。

1. 智能传感与实时监控

在智能制造与生产优化中，工业智能设备与预测性维护通过智能传感技术的应用，显著提升了设备运行效率与寿命。智能传感技术通过实时监测设备运行状态（如温度、振动、压力等），为企业提供精准数据支持，帮助实现预测性维护，避免意外停机与设备损坏。典型应用包括设备状态实时监控、故障预测与维护计划优化、设备运行参数调整及寿命延长策略，覆盖汽车制造、钢铁、化工、食品加工等多个行业，如表4-16所列。

表4-16 智能传感与实时监控应用场景

变革领域	具体内容	应用场景	实际案例
设备状态实时监控	在关键设备上安装传感器，实时采集温度、振动、压力等运行参数，并通过网络传输至中央控制系统	设备运行状态动态监控与异常预警	某大型制造业企业在生产线上安装多种传感器，实时监测设备温度和振动，发现异常时立即发出警报，避免生产中断
故障预测与维护计划优化	分析设备运行数据，预测潜在故障并提前制定维护计划，避免设备突然停机	预测性维护与设备故障预防	某汽车制造企业通过振动传感器监测设备振动频率，发现振动逐渐升高，预测设备故障并提前维护，避免停机
设备运行参数优化	综合分析设备运行数据，识别影响寿命的关键因素，优化运行参数以延长设备寿命	设备寿命延长与运行效率提升	某化工企业通过温度、压力和振动传感器监测反应釜运行状态，优化运行参数，降低负荷，延长设备使用寿命

续表

变革领域	具体内容	应用场景	实际案例
设备自动调节与优化	通过传感器实现设备运行参数的自动控制,适应不同生产需求	设备智能化与生产适应性提升	某食品加工企业通过温湿度传感器实现烘干设备的自动控制,根据不同批次产品需求调整温湿度,提升生产效率

2. 设备健康状态模型构建与评估

设备健康状态评估与预测模型的构建基于实时监测数据与历史故障数据,通过智能传感器采集设备运行参数(如温度、振动、电流、压力等),并结合统计分析、机器学习与深度学习技术,建立设备健康状态的评估与预测模型。该模型能够识别设备异常模式,预测故障类型与时间,广泛应用于风力发电、石油天然气等行业,帮助企业实现精准维护,减少生产损失。然而,模型构建面临数据质量、场景定制化及持续优化等挑战,如表4-17所列。

表4-17 设备健康状态模型构建与评估应用场景

变革领域	具体内容	应用场景	实际案例
数据采集与预处理	通过智能传感器采集设备运行参数(温度、振动、电流、压力等),并进行数据预处理与特征提取	设备运行状态数据采集与特征分析	某风力发电企业通过传感器采集风力涡轮机的振动与噪声数据,提取频谱特征以识别轴承磨损模式
模型构建与训练	运用统计分析、机器学习与深度学习技术,基于历史数据构建设备健康状态评估与预测模型	设备故障模式识别与预测	某石油企业通过分析泵和压缩机的运行数据,构建预测模型,识别性能下降趋势并预测潜在故障

续表

变革领域	具体内容	应用场景	实际案例
预测性维护与资源优化	根据模型预测结果，提前规划维护活动，调配维修资源，确保维护的及时性与有效性	精准维护与生产保障	某天然气企业通过预测模型安排泵设备的维护时间，避免因故障导致的停机，减少生产损失
模型优化与更新	针对设备运行条件变化与老化问题，持续更新与优化模型，保持预测能力	模型适应性提升与长期有效性	某制造企业定期更新设备健康状态模型，结合设备老化数据优化预测精度，确保模型长期有效性

3. 故障预测与预防性维护

故障预测与预防性维护机制通过结合设备历史运行数据与实时监测数据，利用机器学习与深度学习算法（如时间序列分析、决策树、神经网络等），识别设备性能变化与潜在故障模式，帮助企业实现从被动维护到主动预防的转变。典型应用包括旋转机械设备的振动分析、故障模式识别及维护计划优化，覆盖制造业、能源等多个行业。通过物联网与云计算平台，企业能够实时传输与分析数据，提升预测精度与维护效率。同时，还可以通过数据平台分析生成维护建议与操作指令，显著提升维护效率与准确性。故障预测与预防性维护应用场景如表4-18所列。

表4-18 故障预测与预防性维护应用场景

变革领域	具体内容	应用场景	实际案例
预防性维护机制	根据预测结果制定维护计划，包括优先级确定、时间安排、备件准备及人员分配	维护优化与设备可用性提升	某能源企业通过预测模型安排风机的维护时间，提前更换磨损部件，避免因故障导致的发电中断

续表

变革领域	具体内容	应用场景	实际案例
数据采集与系统优化	建立完善的数据采集系统,确保传感器数据准确性与完整性,持续优化模型以适应设备状态变化	数据质量保障与模型适应性提升	某化工企业通过优化数据采集系统,减少传感器噪声,提升故障预测模型的准确性,适应设备老化与运行条件变化
维护任务优先级优化	基于设备故障风险与生产需求,利用优化算法合理安排维护任务的优先级与执行时间	维护设备计划调优	某汽车制造企业通过分析设备运行数据,将高风险设备维护安排在生产间隙,减少对生产的影响
维护人员角色转型	维护人员从手动操作转向数据分析与系统管理,根据智能系统建议制定维护策略并优化流程	维护团队能力提升与决策科学化	某制造企业维护人员通过分析系统生成的数据,优化维护策略,提升维护效率与设备可用性

4.2.3 智能专家系统与生产辅助

智能专家系统基于大数据分析,为生产过程提供决策支持,优化资源配置,提升生产效率,推动制造业向智能化转型。

1. 专家知识数字化与智能决策支持

专家知识数字化与智能决策支持是生产过程决策升级的核心环节,通过将行业专家经验与知识转化为可计算的数字化形式,为复杂决策提供智能化辅助。在制造业中,专家经验经过数字化处理后,能够构建起参数优化模型,依据实时生产数据自动调整工艺参数,确保产品质量稳定并提升生产效率。同时,智能决策支持系统能够基于实时生产参数和历史经验,自动调控生产流程,优化操作,防止因人为判断失误引发的质量问题。这种模式不仅提升了生产的智能化水平,还增强了决策的精准性和可靠性,如表4-19所列。

表4–19　专家知识数字化与智能决策支持应用场景

变革领域	具体内容	应用场景	实际案例
专家知识数字化	以结构化方式将行业专家实践经验、规则与判断逻辑转化为计算机可理解的机器语言，涵盖设备运行参数优化规则、工艺流程调整策略及质量控制判断标准等知识	焊接工艺参数优化	某汽车制造企业依据焊接专家经验数字化生成焊接参数优化模型，自动调整焊接电流、电压和速度，保障焊接质量稳定性
智能决策支持系统	基于实时生产数据和历史经验，为生产过程复杂决策提供智能化建议，可跨部门、跨流程优化整体生产效率。通过机器学习算法，不断优化决策模型，提升决策准确性和效率	钢铁生产参数调整	某钢铁企业利用智能决策支持系统，依据实时监测数据自动调整炼钢参数，优化生产过程，避免因人为判断失误产生质量问题
生产计划优化	根据生产计划、库存数据和设备状态等信息，生成最优生产调度方案，高效分配生产资源	电子制造生产计划与物料供应	某电子制造企业应用智能决策支持系统，综合分析生产计划、库存和设备状态，自动生成最优生产调度方案，实现生产资源合理分配和高效利用
工艺参数优化	分析历史生产数据，发现可提高产品收率的工艺参数调整方法，并持续监测和调整以保持生产效率提升	化工生产流程改进	某化工企业智能决策支持系统分析历史数据，优化工艺参数，在后续生产中不断提升生产效率

变革领域	具体内容	应用场景	实际案例
生产配方与流程调整	根据原料特性与市场需求，自动调整生产配方及工艺流程	食品加工产品一致性和市场竞争力保障	某食品加工企业依据原料特性和市场需求，借助系统自动调整配方和工艺流程，保证产品一致性和市场竞争力

2. 生产工艺的智能化优化与改进

生产工艺智能化优化通过部署大量传感器和数据采集设备，结合智能化算法与大数据分析技术，实现了从传统经验驱动到数据驱动的生产模式转型。智能传感器实时采集设备运行状态、物料流动、环境参数等多维度数据，结合机器学习模型与预测分析，为企业提供工艺优化、质量提升、设备维护等全方位决策支持。典型应用包括工艺参数优化、生产瓶颈识别、供应链协同等，如表4-20所列。

表4-20 生产工艺的智能化优化与改进应用场景

变革领域	具体内容	应用场景	实际案例
工艺参数优化	应用机器学习模型分析生产数据，识别关键工艺参数，提供优化建议	产品质量提升与工艺改进	某汽车零部件制造商通过分析焊接工艺数据，优化焊接温度和时间参数，显著提升产品合格率
生产计划优化	集成供应链、市场需求、能源消耗等数据，实现生产计划动态优化	供应链协同与资源优化配置	某家电制造企业通过智能系统整合订单、库存、产能数据，实现生产计划自动排程，提升生产效率
自主优化系统	开发具有自学习能力的生产系统，持续优化工艺参数	智能制造与持续改进	某制药企业部署自主优化系统，系统可根据生产数据自动调整工艺参数，提升产品一致性和生产效率

续表

变革领域	具体内容	应用场景	实际案例
生产供应链自主协同	通过物联网与大数据技术，实现供应链各环节的实时数据共享与协同决策	供应链效率提升与资源优化配置	某汽车整车企业通过智能供应链平台，实时共享生产计划与库存数据，动态调整供应商交货计划，减少库存积压与生产延误

3. 智能生产辅助与知识共享

智能生产辅助与知识共享平台通过整合实时数据分析、预测模型及先进技术（如自然语言处理、VR/AR），实现了生产决策优化与知识管理的智能化升级。智能系统通过分析历史数据与实时指标，提供生产需求预测、问题识别与改进建议，同时构建跨部门、跨地域的知识共享与协作平台，显著提升生产效率与员工能力。典型应用包括生产计划优化、知识共享、远程协作等，如表4-21所列。

表4-21 智能生产辅助与知识共享应用场景

变革领域	具体内容	应用场景	实际案例
知识共享与培训	构建知识共享平台，汇集最佳实践、操作指南与培训资料	员工能力提升与知识传承	某飞机制造企业建立知识共享平台，帮助新员工快速上手，并为老员工提供持续学习机会
跨部门协作	通过云计算技术实现跨部门、跨地域数据共享与协作	全球化生产协同	某跨国汽车制造企业通过平台实现设计、生产与供应链部门的数据共享，支持产品快速迭代与市场响应
智能辅助工具	应用自然语言处理、推荐算法及AR/VR技术，提供个性化支持与沉浸式操作指导	生产培训指导	某制造企业通过AR眼镜为工人提供实时装配指导，减少操作错误并提高工作效率

续表

变革领域	具体内容	应用场景	实际案例
创新文化构建	建立支持创新与持续学习的文化环境，鼓励知识分享与协作	组织能力提升与创新驱动	某企业通过构建创新文化，鼓励员工积极参与知识分享，推动平台持续优化与价值提升

4.3 经营管理与供应链协同

在数据驱动的加持下，制造业的经营管理与供应链协同正迎来重大变革，决策支持更加智能化，供应链更加透明与高效，为企业创造竞争优势。

4.3.1 管理驾驶舱与决策支持

管理驾驶舱通过集成多源数据，实时展示关键业务指标，为管理层提供精准决策支持，提升企业运营效率和响应速度。

1. 经营数据可视化与实时监控

经营数据可视化与实时监控系统通过将复杂数据转化为直观图表与仪表板，结合实时数据抓取与预警功能，实现了从传统经验驱动到数据驱动的管理决策转型。系统通过整合企业资源计划（Enterprise Resource Planning，ERP）、客户关系管理（Customer Relationship Management，CRM）、供应链管理（Supply Chain Management，SCM）等多源数据，构建起统一的数据分析平台，实时采集并处理销售额、利润率、库存水平、客户满意度及供应链效率等核心关键绩效指标（Key Performance Indicator，KPI），以动态图表、仪表板及热力图等形式直观呈现关键业务指标的变化趋势与关联关系。基于智能算法，系统能够自动识别数据异常或潜在风险（如销售下滑、库存积压或供应链中断），并触发预警机制，帮助管理者快速定位问题并制定应对策略。同时，系统支持定制化分析功能，允许用户根据业务需求灵活配置指标与视图，深入挖掘数据背后的洞察,为战略规划与运营优化提供科学依据。这种数据驱动的管理模式不仅显著提升了管理效率与决策响应速度,还通过增强数据透明度与决策精准性,为企业创造了更高的运营效能与市场竞争力,如表4-22所列。

表4-22 经营数据可视化与实时监控应用场景

变革领域	具体内容	应用场景	实际案例
数据可视化	将复杂数据转化为图表与仪表板,直观呈现核心KPI(销售额、利润率、库存水平等)	管理决策支持与趋势分析	某零售企业通过可视化仪表板实时监控销售额与库存水平,快速调整促销策略以应对市场变化
实时监控	连接ERP、CRM、SCM等系统,实时抓取交易数据、客户行为与供应链状态	业务动态实时掌握与快速响应	某制造企业通过实时监控系统跟踪生产进度与设备状态,及时发现并解决生产瓶颈
预警机制	设定关键指标阈值,数据偏离时自动触发预警并提示应对措施	库存风险预警与主动管理	某供应链企业通过预警系统监控库存水平,自动触发采购请求以避免缺货
定制化分析	根据行业特点定制可视化方案,如零售业地理信息系统(Geographic Information System,GIS)销售热度图、制造业生产监控	行业特定需求满足与精准决策	某零售企业通过GIS销售热度图优化商品布局与促销活动,提升门店销售业绩

2. 多维度数据分析与决策支持

多维度数据分析与决策支持工具通过整合数据挖掘、统计分析及预测建模技术,实现了从单一维度分析到多维度洞察的决策模式升级。系统从财务、市场、生产、供应链等多个层面综合分析运营数据,结合高级算法与模拟模型，为企业提供精准的决策建议与情景预测，显著提升决策的科学性与前瞻性。典型应用包括市场分析、客户细分、产品定价、资源优化等，通过数据可视化、交互式报表与智能分析工具，助力企业深入挖掘数据价值，制定更加精准的市场策略与运营计划，如表4-23所列。

表4-23 多维度数据分析与决策支持应用场景

变革领域	具体内容	应用场景	实际案例
多维度数据分析	运用数据挖掘、统计分析、预测建模技术，揭示数据模式与关联	运营状况全面洞察与机会识别	某零售企业通过分析销售数据的时间序列，识别季节性波动，优化库存与生产计划
决策支持工具	利用高级算法与模拟模型，提供多种假设情景下的预测结果与决策建议	复杂决策评估与优化	某制造企业通过模拟模型评估不同生产计划的资源需求与成本，选择最优方案
客户细分与营销	综合分析顾客行为、购买历史与人口统计信息，划分细分市场并制定针对性策略	客户细分与精准营销	某零售企业通过客户细分工具，制定个性化营销策略，显著提高客户忠诚度
实时数据分析	结合物联网与云计算技术，实时收集与处理业务数据，支持快速响应	业务动态监控与敏捷决策	某零售企业实时跟踪销售与库存数据，动态调整商品陈列与补货计划，确保货架充足

3. 智能预测模型与风险评估

智能预测模型与风险评估是指通过整合历史数据、实时信息及机器学习技术，实现了从被动响应到主动预测的风险管理转型。智能预测模型利用结构化与非结构化数据（如销售数据、社交媒体评论、市场新闻等），预测业务表现与市场变化；风险评估系统则实时监控关键指标，识别潜在风险并提供应对措施。两者结合显著提升了企业的市场适应性与风险应对能力，广泛应用于零售、制造、金融、能源等多个领域，如表 4-24 所列。

表 4-24 智能预测模型与风险评估应用场景

变革领域	具体内容	应用场景	实际案例
需求预测	分析销售数据、季节性因素与消费者行为，预测未来需求波动	库存优化与供应链调度	某零售企业通过智能预测模型分析历史销售数据，优化库存管理，减少库存积压与缺货风险
生产预测	结合设备运行数据、订单量与原材料供应，预测生产能力与资源需求	生产计划优化与资源分配	某制造企业通过生产预测模型提前规划生产计划，避免产能过剩或不足，提升生产效率
市场趋势预测	整合社交媒体评论、市场新闻等非结构化数据，预测市场接受度与趋势	产品策略调整与营销优化	某汽车制造企业通过分析社交媒体反馈，预测车型市场表现，调整生产与营销策略
供应链风险评估	分析供应商表现、物流数据与市场动态，评估供应链中断风险	供应链韧性提升与风险应对	某制造企业通过风险评估系统识别供应链中断风险，提前规划替代供应商与库存策略
财务风险预测	分析财务数据与市场环境，预测潜在财务风险并提供对冲建议	财务稳健性与风险控制	某大型集团企业通过风险评估系统预测市场波动，制定资产重组策略，降低财务风险

4.3.2 供应链协同与透明化

供应链协同利用数据共享与智能算法，实现上下游企业间信息透明，优化库存管理，加速物流周转，增强整体竞争力。

1. 供应链数据共享与协同

供应链数据共享与协同平台通过整合供应商、制造商、分销商与客户等多方数据源，实现了信息的实时共享与业务流程的无缝对接，打破了传统供应链中的信息孤岛问题。平台通过构建统一的数据交换与管理环境，支持多源数据的集成与标准化处理，确保供应链各环节的数据（如订单状态、库存水平、生产进度、物流动态及市场需求等）能够实时更新并同步共享。基于智能权限管理机制，平台能够根据不同角色的需求，灵活配置数据访问权限，确保信息安全与合规性。同时，平台内置智能分析功能，能够对供应链数据进行深度挖掘与可视化呈现，帮助各方快速识别潜在瓶颈、优化资源配置并制定协同策略。此外，平台还支持实时预警与风险预测功能，能够基于历史数据与实时动态，提前识别供应链中断、需求波动或库存失衡等风险，并自动生成应对方案，显著提升供应链的透明度、协同效率与风险应对能力。这种数据驱动的协同模式不仅增强了供应链的整体韧性，还通过优化业务流程与资源配置，为企业创造了更高的运营效率与市场竞争力，如表4-25所列。

表4-25 供应链数据共享与协同应用场景

变革领域	具体内容	应用场景	实际案例
产业链数据共享协同	跨企业整合产业链供应链多源数据，统一数据标准与格式，实现跨系统数据共享	供应链数据打通	某制造企业通过平台与供应商建立数据连接，实时获取原材料库存与交货时间，优化生产计划
应急响应与风险管理	支持突发情况下的信息共享与应急计划制定，减少供应链中断影响	风险共担与业务连续性保障	某企业在全球疫情期间通过平台快速调整供应链，寻找替代供应商，确保生产连续性
跨组织协同	促进供应链各环节紧密合作，实现资源共享与风险共担	供应链协同效率提升	某飞机制造商与供应商通过平台协同开发新机型，提高开发效率与质量水平，同时通过产供销数据协同，跨企业优化配置显著提升供应链风险应对能力

2. 合作伙伴协同与需求匹配优化

合作伙伴协同与需求匹配优化通过构建紧密的合作伙伴关系与智能化需求匹配机制，实现了从传统供应链模式到数据驱动协同模式的转型。这一转型的核心在于利用大数据分析与人工智能技术，打通供应链上下游的信息壁垒，实现全链条的实时信息共享与协同决策。平台通过整合多维数据（如市场需求、库存水平、生产能力、物流状态等），结合机器学习算法，能够精准预测需求变化，并动态调整生产计划、库存策略和物流资源配置，从而显著提升供应链的整体效率与灵活性，如表4-26所列。

表4-26 合作伙伴协同与需求匹配优化应用场景

变革领域	具体内容	应用场景	实际案例
需求预测与匹配	利用大数据分析与人工智能技术，精准预测市场需求并动态调整供应链策略	需求预测与库存优化	某零售企业通过分析历史销售数据与市场趋势，预测商品需求并与供应商共享，确保高峰期及时供货
按需生产与定制化	通过与客户和供应商协同，实现小批量、多批次的定制化生产	个性化需求响应	某服装企业通过互动平台收集客户个性化需求，匹配供应商生产能力，实现定制化生产
协同机制优化	跟踪供应链全过程数据（需求响应时间、生产周期、物流周期等），定期评估与优化协同机制，适应市场环境变化	供应链评估与改进	某制造企业通过定期评估协同效果，优化合作伙伴协同流程，提升供应链整体效率

3. 供应链透明化与风险监控

供应链透明化与风险监控通过整合先进数据分析与人工智能技术，实现了对供应链的全方位监控与风险预警，显著提升了运营效率与消费者信任度。系统通过统一数据平台整合供应商、制造商、物流商与零售商等多环节数据，构建起从原材料采购到最终产品交付的全链条可视化体系，支持实时监控各环节的运行状态、库存水平、物流动态及生产效率等关键指标。同时，基于机器学习与预测分析技术，系统能够识别潜在风险（如供应中断、需求波动、物流延误等），并提前发出预警，帮助企业制定应对策略。此外，系统还支持快速追溯功能，能够在出现质量或合规问题时，迅速定位问题源头并采取纠正措施，从而降低损失并保障消费者权益。这种透明化与智能化的管理模式不仅增强了供应链的韧性与协同效率，还通过提供可验证的产品信息与流程透明度，进一步提升了消费者的信任与满意度，如表4-27所列。

表4-27 供应链透明化与风险监控应用场景

变革领域	具体内容	应用场景	实际案例
数据整合与透明化	建立统一数据平台，整合供应链各环节数据（原材料、生产、库存、物流等）	产品全流程追溯	某食品企业通过透明化系统，消费者扫描二维码即可查看产品生产日期、产地等详细信息，提升品牌信任度
风险监控与预警	实时监测供应链指标（库存、生产进度、运输状况等），预测风险点并提前预警	产供预测调整	某制造企业通过系统监测供应商交货延迟趋势，提前调整生产计划，避免生产中断
快速追溯与问题定位	实现食品安全、产品质量等关键领域的快速追溯与问题定位	质量追溯与召回	某食品企业通过透明化系统快速定位问题产品源头，实施召回措施，减少损失

4.3.3 物流网络的智能化升级

物流网络的智能化升级通过数据分析与智能调度，优化运输路径，提升配送效率，降低成本，实现供应链的高效运作。

1. 智能物流调度与路径优化

智能物流调度与路径优化通过部署传感器、GPS设备与物联网技术，结合机器学习与优化算法，实现了从传统物流管理到数据驱动的智能化转型。系统实时监控车辆位置、交通状况、货物状态及仓储库存等多维度数据，构建起全流程的物流可视化网络。基于机器学习模型，系统能够动态分析外部环境变化与实时需求，生成最优调度方案与路径规划，从而显著提升运输效率、降低运营成本并支持绿色物流目标。通过优化路径与资源配置，系统减少了空驶率与能源消耗，助力可持续发展。这种智能化的管理模式不仅提高了物流配送的精准性与时效性，还通过数据驱动的决策支持，增强了企业对复杂物流环境的适应能力与竞争力，如表4-28所列。

表4-28 智能物流调度与路径优化应用场景

变革领域	具体内容	应用场景	实际案例
路径优化与预测	部署传感器与物联网技术，实时监控车辆位置、交通状况与货物状态，动态调整调度方案	配送车辆路线优化	某物流企业通过分析历史订单、天气预报、交通路况，构建智能调度系统，动态调整车辆路线，避开拥堵路段，确保货物按时送达
多式联运协同	整合公路、铁路、航空、水运等运输方式数据，实现无缝衔接与整体优化	物流网络重组	某跨国物流企业通过智能系统选择最优运输组合，确保货物低成本快速送达
绿色物流支持	优化路径与调度方案，减少燃油消耗与碳排放，支持可持续发展目标	物流碳排放跟踪	某物流企业通过智能调度系统减少车辆行驶距离，降低碳排放，实现绿色物流

2. 自动化仓储管理与库存优化

智能仓储与库存优化通过引入自动化设备与智能化管理系统，实现了从传统人工操作到数据驱动的仓储管理模式转型。系统通过整合机器人、自动化输送设备、物联网传感器与智能算法，构建起高度协同的仓储作业网络，支持从货物入库、存储、分拣到出库的全流程自动化运作。基于实时数据采集与分析，系统能够动态监控库存水平、货物状态及仓储设备运行情况，并结合需求预测模型，自动优化库存布局与补货策略，确保库存水平的精准控制与资源的高效利用。同时，系统通过智能算法优化仓储作业流程，减少人工干预与操作误差，显著提升了仓储效率与准确性。这种数据驱动的管理模式不仅增强了供应链的响应速度与灵活性，使其能够快速适应市场需求变化，还通过降低运营成本与提升资源利用率，为企业创造了更高的经济效益与竞争优势，如表4-29所列。

表4-29 自动化仓储管理与库存优化应用场景

变革领域	具体内容	应用场景	实际案例
自动化仓储管理	部署机器人、自动化输送系统与智能仓储设备，替代人工操作，提升作业效率	仓储快速分拣	某电商企业通过自动化分拣系统与智能机器人，实现货物快速分拣与存储，缩短订单处理时间
灵活仓储布局	采用模块化设计，根据业务需求动态调整仓储布局与设备配置	立库自动布局	某制造企业通过自动化立体仓库动态调整库存容量与存储策略，优化原材料与成品管理
库存优化与预测	利用大数据分析与人工智能技术，精准预测库存需求并动态调整补货计划	库存结构优化	某零售企业通过分析历史销售数据与市场趋势，优化库存结构，确保需求高峰期及时供货
高利润库存优先	根据商品销售周期与利润率，动态调整库存策略，优先补货高利润商品	定向优化高利润库存	某零售企业通过智能化管理系统监测库存商品流转，优化库存策略，提高高利润商品库存水平

3. 实时物流跟踪与服务反馈

智能物流跟踪与服务反馈通过整合物联网、大数据与人工智能技术，实现了从传统物流管理到数据驱动的客户服务模式转型。系统通过部署物联网传感器与全球定位系统（Global Positioning System，GPS）设备，实时采集货物位置、运输状态（如温度、湿度、震动等）以及物流节点信息，构建起全程可视化的物流跟踪网络。基于大数据分析技术，系统能够动态监控运输过程中的异常情况（如延迟、损坏或环境变化），并及时发出预警，确保问题得到快速处理。同时，系统结合人工智能算法对客户反馈数据进行深度分析，识别服务痛点与改进机会，自动生成优化建议并反馈至相关环节，从而显著提升服务响应速度与客户满意度。此外，系统还支持个性化服务功能，通过分析客户历史行为与偏好，提供定制化的物流信息推送与交互体验。这种数据驱动的管理模式不仅增强了物流透明度与服务质量，还通过持续优化客户体验，为企业建立了更强的市场竞争优势与品牌忠诚度，如表4-30所列。

表4-30 实时物流跟踪与服务反馈应用场景

变革领域	具体内容	应用场景	实际案例
实时物流跟踪	部署GPS、RFID与传感器设备，实时监控货物位置、状态与运输过程	物流状态精准跟踪	某快递公司通过实时跟踪系统向客户提供包裹位置信息，减少客户等待焦虑
问题预警与处理	实时监控运输过程，发现延误或损坏时立即预警并采取应对措施	延误预警	某物流企业通过系统预警货物延误，迅速调整运输路线，减少损失并提升客户满意度
服务反馈机制	嵌入电子问卷、短信评价、客服电话等反馈渠道，收集客户对物流服务的评价与建议	物流问题收集与调整	某电商企业通过分析客户反馈，分析客户容忍度，优化配送路线与调度策略，减少配送延误

4. 物流成本智能分析与优化

物流成本智能分析与优化通过整合物联网、大数据与智能算法，实现了从传统成本管理到数据驱动的精细化成本控制模式转型。系统通过物联网设备与数据平台实时采集物流各环节的成本数据，包括运输费用、仓储支出、人工成本、能源消耗及设备维护等多维度信息，构建起全链条的成本可视化体系。基于大数据分析技术，系统能够动态监控成本波动趋势，识别高耗能环节与潜在浪费点，并结合智能算法生成多目标优化策略，如优化运输路径、调整仓储布局、平衡资源分配等，从而显著提升资源配置效率与成本控制精度。同时，系统通过供应链协同功能，将成本优化策略与上下游合作伙伴共享，推动全链条的成本协同管理，进一步降低整体运营成本。这种数据驱动的精细化成本控制模式不仅增强了成本透明度与决策科学性，还通过持续优化资源配置与运营效率，显著提升了企业的市场竞争力与盈利能力，如表4-31所列。

表4-31 物流成本智能分析与优化应用场景

变革领域	具体内容	应用场景	实际案例
成本透明化	部署传感器与物联网设备，实时采集运输、仓储、人工等成本数据，形成清晰成本结构	成本构成分析与异常成本识别	某制造企业通过分析运输成本数据，调整运输策略，降低长途运输需求与整体成本
动态优化成本	利用机器学习与优化算法，制定最优成本控制策略，在成本、效率与客户满意度之间找到平衡点，优化运输路线与方式，支持多目标与动态优化	成本控制与资源配置效率提升	某零售企业通过分析配送成本数据，调整高成本商品配送方式，同时跟踪分析油价波动影响，推动通过优化算法选择最低成本运输路线，降低配送成本并提高利润率
供应链协同优化	与供应商、分销商、物流服务商数据共享，实现全流程成本优化	供应链共享与优化协同	某制造企业通过协同平台与供应商共享生产计划，动态调整配送计划，降低整体物流成本

4.4 后服务与业态革新

通过数据驱动的后服务模式，制造业正加速向服务化转型，创新业态，提升客户体验，实现全生命周期价值最大化。

4.4.1 后服务市场机会挖掘

后服务市场潜力巨大，通过数据分析洞察客户需求，提供个性化服务，增强客户黏性，开拓新的增长点。

1. 客户需求深度分析与服务创新

客户需求分析与服务创新通过整合数据分析技术，实现了从传统服务模式到数据驱动的智能化服务模式转型。系统通过采集客户行为数据、反馈意见、服务请求及历史交互记录等多维度信息，构建起全面的客户画像与需求分析模型。基于大数据分析与机器学习算法，系统能够精准识别客户需求变化、偏好趋势与服务痛点，并生成深度洞察报告，为服务创新提供科学依据。同时，系统支持动态服务优化功能，能够根据实时数据分析结果，自动调整服务策略与资源配置，推出个性化、差异化的服务方案，从而显著提升客户体验与满意度。此外，系统还支持服务创新功能，通过模拟分析与场景预测，帮助企业设计并测试新型服务模式，快速响应市场变化与客户期望。这种数据驱动的智能化服务模式不仅增强了企业的服务能力与市场竞争力，还通过持续优化客户体验与创新服务价值，显著提升了企业的服务收入与品牌忠诚度，如表 4-32 所列。

表 4-32 客户需求深度分析与服务创新应用场景

变革领域	具体内容	应用场景	实际案例
客户需求洞察	分析客户使用频率、反馈意见与服务请求，识别客户关注点与痛点	远程运维服务	某设备制造商通过分析设备开关机时间、运行参数及客户反馈，推出远程监控与预测性维护服务，减少客户停机时间

续表

变革领域	具体内容	应用场景	实际案例
差异化服务设计	根据客户需求多样性，设计定制化服务包，满足个性化需求	汽车个性化保养推送	某汽车制造商通过分析客户数据，推出定制化保养方案，满足不同客户需求并增加收入
智能服务平台	利用大数据与人工智能技术，构建智能化服务平台，实现即时响应与高效交付	售后服务方案自动推荐	某家电企业开发智能客服系统，自动推荐服务方案并提供在线预约与远程技术支持
数据驱动服务决策	基于客户行为数据分析，优化服务策略与资源配置	服务精准度提升	某企业通过分析客户数据，设计并测试新型服务模式，优化服务资源配置，快速响应市场变化与客户期望，提高客户满意度

2. 服务场景扩展与市场机会挖掘

客户需求分析与服务创新通过整合数据分析技术，实现了从传统服务模式到数据驱动的智能化服务模式转型。系统通过采集客户使用数据、行为模式、交互记录及市场反馈等多源信息，构建起全面的客户需求分析模型。基于大数据分析与机器学习算法，系统能够精准识别客户在不同服务触点上的行为特征与需求偏好，并结合细分市场的动态变化，生成深度洞察报告，为服务优化与创新提供科学依据。同时，系统支持服务场景扩展功能，能够根据客户行为模式与需求趋势，自动设计并推出新的服务场景与交互方式，提升服务的覆盖范围与客户参与度。这种数据驱动的智能化服务模式不仅显著提升了客户满意度与忠诚度，还通过服务场景的扩展与协同创新，为企业创造了更高的收入增长与市场竞争优势，如表4-33所列。

表4-33 服务场景扩展与市场机会挖掘应用场景

变革领域	具体内容	应用场景	实际案例
服务场景扩展	分析客户使用数据与行为模式，识别多样化需求并扩展服务场景	售后服务多元化	某工业设备制造商通过数据分析，将服务从设备维修扩展到能耗优化、操作培训与设备升级，推出全方位解决方案
细分市场开发	分析不同客户群体需求特征，识别潜力市场并开发针对性服务产品	市场定位精准化	某家电企业针对年轻用户推出智能家居集成服务，为老年用户提供上门安装与定期维护服务，快速占领新兴市场
协同创新	通过数据共享与跨行业合作，开发新的服务模式与产品	服务跨界整合	某汽车制造商与保险公司合作开发个性化车险产品，与能源企业合作推出电动汽车充电服务

3. 数据驱动的服务优化与改进

服务流程优化与质量提升通过整合数据分析与智能化技术，实现了从传统服务模式到数据驱动的精细化服务管理转型。系统通过实时收集服务人员工作数据、客户反馈、服务响应时间及问题解决效率等多维度信息，构建起全面的服务流程监控与评估体系。基于大数据分析与智能算法，系统能够动态识别服务流程中的低效环节与潜在问题，并自动生成优化建议，如调整资源配置、优化任务分配或改进操作流程，从而显著提升服务效率与响应速度。同时，系统支持服务质量动态调整功能，能够根据客户反馈与实时数据分析结果，自动调整服务标准与执行策略，确保服务质量的持续提升与客户满意度的最大化。此外，系统还支持预测性维护功能，通过分析历史数据与实时动态，提前识别可能影响服务质量的风险因素，并制定预防措施，进一步降低服务中断与客户投诉的可能性。这种数据驱动的精细化服务管理模式不仅显著提升了服务效率与客户满意度，还通过优化资源配置与流程管理，为企业创造了更高的运营效益与市场竞争力，如表4-34所列。

表4-34 数据驱动的服务优化与改进应用场景

变革领域	具体内容	应用场景	实际案例
服务流程优化	分析服务数据与客户反馈，优化服务调度与流程设计	服务调度优化	某设备维修企业通过智能算法优化服务调度系统，缩短响应时间并降低运营成本
服务质量改进	分析客户投诉与服务请求数据，简化服务流程并推出自助服务功能	客户体验优化	某家电企业通过简化售后服务流程，推出在线预约与自助服务，提升客户满意度
智能评估体系	构建智能化服务质量评估体系，实时监控服务指标并动态调整	服务质量提升与员工能力优化	某汽车维修企业通过数据分析发现员工技能不足，加强培训并引入智能诊断系统，提升服务效率与准确性

4.4.2 全新业态与商业模式

全新业态与商业模式依托数据驱动，重构产业链条，创造新的价值点，推动制造业向高附加值服务转型。

1. 订阅式服务与客户黏性提升

订阅式服务创新通过提供持续价值与便利，实现了从传统销售模式到客户长期订阅模式的转型。系统通过定期更新内容、功能升级与个性化服务，持续满足客户不断变化的需求，同时提供全天候的维护支持与实时数据反馈，确保客户在使用过程中获得最佳体验。基于数据分析技术，系统能够动态监控客户使用行为与偏好，自动调整服务内容与交付方式，以增强客户粘性与满意度。此外，系统还支持灵活的订阅方案设计与动态定价策略，允许客户根据自身需求选择适合的服务组合，进一步提升服务的吸引力与适配性。这种订阅模式不仅显著提升了客户满意度与忠诚度，还通过建立长期稳定的客户关系，为企业创造了可预测且持续增长的收入来源，同时降低了客户获取成本与市场波动风险，如表4-35所列。

表4-35 订阅式服务与客户黏性提升应用场景

变革领域	具体内容	应用场景	实际案例
软件订阅模式	从一次性销售转向订阅模式，提供定期更新与新功能	工业SaaS应用	某工业软件厂商推出云ERP、云MES等一系列云化工业软件，通过订阅模式提供软件服务和更新，用户无须一次性支付高额费用，显著减低企业数字化转型成本
设备服务模式	提供设备使用权与定期维护服务，按月收取费用	设备订阅租赁	某工程机械制造商推出设备租赁订阅服务，吸引建筑公司与租赁企业，降低客户初期投入成本，同时确保设备始终处于最佳工作状态
定价策略优化	制定精准定价策略，平衡企业利润与客户吸引力	租售定价策略制定	某企业通过数据分析优化订阅和买断定价，吸引客户长期订阅，同时通过竞品分析，制定合理的订阅转买断模式，不断扩大用户群体，培养客户忠诚度

2. 共享经济模式与资源利用优化

共享经济模式通过数据驱动的资源优化与供需匹配，实现了从传统资源独占模式到高效共享模式的转型。系统通过整合物联网、大数据与智能算法，实时连接资源拥有者与需求者，构建起高效的资源共享网络。基于实时数据分析与预测模型，系统能够动态监控资源使用状态与市场需求变化，自动优化资源配置与分配策略，从而显著提升资源利用率与运营效率。同时，系统支持智能匹配功能，能够根据用户需求与偏好，精准推荐最合适的资源与服务，并提供个性化定价与使用方案，增强用户体验与满意度。此外，系统还支持动态调度与协同管理功能，能够在资源紧张或需求波动时，自动调整分配规则与使用优先级，确保资源的高效流转与供需平衡。这种数据驱动的共享经济模式不仅显著降低了资源闲置率与运营成本，还通过提供多样化选择与个性化服务，为用户创造了更高的价值与便利性，同时推动了资源的可持续利用与社会经济的协同发展，如表4-36所列。

表4-36 共享经济模式与资源利用优化应用场景

变革领域	具体内容	应用场景	实际案例
城市共享交通	通过平台连接车辆拥有者与出行需求者，实现车辆高效利用	汽车共享服务	某城市推出汽车共享服务，用户按需租用车辆，减少闲置时间与购车成本
工业共享设备	将闲置生产设备或产能通过共享平台出租，最大化资源利用	闲置库存共享	某工程机械企业将闲置库存重新盘活，建立共享租赁和融资租赁模式，满足小型企业与特定项目的短期使用需求
产能共享与优化配置	通过平台连接同行业多家企业，重新整合闲置产能，对接市场上的零散需求，实现产能共享	闲置产能优化	某机械制造行业建立产能共享平台，整合多家企业的闲置生产线，对接中小型客户的零散订单需求，实现按需生产与资源高效配置

3. 平台化运营与生态系统构建

平台化运营与生态系统构建通过整合资源与数据驱动战略，实现了从传统单一服务模式到开放协同生态模式的转型。系统通过构建统一的技术平台与数据基础设施，连接供给方、需求方及第三方服务提供者，形成多方参与、协同创新的生态系统。基于大数据分析与智能算法，系统能够实时监控供需动态与资源流动，自动优化资源配置与匹配策略，确保资源的高效利用与服务的精准交付。同时，系统支持用户体验优化功能，通过分析用户行为数据与反馈信息，动态调整服务内容、交互方式与交付渠道，提升用户满意度与参与度。此外，系统还支持生态系统的持续发展与创新，通过开放 API 接口与数据共享机制，吸引第三方开发者与合作伙伴加入，共同开发新服务、新应用与新商业模式，推动生态系统的多元化与活力。这种平台化运营与数据驱动的生态模式不仅显著提升了资源配置效率与用户体验，还通过促进多方协同与持续创新，为企业创造了长期竞争优势与可持续发展的动力，如表 4-37 所列。

表 4-37 平台化运营与生态系统构建应用场景

变革领域	具体内容	应用场景	实际案例
平台化运营	创建连接供给方与需求方的市场，通过高效匹配机制优化资源配置	售后服务集中服务	某设备制造企业建立在线服务交易平台，集中提供设备维护、升级与改装服务
生态系统多元化创新	吸引硬件制造商、软件开发者与服务提供商加入，形成协同发展的生态网络	开发者生态系统构建	某智能家居企业通过开放平台吸引开发者，共同开发智能家居应用，丰富生态系统功能并增强用户黏性

4. 个性化服务反馈与持续改进

个性化服务反馈与持续改进通过建立有效的反馈机制与闭环管理流程，实现了从传统服务模式到数据驱动的持续优化模式转型。系统通过整合线上线下多渠道（如社交媒体、客服系统、调查问卷及使用行为数据等），实时收集客户反馈与意见，构建起全面的客户声音分析体系。基于大数据分析与自然语言处理技术，系统能够深入挖掘客户反馈中的关键信息与潜在需求，识别服务痛点与改进机会，并自动生成优先级排序的改进建议。同时，系统支持闭环管理功能，能够将改进措施快速落实到具体服务流程中，并通过实时监控与效果评估，确保改进措施的有效性与可持续性。此外，通过大数据预测性分析功能，能够基于历史数据与市场趋势，提前识别可能影响客户满意度的风险因素，并制定预防性优化策略。这种数据驱动的持续改进模式不仅显著提升了客户满意度与忠诚度,还通过不断优化服务质量与运营效率,增强了企业的市场竞争力与品牌价值,如表4-38所列。

表4-38 个性化服务反馈与持续改进应用场景

变革领域	具体内容	应用场景	实际案例
反馈机制建立	通过在线调查、客户访谈、社交媒体监控等多渠道收集客户反馈	客户需求洞察与问题识别	某高端汽车制造企业通过客户满意度调查发现售后服务响应时间问题,优化服务调度系统
客户问题挖掘与改进	利用大数据技术深入挖掘反馈数据,识别共性问题与个性化需求	用户使用数据挖掘	某智能家居公司通过分析客户使用数据,发现智能门锁故障问题并迅速解决
客户服务风险预测	基于历史数据与市场趋势,通过大数据分析和智能预测,提前识别可能影响客户满意度的风险因素,并制定预防性优化策略	客户使用需求预测及响应	某消费电子品牌通过反馈奖励计划,激励用户分享使用体验与改进建议,结合同类产品使用数据,建立预测分析模型,预判客户潜在需求,提前优化并推送更新包,提升客户满意度

4.4.3 生态系统的构建

构建生态系统是数据驱动制造业转型的关键,通过整合多方资源,形成协同效应,实现全产业链的优化与升级。

1. 合作伙伴网络与协同创新

合作伙伴网络与协同创新平台通过建立战略伙伴关系与开放创新模式,实现了从传统独立运营到资源共享与跨领域协同的创新模式转型。系统通过构建统一的技术平台与数据共享机制,整合供应商、分销商、技术提供商及第三方合作伙伴等多方资源，形成高效协同的创新生态系统。基于大数据分析与智能算法，系统能够实时监控合作伙伴的能力与资源状态，自动匹配最优合作方案与创新机会，确保资源的高效配置与协同效应的最大化。同时，系统支持开放创新功能，通过共享技术、数据与市场洞察，推动跨领域合作与联合研发，加速新技术的应用与新产品的推出。此外，系统还支持动态优化功能，能够根据市场反馈与合作伙伴表现，实时调整合作策略与资源分配，确保创新成果的持续输出与市场竞争力的不断提升。这种协同创新模式不仅显著提升了企业的技术创新能力与市场响应速度，还通过增强合作伙伴关系与用户忠诚度，为企业创造了长期竞争优势与可持续发展的动力，如表4-39所列。

表4-39 合作伙伴网络与协同创新应用场景

变革领域	具体内容	应用场景	实际案例
战略伙伴关系	与供应商、分销商、技术提供商等建立紧密合作关系，共同开发市场	资源优势整合	某汽车制造商与科技公司，通过能力智能匹配成为战略合作伙伴，重新整合双方汽车制造和智能驾驶优势，加速新技术商业化进程
市场扩展	通过合作伙伴网络快速进入新市场，降低市场进入成本与风险	市场渠道渗透	某零售企业通过海外市场销售数据分析，锁定东南亚市场，通过与当地线上分销平台合作，利用其成熟的销售网络、客户资源和市场洞察，快速进入泰国、印尼等新兴市场，减低自建渠道的高昂成本和时间投入
技术获取与创新	通过协同创新平台获取最新技术与创新理念，保持竞争力	新技术引入与产品革新	某平衡车企业通过全球专利分析，定位技术引入策略，通过与目标企业建立协同创新协议，引入先进底盘自适应技术，显著提升产品竞争力

2. 数据共享与服务生态系统构建

数据共享与服务生态系统通过促进信息透明度与跨行业合作，实现了从传统独立运营到数据驱动的协同模式转型。该系统通过构建统一的数据共享平台与标准化协议，整合来自不同行业、不同领域的数据资源，形成开放、安全、高效的数据生态系统。基于区块链技术与智能合约，该系统能够确保数据共享的透明性、可追溯性与安全性，同时支持动态权限管理，确保数据使用合规且可控。通过实时数据共享与协同分析，该系统能够打破信息孤岛，为各方提供全面的市场洞察与决策支持，显著提升决策效率与精准性。同时，该系统支持跨行业协同创新功能，通过整合多方数据与技术资源，推动联合研发与创新项目，加速新技术的应用与新商业模式的孵化。此外，该系统还支持动态优化功能，能够根据市场反馈与协同成果，实时调整数据共享策略与创新方向，确保协同效应的最大化与市场竞争力的持续提升。这种数据驱动的协同创新模式不仅显著提升了企业的创新能力与市场响应速度，还通过促进跨行业合作与资源共享，为企业创造了长期竞争优势与可持续发展的动力，如表4-40所列。

表4-40 数据共享与服务生态系统构建应用场景

变革领域	具体内容	应用场景	实际案例
循环制造生态	通过工业互联网平台，构建以数据分析为核心的循环制造生态，专注于资源的高效利用和可持续发展	设备零部件回收及循环使用	某设备制造商通过建立工业互联网平台，将设备的关键零部件运行数据开放共享给客户及合作伙伴，可以共同为最终用户提供预测性维护和性能优化服务。通过数据分析，优化设备使用寿命，寿命结束后根据运行数据判断是否可以修复或回收利用
共享制造生态	通过数据分析和自动化技术，打通生产制造和生产服务全链条，构建了共享制造生态系统	共享制造及后服务	某电子制造企业将闲置产能通过平台共享给中小制造企业，帮助它们以低成本实现高质量生产。平台还提供供应链金融、技术培训等服务，形成一个完整的制造服务生态

续表

变革领域	具体内容	应用场景	实际案例
跨行业创新	不同行业企业共享数据，发现新业务机会与创新点	产品竞争力提升与市场扩展	医疗健康企业与保险企业共享健康数据，开发个性化健康保险产品

3. 服务创新与商业模式拓展

服务创新与商业模式拓展通过整合先进技术与数据驱动战略，实现了从传统服务模式到智能化、平台化与生态化的全面升级。系统通过引入物联网、人工智能与大数据分析技术，构建起全流程的智能化服务体系，能够实时监控服务状态、动态优化资源配置并精准预测客户需求，从而显著提升服务效率与客户体验。基于大数据分析与机器学习算法，系统能够深入挖掘客户行为数据与市场趋势，识别服务创新机会与潜在增长点，并自动生成定制化服务方案与优化策略。同时，系统支持平台化运营功能，通过构建开放的技术平台与数据共享机制，连接多方服务提供者与客户，形成协同创新的服务生态系统。此外，系统还支持生态化商业模式探索，通过整合上下游资源与跨行业合作伙伴，开发多元化服务组合与创新商业模式，如订阅式服务、共享经济与按需服务等，进一步拓展市场边界与收入来源。这种智能化、平台化与生态化的服务创新模式不仅显著提升了服务效率与客户满意度，还通过持续优化商业模式与市场策略，为企业创造了长期竞争优势与可持续发展的动力，如表4-41所列。

表4-41 服务创新与商业模式拓展应用场景

变革领域	具体内容	应用场景	实际案例
平台化商业模式	构建开放服务平台，吸引合作伙伴与开发者共同创造服务价值	服务范围拓展与收入来源多元化	某汽车制造商建立智能出行服务平台，整合共享汽车、网约车等资源，提供一站式出行解决方案

续表

变革领域	具体内容	应用场景	实际案例
绿色制造服务	利用大数据分析与人工智能技术，优化生产能耗与排放，提供绿色制造解决方案	环保合规性提升	某化工设备制造企业通过智能绿色制造平台，实时监控生产能耗与排放数据，委托专业的第三方环保机构实时分析能耗和碳排模型，优化生产流程以实现绿色制造目标

第 5 章
他山之石，行业实践深潜

随着大数据和人工智能技术的快速发展，各行各业都积极探寻数据治理与人工智能技术在推动产业升级与智能化转型中的有效路径。本章将聚焦于汽车制造业、新能源行业、纺织行业三大关键领域，剖析其实践案例，阐述这些行业如何凭借数据治理与 AI 大模型的深度融合，达成生产效率的飞跃式提升、运营成本的显著下降以及创新能力的不断增强。下面将逐一展现这些行业的智能化转型历程。

5.1 汽车制造业的数智跃升：数据治理与 AI 大模型的探索实践

汽车制造业是传统制造业的重要支柱，正经历着新的智能化变革。本节将深入探讨数据治理与 AI 大模型如何在这一进程中发挥关键作用，推动汽车制造业实现生产效率、质量控制以及创新能力的全面提升。

5.1.1 汽车制造业的数据治理需求与挑战

1. 数据孤岛与整合难题

数据孤岛与整合难题涉及的是如何实现不同数据源之间的互联互通，并在保证数据一致性、安全性和完整性的前提下，实现数据的有效管理和利用。这一问题在不同行业的信息化建设中都有所体现，尤其在教育、旅游、海洋管理和不动产等领域表现得尤为突出。数据孤岛指的是数据在不同的系统或组织中分散存储,且这些系统间的数据难以进行交互,形成信息孤岛,限制了数据资源的共享和综合利用的现象。

在汽车制造业中,数据孤岛现象尤为突出。由于生产流程的复杂性,数据往往分散在不同的部门、系统甚至设备中,形成了一个个孤立的数据"岛屿"。这些孤岛之间的数据缺乏有效的连接和共享,导致了信息的不对称和决策的延迟。例如,生产部门可能掌握着生产线的实时运行数据,而研发部门则可能拥有产品设计的相关数据,但两者之间往往缺乏有效的数据交换机制。

数据整合难题也随之而来。由于数据来源的多样性,数据格式、存储方式和质量都各不相同,这给数据的整合带来了挑战。为了实现数据的统一管理和分析,汽车制造企业需要投入大量的人力和物力,对数据进行清洗、转换和整合。然而,即使经过了这些处理,由于数据孤岛的存在,整合后的数据仍然可能存在不完整、不准确或不一致的问题,从而影响了数据的价值和利用效果。因此,解决数据孤岛与整合难题,实现数据的全面、准确和及时共享,是汽车制造业在智能化转型过程中必须面对和克服的重要挑战。

2. 数据质量与准确性问题

在汽车制造业中,数据的质量和准确性是非常重要的。数据质量问题可能会直接影响到企业的决策和创新,而数据准确性问题可能会在质量控制、产品开发、供应链管理等方面产生不利影响。汽车产品在出厂前需要进行一致性核查,这需要高质量的数据支持。汽车制造业的发展和全球化竞争要求企业不断改进现有的检测流程和检验体系,这也意味着企业需要确保其数据的质量和准确性以满足这些改进的需要。

在汽车制造业的智能化转型中,数据质量与准确性是至关重要的一环。然而,由于多种原因,汽车制造企业往往面临着数据质量与准确性的挑战。数据收集过程中可能存在误差。生产现场的各种传感器、设备以及人工记录都可能产生数据偏差或错误,这些错误数据如果未经处理就直接用于分析和决策,将严重影响结果的准确性和可靠性。数据在传输和存储过程中也可能出现质量问题,其中:数据在通过网络传输时可能会因为网络延迟、丢包等原因导致数据丢失或错乱;在存储过程中,如果存储介质出现故障或数据备份不及时,也可能导致数据的损坏或丢失。

数据的一致性和完整性是数据质量与准确性的重要方面。在汽车制造业中，由于生产流程的复杂性和数据来源的多样性，确保所有数据在逻辑上一致、在时间上连续、在内容上完整是一项艰巨的任务。因此，汽车制造企业需要建立严格的数据质量管理体系，包括数据收集、传输、存储、处理等各个环节的质量控制。通过采用先进的数据清洗技术、数据校验方法以及数据质量管理软件，对数据进行全面的质量检查和修正，以确保数据的准确性、一致性和完整性。只有这样，才能为汽车制造业的智能化转型提供坚实的数据基础。

3. 数据安全与合规性要求

在汽车制造业的智能化转型过程中，数据安全与合规性成为不可忽视的关键要素。随着数据量的激增和数据应用的深化，如何确保数据的安全、防止数据泄露，并满足日益严格的法律法规要求，成为汽车制造企业必须面对的重要课题。

数据安全是汽车制造业智能化转型的基石。生产数据、客户数据、研发数据等敏感信息的泄露，不仅可能导致企业经济损失，还可能损害企业声誉，甚至引发法律纠纷。因此，汽车制造企业需要建立完善的数据安全管理体系，包括数据加密技术、访问控制策略、安全审计机制等，以确保数据在存储、传输和处理过程中的安全性。

数据合规性是汽车制造企业必须遵循的重要原则。随着全球数据保护法规的不断完善，如欧盟的《通用数据保护条例》（GDPR）、我国的《中华人民共和国网络安全法》等，汽车制造企业需要密切关注这些法律法规的变化，并确保其数据处理活动符合相关要求。这包括但不限于数据收集、存储、使用的合法性，以及用户隐私权的保护等。为了满足数据安全与合规性要求，汽车制造企业需要采取一系列措施。例如，加强员工的数据安全意识培训，确保员工了解并遵守数据安全规定；建立数据分类和分级制度，对不同级别的数据采取不同的保护措施；定期进行数据安全审计和风险评估，及时发现并修复潜在的安全漏洞；与专业的数据安全服务商合作，获取专业的技术支持和服务。

5.1.2　AI大模型在生产流程中的应用

随着人工智能技术的发展，AI大模型是新一代智能技术的核心，正逐步渗透至汽车制造业的各个生产环节。这些模型凭借其强大的数据处理能力、深度学习能力以及高度的自动化特性，为生产流程带来了新的变革与提升。通过深入探讨 AI 大模型在生产流程中的具体应用及其所带来的显著成效。

1. 预测性维护与故障诊断

在汽车制造业中，设备的稳定运行是保障生产效率和产品质量的基石。然而，传统的事后维修和定期维护模式存在诸多不足，如响应滞后、成本高昂等。随着 AI 大模型的兴起，预测性维护与故障诊断技术应运而生，为汽车制造企业带来了革命性的改变。

1）实时数据分析与处理

实时数据分析与处理是智能制造和工业互联网的核心技术，正引领着汽车生产模式的深刻变革。借助 AI 大模型与深度学习算法，这一技术能全方位、实时地收集并分析汽车生产设备的运行数据，为设备健康状况的持续监控和预测性维护提供了可能。在汽车生产现场，多样化的传感器如工业相机（用于监测车身零部件的组装情况）、末端力觉传感器（用于感知机械臂在汽车零部件加工中的力度）、温度传感器（用于检测发动机等部件生产过程中的温度变化）等，如同设备的"感官"，实时捕捉着设备的各种运行信息。同时，物联网技术将这些设备紧密相连，实现了数据的无缝交换与共享，丰富了数据内容，并提升了数据的准确性和可靠性。这些数据如同设备的"生命体征"，全面反映了汽车生产设备的运行状态。而深度学习模型，如卷积神经网络（可用于分析汽车零部件的图像数据，识别潜在的缺陷）、循环神经网络（适用于处理汽车生产过程中时间序列数据，如生产线的运行节奏）等，则扮演着"数据分析师"的角色，对预处理后的数据进行深度挖掘，自动学习并提取出数据中的层次化特征表示，这些特征正是汽车设备状态监测和故障预测的关键所在。通过这些特征，模型能实时监测设备的运行状态，并准确预测可能出现的故障，为设备的及时维护提供了有力支持。实时数据分析与处理的应用，不仅显著提高了汽车生产效率，还大大降低了因设备故障导致的停机时间和维修成本。更重要的是，通过对历史数据的深入剖析，汽车企业还能发现设备潜在的维护需求和性能改进点，为设备的长期维护和优化提供科学依据，推动汽车生产向更加智能化、高效化的方向发展。

2）故障提前预警

故障提前预警是一种利用先进的 AI 和深度学习技术实现的汽车设备维护策略。它通过实时收集和分析汽车设备运行过程中的各类数据，如温度（发动机缸体生产过程中的温度监测）、振动（汽车车身焊接设备的振动情况）、声音（汽车零部件冲压设备的运行声音）等，来预测和识别潜在的设备故障。这一预警机制深度融合了数据收集与分析、故障预测模型建立以及预警信号的发出等多个环节。系统收集大量的历史和实时数据，这些数据涵盖了汽车设备运行的各个方面。利用深度学习模型对这些数据进行深入分析，挖掘出与故障相关的模式和征兆。通过训练，深度学习模型能建立起故障预测模型，该模型能准确识别出汽车设备的不同故障模式特征。在实时运行过程中，当汽车设备的实时数据与预测模型出现不符时，系统能迅速判断可能存在的故障，并发出预警信号。这些信号不仅指出了故障可能发生的位置和性质，还提供了建议的应对措施和维修时间窗口，为维修人员提供了宝贵的决策支持。故障提前预警系统的实施，使得维修人员能在故障发生之前采取预防性维护措施，如停机维修、更换零件等，从而有效避免了汽车生产中断和减少了经济损失。同时，通过减少意外停机时间，汽车企业能提高设备的使用效率和生产率，进一步降低维护成本。因此，故障提前预警系统的有效应用，不仅显著提升了汽车设备的运维效率，还延长了设备的使用寿命，最终为汽车企业带来了更大的经济效益和生产效率的提升。

3）故障诊断与定位

在智能制造和工业互联网的背景下，故障诊断与定位成为提升汽车设备维护效率和生产连续性的关键。AI 大模型，凭借其强大的数据处理能力和深度学习算法，为这一环节带来了新的革新。当汽车生产设备出现故障时，模型能立即对故障数据进行全面且快速地分析。它不仅仅局限于数据的表面，而是深入结合汽车设备的复杂结构和工作原理，像一个经验丰富的维修工程师一样，准确地判断出故障的根本原因以及具体的位置。重要的是，AI 大模型的作用远不止于简单的故障诊断。在给出诊断结果的同时，它还能根据历史维修经验和数据，智能地为维修人员提供一系列最佳的维修方案和建议。这些建议涵盖了维修的步骤、所需工具、替换部件的型号，甚至包括维修过程中的安全注意事项，从而提高了维修工作的效率和准确性。维修人员可以依托这些建议，迅速而准确地完成维修任务，恢复汽车设备的正常运行，最大限度地减少生产中断的时间，确保汽车企业的生产效率和经济效益。

2. 生产线优化与智能调度

生产线的优化与调度是提升汽车生产效率、降低成本的关键环节。传统的汽车生产线管理和调度方式往往依赖于人工经验和简单的规则，难以适应复杂多变的汽车生产环境和需求变化。而 AI 大模型的应用，为汽车生产线优化与智能调度提供了全新的解决方案。AI 大模型能通过对汽车生产数据的深度学习，挖掘出生产线上的潜在规律和瓶颈环节。它能对汽车生产过程中的各个环节进行精细化分析，包括生产节拍（汽车车身冲压、焊接、涂装、总装等各环节的时间安排）、设备利用率（汽车发动机生产线中各设备的使用情况）、工人操作效率（汽车零部件组装工人的工作效率）等，从而找出影响汽车生产效率的关键因素。基于这些分析，模型可以提出优化建议，如调整生产节拍、优化设备布局、改进工艺流程等，以实现汽车生产线的整体优化。在智能调度方面，AI 大模型能根据汽车生产计划和实时生产数据，自动生成最优的生产调度方案。它能考虑多种约束条件，如生产顺序（不同汽车车型的生产先后顺序）、设备能力（汽车生产设备的承载能力）、工人排班（汽车生产车间工人的班次安排）等，通过算法求解得到最优的生产安排。这种智能调度方式能确保汽车生产任务的按时完成，同时最大限度地提高设备利用率和工人工作效率。AI 大模型还具备强大的预测能力，能预测未来一段时间内的汽车生产需求和资源状况。这使得汽车企业能提前做好生产准备，合理安排生产资源和工人排班，以应对可能出现的生产波动。这种预测性调度方式不仅提高了汽车生产的灵活性，还降低了因生产波动带来的额外成本。汽车生产线优化与智能调度的实现，离不开 AI 大模型与物联网、自动化设备等技术的紧密结合。通过物联网技术，汽车生产线上的各种数据能实时采集并传输给 AI 大模型进行分析和处理。而自动化设备则能根据模型的指令进行精准操作，实现汽车生产过程的自动化和智能化。

3. 质量控制与缺陷检测

质量控制是确保汽车产品符合设计规格、满足客户需求的关键环节。传统的汽车质量控制方法往往依赖于人工抽检和简单的自动化检测设备，难以全面、准确地识别汽车生产过程中的各种缺陷。而 AI 大模型的应用，为汽车质量控制与缺陷检测带来了革命性的突破。AI 大模型通过深度学习算法，能对大量的汽车产品图像（汽车车身外观图像、零部件表面图像等）、传感器数据（汽车发动机性能测试数据、汽车制动系统检测数据等）等进行深度分析和挖掘。它能学习到汽车产品正常状态与缺陷状态之间的细微差别，从而建立起高精度的缺陷检测模型。

在汽车生产过程中，当新的汽车产品数据输入模型时，它能迅速、准确地识别出产品中的缺陷，如汽车车身表面的裂纹、汽车零部件的划痕、汽车零部件尺寸偏差等。相较于传统的汽车质量控制方法，AI 大模型在缺陷检测方面具有显著的优势。它能实现全面的检测，不受人工抽检的限制，确保每一辆汽车都得到严格的检查。它的检测精度高，能识别出微小的缺陷，避免不良品流入市场，损害企业声誉。AI 大模型还能实现实时检测，及时发现问题并采取措施，避免缺陷汽车产品的进一步生产，从而降低生产成本和浪费。

在汽车质量控制方面，AI 大模型还能对汽车生产过程中的关键参数进行实时监控和分析。通过对汽车生产数据的深度学习，模型能预测汽车产品质量的变化趋势，及时发现潜在的质量问题。这使得汽车企业能在问题发生之前采取措施进行预防，避免质量问题的扩大和恶化。AI 大模型还能辅助汽车质量工程师进行质量问题的分析和解决。当汽车产品质量出现问题时，模型能分析历史数据和当前数据，找出问题的根源和影响因素。基于这些分析，质量工程师可以制定针对性地改进措施，提高汽车产品质量和生产效率。

5.1.3 AI 大模型在产品研发与设计中的作用

在科技持续演进的背景下，AI 大模型凭借其卓越的数据处理能力、深度学习能力及高度的智能化特性，正逐步成为产品研发与设计领域中的核心要素。该模型不仅能有效应对海量数据处理挑战，还展现出在产品设计创新与研发过程中的显著优势。下面将系统阐述 AI 大模型在产品研发与设计中的具体应用及其对行业格局的深远影响。

1. 用户需求分析与市场预测

在数据驱动工业智能革命的浪潮中，AI大模型正逐步成为制造业企业洞察市场需求、优化产品策略的重要工具。

1) 深度挖掘用户数据，精准洞察需求

在汽车制造业中，随着消费者需求的日益多样化和个性化，企业正面临着新的市场挑战。这一趋势要求汽车制造商必须更加精准地把握市场动态，深入理解消费者需求，以实现产品的差异化竞争和个性化定制。而AI大模型技术的引入，为汽车制造业应对这一挑战提供了强有力的支持。

AI大模型在客户需求分析方面展现出了卓越的能力。通过对海量客户数据的深度挖掘和分析，AI大模型能揭示出消费者的潜在需求和偏好变化。这些数据不仅来源于传统的市场调研，还包括消费者的在线行为、社交媒体互动、购买历史等多维度信息。AI大模型通过运用先进的算法和模型，对这些复杂数据进行处理和分析，从而得出更加精准和全面的市场需求洞察。这种基于大数据的客户需求分析方法，相较于传统的市场调研手段，具有更高的效率和准确性。

基于AI大模型的客户需求分析，汽车制造商可以更加精准地制定产品设计和营销策略。例如，通过对销售数据的预测分析，企业可以提前洞察未来的市场需求和销量趋势，从而合理安排生产计划，避免库存积压和资源浪费。通过对客户反馈数据的深度挖掘，企业可以及时发现产品存在的问题和改进空间，为产品的持续优化提供有力支持。AI大模型技术为实现个性化定制服务提供了可能。通过引入AI大模型，汽车制造商可以根据消费者的个性化需求和偏好，为其量身定制专属的汽车产品。这种个性化定制服务不仅满足了消费者对汽车产品的独特需求，还提高了客户满意度和忠诚度。例如，一些汽车制造商已经开始利用AI大模型技术，根据消费者的驾驶习惯、审美偏好等因素，为其推荐最合适的车型配置和内饰风格。

2) 利用历史数据，进行科学市场预测

在快速变化的汽车市场中，准确预测市场趋势对于汽车制造商制定有效的产品策略至关重要。然而，传统市场调研方法往往难以捕捉市场的细微变化和潜在趋势。为了克服这一难题，某汽车制造商决定利用 AI 大模型来分析历史销售数据、市场趋势报告以及竞争对手动态。通过模型的深度学习和预测能力，该企业成功识别出了电动汽车和智能驾驶技术作为未来市场的潜在增长点。基于这一预测结果，该企业迅速调整了产品策略，加大了相关技术的研发投入，并推出了一系列符合市场需求的新车型。这一举措不仅使企业成功把握住了市场先机，还实现了产品的快速迭代和市场的持续扩张。

面对快速变化的汽车市场，某汽车制造商意识到准确预测市场趋势对于制定有效产品策略的重要性。该企业利用 AI 大模型对历史销售数据、市场趋势报告以及竞争对手动态进行了深入分析。通过模型的学习与预测，企业成功识别出了电动汽车和智能驾驶技术作为未来市场的潜在增长点。基于这一预测，企业迅速调整了产品策略，加大了对电动汽车和智能驾驶技术的研发投入，并推出了一系列符合市场需求的新车型。这些新车型不仅满足了消费者对环保和智能化的需求，还为企业赢得了市场份额和品牌声誉。通过 AI 大模型的市场预测，该企业成功把握住了市场先机，实现了产品的快速迭代和市场的持续扩张。

2. AI 辅助产品概念设计与创新

在汽车制造业中，产品概念设计与创新是维系企业竞争优势的核心环节。然而，传统的设计方法通常过度依赖设计师的个人经验和直觉，这导致了设计周期长、成本高昂，且创新成果难以保证的问题。AI 大模型技术的出现，为产品概念设计与创新带来了全新的视角和工具。

AI 大模型能对市场需求数据进行深度挖掘和分析，揭示出消费者的潜在需求和偏好变化。这种基于大数据的分析方法，相较于传统的市场调研，能更准确地把握市场动态，为产品概念设计提供有力的数据支持。同时，AI 大模型还具备强大的学习能力和分析能力。通过对历史设计数据和成功案例的深入学习和分析，AI 大模型能提炼出设计的关键要素和成功模式，为设计师提供创新的灵感和设计建议。这种基于机器学习的设计方法，不仅提高了设计的创新性，还缩短了设计周期，降低了设计成本。

AI 辅助的产品概念设计与创新，不仅提升了设计的效率和准确性，还增强了设计的创新性和市场竞争力。随着 AI 技术的发展和完善，其在汽车制造业产品概念设计与创新中的应用前景将更加广阔，为汽车制造业的持续发展注入新的活力。

3. 生成式设计加速汽车研发效率

生成式设计是一种基于 AI 大模型技术的创新设计方法，正逐步在汽车产品研发领域展现出其独特的优势和潜力。该方法通过引入先进的算法和机器学习技术，实现了对产品设计过程的自动化和智能化，为汽车制造业带来了新的变革。在汽车制造业中，生成式设计的应用广泛而深入。

在汽车零部件的设计上，生成式设计技术通过算法对零部件的拓扑结构和形状进行优化，以提升其性能和可靠性。这种优化过程不仅考虑了零部件的材料属性、制造工艺等物理约束，还充分结合了产品的功能需求和市场需求，从而实现了零部件设计的最优解。例如，在发动机零部件的设计中，生成式设计可以通过对燃烧室形状、进排气道布局等进行精细调整，提高发动机的燃烧效率和动力性能。

在车身结构的设计上，生成式设计发挥了重要作用。通过对车身结构的生成式设计，可以实现车身的轻量化和安全性的双重提升。生成式设计算法能综合考虑车身材料的力学性能、碰撞安全要求以及制造工艺等因素，生成出既轻量又安全的车身结构方案。这不仅有助于降低汽车的整备质量，提高燃油经济性，还能提升车辆在碰撞事故中的安全性。

在汽车外观和内饰的设计创新上，生成式设计展现了巨大潜力。通过对消费者偏好的深度学习和分析，生成式设计可以生成出符合市场需求的个性化设计方案。这种设计创新不仅满足了消费者对汽车外观和内饰的个性化需求，还有助于提升汽车产品的市场竞争力和品牌形象。

5.2 能源行业的智慧转型：数据驱动与 AI 大模型的创新应用

在能源行业迈向可持续发展的征途中，智慧转型已成为不可逆转的趋势。随着数据技术的发展与 AI 大模型的广泛应用，能源领域正经历着新的变革。本节将深入探讨数据驱动与 AI 大模型在能源行业的智慧转型中发挥关键作用，推动行业向更高效、更清洁、更智能的未来迈进。

5.2.1 能源行业的数据需求与挑战

1. 数据多样性与复杂性

能源行业是国民经济的基础支柱，其数据特点十分显著且充满挑战。

数据多样性是能源行业数据的一大特征。从传统的油气勘探、开采、运输，到新能源的发电、储能、配电，再到用户端的能源消费与管理，每一个环节都产生了大量不同类型的数据。这些数据既包括结构化数据，如设备参数、产量统计等，也包括非结构化数据，如地质勘探图像、设备运维日志、环境监测报告等，形成了复杂多样的数据集。

数据的复杂性是能源行业数据的另一大特征，体现在多个层面。一方面，能源系统本身就是一个高度复杂的网络，涉及多个子系统的交互与协同，数据之间往往存在复杂的关联性和依赖性。另一方面，能源数据的时空特性显著，如电力需求随季节、天气变化而波动，油气价格受政治经济因素影响等，增加了数据分析和预测的难度。

面对这样的数据特点，能源行业在智慧转型过程中必须克服重重挑战。如何有效整合和利用这些多样且复杂的数据，挖掘其背后的价值，为能源生产、传输、分配和消费提供智能化决策支持，成为行业亟待解决的问题。而 AI 大模型的应用，正为解决这些问题提供了新的思路和方法。

2. 实时性与准确性要求

1) 实时性需求

在能源行业，实时性需求是确保系统稳定运行和高效利用的核心要素。行业的运营和管理环境瞬息万变，无论是市场价格的波动、设备状态的突变，还是用户需求的即时变化，都要求能源企业必须迅速做出精准决策。特别是在电力系统中，这种实时性的要求尤为突出。电力系统必须时刻保持供需平衡，任何微小的延迟或误判都可能引发连锁反应，导致电网的不稳定，甚至造成大规模的停电故障。因此，数据的实时采集、处理和分析在能源行业中显得至关重要。这不仅仅是对数据速度的简单要求，更是对数据质量和处理能力的全面考验。AI 大模型凭借其强大的数据处理能力和深度学习算法，能迅速响应实时数据的变化，进行高效的分析和预测。无论是预测电力需求的短期波动,还是优化发电计划以应对突发状况,甚至是及时调整能源分配以确保供需平衡,AI大模型都能提供即时的决策支持。这样的实时性能力,不仅确保了能源系统的稳定运行,还大大提高了能源利用的效率,为能源行业的智慧转型和可持续发展奠定了坚实基础。

2)准确性要求

在能源行业,决策的准确性直接关系到企业的经济效益、环境责任以及社会的稳定供能。由于行业特性,能源决策往往牵涉到巨额的资金投入和长远的环境影响,因此,数据的准确性成为决策过程中不可或缺的基石。无论是在油气勘探阶段对地质数据的深入分析,还是在电力市场中精准预测价格走势,高度准确的数据都是支撑决策科学性和有效性的关键。AI大模型在能源行业的应用,正是为了提高这种数据准确性而设计的。通过不断的学习和优化,模型能更精准地提取数据中的关键特征,有效提升预测的精确度。这种能力的提升,不仅减少了因预测误差而导致的经济损失,还增强了决策的可信度,使得企业在面对复杂多变的市场环境时能更加从容不迫。同时,多源数据往往伴随着大量的异常值和噪声,这些干扰因素可能源自设备故障、测量误差或是外部环境的突变。AI大模型凭借其强大的识别和过滤能力,能有效地剔除这些数据中的"杂音",确保分析结果的准确性和可靠性。这种对数据的深度梳理和精准分析,为能源行业的决策提供了更加坚实的数据基础,助力企业实现智慧转型和可持续发展。

3. 数据安全与隐私保护

1)数据安全的重要性

在能源行业,数据安全的重要性不言而喻,它不仅关乎企业的长远发展,还直接影响到我国国家安全和社会稳定。能源行业的数据涵盖了关键的商业秘密、运营机密以及众多用户的个人隐私信息,这些信息的安全性与企业核心竞争力及市场地位紧密相连。

数据安全与企业的经济利益息息相关。在当下数字化、网络化的环境中,数据已成为企业新的宝贵资产。对于能源企业而言,所积累的大量数据,如生产数据、市场数据及用户信息等,都是企业战略规划、决策优化的重要基石。一旦这些数据遭到非法获取、篡改或破坏,企业将面临直接的经济损失，包括利润减少、商誉受损，甚至可能遭遇诉讼风险。数据安全对于我国安全和社会稳定具有重大意义。

能源行业的稳健运行是保障我国安全的关键所在。举例来说，若国家电网等基础设施的数据安全存在隐患，就可能成为网络攻击的目标，进而引发严重的基础设施故障，威胁到我国安全与社会秩序。数据安全漏洞还可能导致用户个人隐私的泄露，进而引发公众信任危机，对企业的声誉和社会形象造成负面影响。在大数据时代，个人信息的安全对于社会稳定同样具有举足轻重的地位。

因此，能源企业必须深刻认识到数据安全的重要性，并采取切实有效的措施来强化数据安全管理。这包括但不限于建立完善的数据安全管理制度、加强数据加密技术的应用、完善内部监控与审计机制，以及提升员工的数据安全意识等。通过这些举措，企业不仅能有效保护自身的经济利益，还能为我国的安全与社会的稳定贡献力量。

2）面临的威胁与挑战

随着能源系统不断向智能化迈进，数据交互的频次和复杂度显著增加，数据安全所面临的威胁与挑战也随之加剧。黑客利用高超的技术手段，时刻伺机侵入系统，企图窃取或篡改宝贵数据。而内部人员的疏忽或恶意行为，同样可能成为数据泄露的源头。恶意软件如同潜伏的暗流，随时可能爆发，对数据安全构成直接威胁。在大数据和云计算技术的广泛应用下，数据在传输、存储和处理等各个环节中的暴露面扩大，这无疑为攻击者提供了更多可乘之机。面对这些严峻的挑战，能源行业必须持续升级安全防护措施，强化对数据全生命周期的保护，确保数据安全无虞，为行业的智慧转型和可持续发展保驾护航。

3）隐私保护的需求

在能源行业中，用户数据的隐私保护是一项至关重要的任务。用电习惯、位置信息等用户数据，不仅关乎用户的个人隐私权益，更是用户对智能能源系统信任与接受度的基础。这些数据一旦泄露，不仅可能直接侵犯用户的合法权益，如造成经济损失、身份盗用等，还可能严重损害用户对智能能源系统的信任感，进而影响系统的推广与应用。因此，在收集、使用和分析这些用户数据时，能源企业必须严格遵守国家相关法律法规，确保用户隐私得到充分保护。这包括但不限于：制定严格的数据管理制度，明确数据收集、使用的范围和目的；采用先进的数据加密技术，确保数据在传输和存储过程中的安全性；建立完善的用户隐私保护机制，对用户数据进行匿名化、脱敏处理，以最大程度地保护用户隐私。只有这样，才能赢得用户的信任与支持，推动智能能源系统的健康发展。

4）应对措施与技术手段

为有效应对数据安全与隐私保护的严峻挑战，能源行业需要实施一系列全面而深入的措施与技术手段。首要之务是强化数据加密技术，确保数据传输和存储都能得到严密保护，防止未经授权的访问与泄露。同时，严格的访问控制机制必不可少，通过设定精细的权限管理，确保只有经过授权的人员才能接触和处理敏感数据。建立一套完善的安全监测与应急响应体系至关重要，包括实时监测数据流动，及时发现异常行为，并迅速启动应急响应流程，以最快速度控制并消除安全隐患。在隐私保护方面，行业应积极探索并应用先进的隐私保护技术，例如：差分隐私技术，能在不暴露用户具体信息的前提下进行数据分析；联邦学习技术，允许数据在不出本地的情况下进行模型训练，从而有效保护用户隐私。此外，加强员工的安全意识培训同样不容忽视。通过定期举办安全培训活动，提升员工对数据安全与隐私保护的认识，增强他们的安全防范能力，形成全员参与、共同守护数据安全的良好氛围。

5.2.2 AI 大模型在能源生产管理中的应用

近年来，AI 大模型的广泛应用标志着人工智能领域取得了显著进展，这一技术革新正深刻影响着能源管理领域。AI 大模型以其卓越的数据处理能力、深度学习能力及高度的泛化性能，为能源行业的智慧化转型奠定了坚实基础。本节深入剖析 AI 大模型在能源管理中的具体应用实践，并阐述其推动能源管理向更高效、更智能的方向发展。

1. 能源需求预测与优化调度

1）能源需求预测

能源需求预测复杂且多变，需要综合考虑历史数据、经济政策、技术趋势和社会发展需求等因素，以预测未来能源使用。AI 大模型在此过程中起关键作用。AI 大模型利用深度学习、时间序列分析等算法，处理和分析包含历史能源消耗、天气、工业活动、人口增长及政策变化等多维度数据集。这些算法使模型能捕捉能源需求的非线性、动态性和不确定性特征，提高预测准确性。在预测中，AI大模型不仅使用历史能耗数据，还整合气候、经济、人口统计和政策文件等信息，确保预测全面精确。此方法能揭示传统统计方法难以捕捉的复杂模式和趋势。

准确的能源需求预测对优化发电计划、提升电力调度灵活性和效率至关重要。它能帮助能源企业在市场不确定性中科学决策，减少供需失衡风险。同时，预测结果为能源政策制定者提供决策支持，促进政策与规划的科学合理性，推动能源结构优化和行业可持续发展。通过综合运用AI大模型和多源数据，能源需求预测得以更加精准全面，为能源行业的稳定发展和政策制定提供了有力支撑。

2）优化调度

优化调度是AI大模型在能源管理中展现其强大能力的又一重要领域。AI大模型能依据精准的能源需求预测结果，并综合考虑能源供应的实际状况、电网的实时运行状态以及各类设备的性能参数，动态制定出智能且高效的调度策略。这些策略覆盖了能源的生产、传输、分配及消费全链条，能确保整个能源系统始终保持最佳运行状态。

在面对能源供需的频繁变化时，AI大模型展现出了其卓越的响应速度。它能实时追踪供需状况，迅速识别并应对任何供需失衡的情况，通过灵活调整调度策略，有效平衡供需矛盾，从而避免出现能源短缺或过剩的尴尬局面。特别是在可再生能源发电比例日益增长的今天，AI大模型能精准预测风能、太阳能等可再生能源的发电量，并结合传统能源的供应情况，制定出既环保又经济的协同调度方案。

AI大模型通过智能调度显著提升了能源利用效率。它优化了能源的分配和调度流程，减少了在传输和分配过程中的能源损失与浪费。同时，模型还能根据用户的实际需求以及能源市场的价格波动，灵活调整能源消费策略，实现了对能源的精细化管理，进一步推动了能源行业的智慧转型与可持续发展。

2. 故障诊断与智能运维

在数据驱动工业智能革命的浪潮中，AI大模型在能源管理中的故障诊断与智能运维方面发挥着越来越重要的作用。通过深度学习和机器学习算法，AI大模型能够高效处理海量数据，实现设备的精准故障诊断和智能运维，从而显著提升设备可靠性，降低运维成本。

1）精准故障诊断，提升设备可靠性

风力发电作为清洁能源的重要组成部分，其设备的可靠性直接关系到发电效率和运营成本。某大型风力发电场引入了AI大模型构建的智能故障诊断系统，通过实时监测风力发电机的运行参数和状态数据，如转速、振动、温度等，实现了对设备健康状况的精准监测。当设备出现异常时，AI大模型能够迅速识别故障点，预测故障趋势，并提供详细的诊断报告。例如，系统曾成功预警了一台风力发电机轴承的早期磨损，避免了因故障导致的停机维修和发电损失。通过AI大模型的精准故障诊断，该风力发电场显著提升了设备的可靠性，降低了运维成本。

2）预测性维护，降低运维成本

智能电网作为现代电力系统的重要组成部分，其设备的稳定运行对于保障供电可靠性和安全性至关重要。某电力公司利用AI大模型构建了智能电网的预测性维护系统，通过对历史运维数据和实时监测数据的深度分析，模型能够预测设备未来的故障风险，并提前制定维护计划。例如，系统曾成功预测了一台变压器的绝缘老化趋势，并在故障发生前安排了更换维护，避免了因变压器故障导致的停电事故。通过预测性维护，该电力公司不仅降低了运维成本，还提高了供电的可靠性和安全性。

3）远程监控与智能诊断，提升运维效率

石油开采设备通常分布在偏远地区，传统的人工运维方式不仅成本高昂，而且响应速度慢。某石油公司引入了基于AI大模型的远程智能运维平台，通过物联网技术将设备运行数据实时传输至云端，AI大模型对数据进行即时分析，远程监控设备状态。一旦发现异常，系统立即发出警报，并指导运维人员进行排查修复。例如，平台曾成功预警了一台钻井平台的电机过热问题，运维人员根据系统提供的诊断报告迅速采取了降温措施，避免了设备损坏和生产中断。通过远程监控与智能诊断，该石油公司显著提升了运维效率，降低了运维成本。

3. 节能减排与能效提升

在数据驱动工业智能革命的浪潮中，AI 大模型正成为推动能源行业绿色转型、实现节能减排与能效提升的关键力量。通过深度学习和数据分析技术，AI 大模型能够精准识别能源系统中的能效瓶颈，提出优化策略，并预测未来的能耗趋势，为能源行业的可持续发展提供有力支持。

1) 精准识别能效瓶颈，提出优化策略

在智能电网的建设与运营中，如何精准识别能效瓶颈并提出有效的优化策略，是提升电网整体能效的关键。某电力公司利用 AI 大模型对智能电网进行了全面的能效评估，通过深度学习算法对电网运行数据进行了深度挖掘与分析。模型不仅精准识别出了输电线路损耗、变电站能效低下等能效瓶颈，还基于这些数据提出了针对性的优化策略，如优化输电线路布局、升级变电站设备等。这些策略的实施显著提升了电网的能效水平，降低了能源浪费，为智能电网的可持续发展奠定了坚实基础。

2) 实时监测能源系统，纠正能源浪费现象

工业企业的能源管理一直是节能减排的重点领域。然而，传统的管理方式往往难以实时、准确地监测能源系统的运行状态，导致能源浪费现象频发。为了改变这一现状，某工业企业引入了基于 AI 大模型的能源管理系统，实现了对能源系统的实时监测和数据分析。该系统能够实时监测生产过程中的能源消耗情况，如电力、燃气、水等，并通过 AI 大模型对数据进行深度挖掘和分析。一旦发现能源浪费现象，如设备空转、生产流程不合理等，系统立即发出警报，并给出相应的优化建议。例如，系统曾成功识别出某条生产线的能源浪费问题，通过调整生产计划和设备参数，显著降低了能源消耗。这一案例表明，AI 大模型在实时监测能源系统、纠正能源浪费现象方面具有显著成效。

3) 预测未来能耗趋势，促进能效持续提升

新能源发电站作为未来能源体系的重要组成部分，其能效管理水平直接关系到能源结构的优化和碳排放的减少。为了提升新能源发电站的能效水平，某新能源发电站利用 AI 大模型对能源系统的未来能耗趋势进行了预测。模型通过对历史运行数据的深度学习，掌握了能源系统的

运行规律，预测出了未来一段时间内的能耗变化趋势。基于这些预测结果，发电站制定了针对性的能效提升计划，如优化发电计划、调整设备维护周期等。通过实施这些计划，发电站的能效水平得到了持续提升，能源利用效率显著提高。同时，模型还结合新能源技术的发展和应用，探索了能源系统的低碳转型路径，为发电站的可持续发展提供了有力支持。

5.2.3　AI 大模型在新能源开发中的作用

随着全球对可持续发展与环境保护议题的持续关注，新能源开发已成为推动能源结构转型及达成绿色低碳发展目标的核心策略。在此背景下，AI 大模型是一种前沿技术典范，凭借其卓越的数据处理能力、深度学习能力及智能化决策支持，正为新能源开发领域引入一场深刻的革新与无限可能。本节将深入剖析 AI 大模型在新能源开发中的核心作用，阐述其如何促进能源体系向更加清洁、高效的方向演进。

1. 风能与太阳能预测

在新能源开发领域，风能和太阳能是两种最主要的清洁能源，它们的发电量准确预测对电网稳定运行、能源高效调度以及运营成本的降低具有重要意义。AI 大模型在处理这一领域的问题上展现出显著的技术优势。

AI 大模型能整合和分析大量的历史气象数据、地理信息、设备运行状态等多维度数据。通过复杂的算法模型，AI 大模型能挖掘数据间的隐含关系，实现对风速、光照强度等关键因素的精准预测。这些预测不仅包括短期内的实时变化，还可扩展到中长期趋势预测，为风电场和光伏电站的运营决策提供了科学依据。AI 大模型的优势在于其处理非线性、非平稳性时间序列数据的能力。

风能和太阳能的本质特性包括波动性和不确定性，这对于传统的预测方法构成挑战。AI 大模型通过深度学习算法，能自动学习和识别数据中的复杂模式，从而提高预测的准确性和稳定性，减少因预测误差导致的能源浪费和电网运行的波动。AI 大模型具备自我优化和持续学习的功能。在实际应用过程中，模型可以根据新的数据反馈不断地调整参数，优化预测模型，使其更加适应实际运行环境的变化。这种动态调整机制确保了预测结果的时效性和准确性，为新能源发电企业的决策支持提供了有力保障。

2. 储能系统优化与管理

储能系统是平衡供需、提高能源利用效率的关键环节，其优化与管理对于实现能源体系的绿色转型和高效运行至关重要。AI大模型以其强大的数据处理、深度学习和智能决策能力，为储能系统的优化与管理带来了全新的视角和解决方案。AI大模型能整合储能系统的历史运行数据、设备状态信息、电网调度需求以及市场电价等多源异构数据，通过深度挖掘数据间的关联性和规律，为储能系统的充放电策略制定提供科学依据。模型能预测未来时段的能源供需情况，结合储能系统的储能容量和充放电效率，制定出最优的充放电计划，确保储能系统在满足电网调度需求的同时，最大化其经济效益。

AI大模型在储能系统的故障诊断与预警方面展现出了显著优势。通过对储能系统运行数据的实时监测和分析，模型能及时发现设备的异常状态或潜在故障，并给出预警信息，为运维人员提供及时的故障排查和修复指导。这不仅提高了储能系统的可靠性和稳定性，还降低了因故障导致的停机时间和维修成本。AI大模型还能实现储能系统的智能调度与协同控制。在含有多类型储能设备（如锂离子电池、钠硫电池、抽水蓄能等）的能源系统中，模型能根据各储能设备的技术特性、经济性和电网调度需求，制定出最优的储能设备组合和调度策略，实现储能系统之间的协同工作，提高整个能源系统的灵活性和响应速度。

3. 智能电网建设与运营

智能电网是新能源体系中的重要组成部分，是实现能源高效配置、促进绿色低碳发展的关键基础设施。AI大模型以其卓越的数据分析能力、深度学习能力以及智能决策支持，为智能电网的建设与运营带来了革命性的变革。

在智能电网的规划与设计方面，AI大模型能整合地理信息、历史用电数据、新能源发电预测等多源数据，通过深度学习和数据挖掘技术，对电网的布局、容量、结构等进行优化规划。模型能预测未来电力需求的变化趋势，为电网的扩容、升级和新建提供科学依据，确保电网的可靠性和经济性。

在智能电网的运营方面，AI大模型能实时监测电网的运行状态，包括电压、电流、频率等关键参数，以及设备的健康状况和故障情况。通过深度学习和模式识别技术，模型能及时发现电网的异常状态，预测潜在故障，并给出预警信息，为运维人员提供及时的故障处理指导，确保电网的安全稳定运行。

在智能电网的调度与控制方面，AI大模型能根据实时电力需求、新能源发电预测、储能系统状态等信息，制定出最优的电力调度计划，实现电力供需的平衡和高效配置。同时，模型还能实现电网的自动控制和智能调节，提高电网的响应速度和灵活性，满足用户多样化的用电需求。

在智能电网的用户互动与服务创新方面，AI大模型通过深度挖掘用户用电数据，模型能了解用户的用电习惯和需求，为用户提供个性化的用电建议和节能方案。同时，模型还能实现电力市场的智能交易和结算，促进电力市场的竞争和效率提升。

5.3 纺织行业的智能升级：数据治理优化与AI大模型的融合探索

大数据时代，纺织企业面临着数字化转型升级的机遇和数字经济快速发展带来的挑战。我国是纺织大国，纺织品生产规模庞大，消费市场和出口市场庞大，棉纱、棉布、呢绒、丝织品、化纤和服装生产量常年位居世界榜首，我国也因此成为全球最大的纺织品生产国、消费国和出口国。纺织企业在全球纺织市场上扮演着重要的角色。随着《"十四五"智能制造发展规划》等顶层文件的深入实施，建设全面数字化的纺织产业成为大数据时代发展的重点。在纺织行业的智能化转型进程中，数据治理与AI大模型的应用成为推动行业高效、绿色、可持续发展的核心驱动力。本节将深入探讨数据治理与AI大模型如何在这一进程中发挥关键作用，推动纺织行业实现生产效率、质量控制以及创新能力的全面提升。

5.3.1 纺织行业的数据治理需求与挑战

1. 生产流程数据化

在纺织行业的智能化转型过程中，生产流程的数据化是数据治理的首要需求，也是实现行业高效、绿色、可持续发展的关键步骤。纺织生产涉及原材料采购、纺纱、织造、染整、成品检验等多个环节，每个环节都伴随着大量的数据产生，如原料成分、纱线规格、织物结构、染色配方、设备运行状态等。随着传感器、数据采集装置等具备感知能力的智能设备快速应用，纺织制造数据具备了体量大、实时性强、多样性广的大数据特点。数据融合处理、关联分析、性能预测和优化决策等核心技术的不断应用，使大数据在纺织行业的价值得以体现，有效提升了各类信息的综合利用率，帮助纺织企业实现透明、精益、高效、智能化生产。在物理层面，对海量生产数据进行实时采集，结合大数据融合处理技术进行多级过滤清洗和分类建模；在信息层面，借助大数据分析，实现对企业运行规律的透明化管控。全面监控和管理生产过程中产生的各类数据，针对其复杂耦合特性进行关联分析，挖掘影响生产性能指标的关键参数，实现精益化生产管控。

生产流程的数据化为纺织行业的智能化转型提供了数据基础。AI大模型等先进技术需要依赖于大量的数据来进行学习和决策，而数据化的生产流程正是这些数据的来源。通过数据治理，企业可以将生产流程中的数据进行有效整合、清洗和存储，为AI大模型的应用提供高质量的数据支撑，从而推动纺织行业的智能化升级，如图5-1所示。

2. 供应链协同管理

供应链的高效协同是确保生产顺利进行、降低成本、提升市场响应速度的关键。随着数据治理的深入，供应链协同管理正逐渐成为纺织行业数据治理的重要方向，通过数据共享、信息互通和智能决策，实现供应链各环节的紧密配合与高效运作。

数据治理为供应链协同管理提供了透明的信息环境。通过整合供应商、生产商、物流商、销售商等供应链各环节的数据，建立统一的数据平台，使得供应链各参与方能实时获取所需信息，如库存状况、生产进度、物流状态等。这种信息透明化不仅增强了供应链各环节的互信，还减少了因信息不对称导致的决策失误和效率低下。

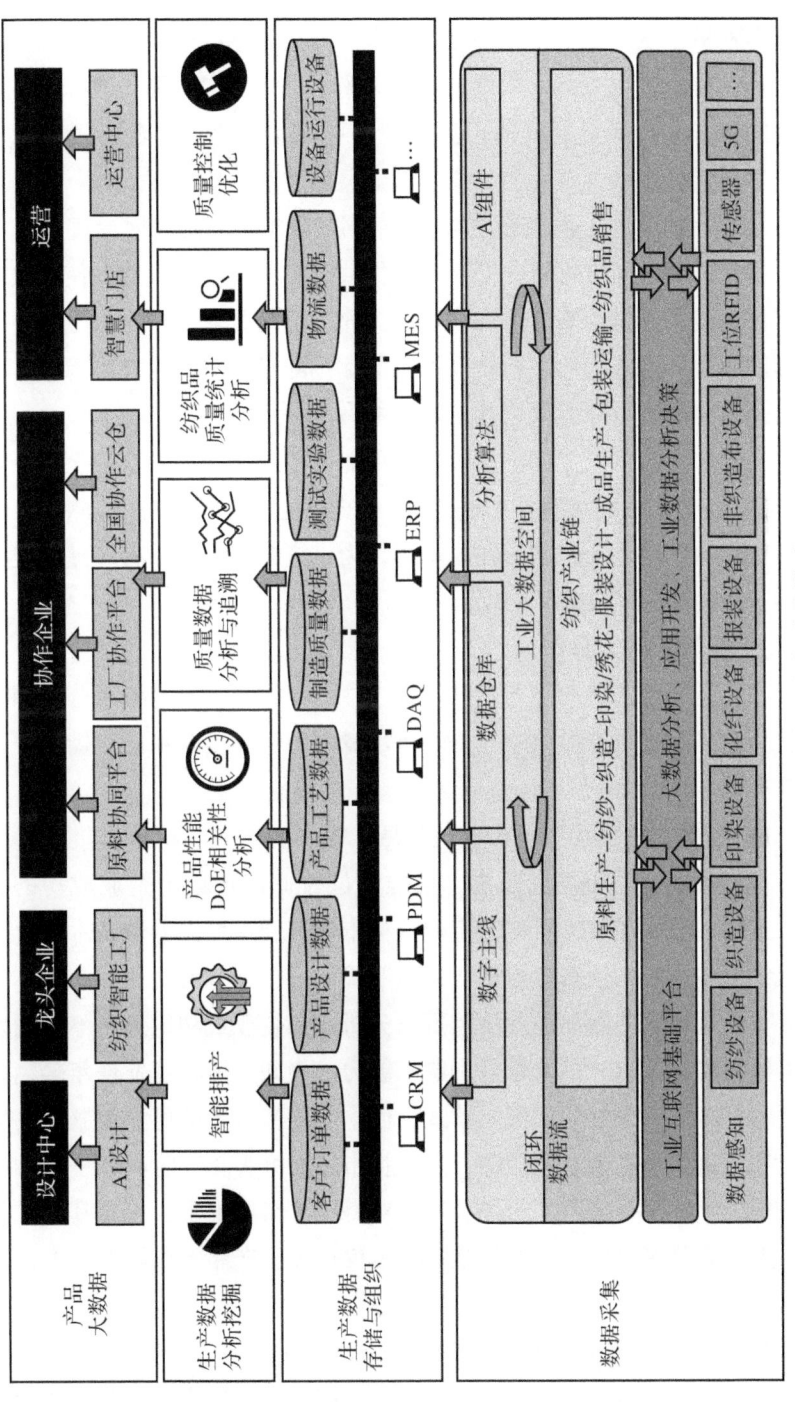

图 5－1 纺织大数据应用模式

数据治理支持供应链的优化与决策。通过对供应链数据的深度分析，企业可以发现供应链中的瓶颈环节、冗余库存、运输成本过高等问题，进而提出优化方案，如调整采购策略、优化库存布局、选择更经济的运输方式等。基于数据的预测模型还可以帮助企业预测市场需求变化，提前调整生产计划，确保供应链的灵活性和响应速度。

数据治理促进了供应链各参与方的协同合作。在数据治理的框架下，供应链各参与方可以共同制定数据共享协议，明确数据的使用权限和责任，确保数据的安全性和合法性。通过数据共享，各参与方能更好地理解彼此的需求和约束，实现资源的优化配置和风险的共同承担，从而增强供应链的整体竞争力和抗风险能力。

数据治理为供应链的创新提供了可能。在数据治理的基础上，企业可以探索应用 AI 大模型等先进技术，如通过机器学习算法预测市场需求、优化物流路径、识别潜在风险等，为供应链的管理和决策提供更加智能化和精准化的支持。

3. 消费者行为分析

在数据驱动工业智能革命的浪潮中，纺织行业正通过深入分析消费者行为，不断优化产品策略、提升市场竞争力，并实现精准营销与个性化服务。

1) 精准定位目标市场，优化产品策略

在日益激烈的市场竞争中，精准定位目标市场成为企业成功的关键。某知名服装品牌为了精准定位目标市场，利用数据治理技术整合了线上线下多渠道的消费者数据，包括购买记录、浏览历史、社交媒体互动等。通过对这些数据的深度挖掘与分析，该企业成功识别出不同消费者群体的需求特点、消费偏好和购买能力。例如，该企业发现年轻消费者更偏好时尚、个性化的服装款式，而中老年消费者则更注重服装的舒适度和实用性。基于这些洞察，品牌将市场细分为年轻时尚、中高端商务、中老年休闲等多个子市场，并针对每个子市场推出了符合其需求的产品系列和营销策略。这种精准定位不仅提高了产品的市场竞争力，还显著提升了消费者的满意度和忠诚度。

2) 助力产品创新与优化，提升市场竞争力

随着消费者需求的日益多样化，产品创新与优化成为企业保持竞争

力的核心。某家纺企业在消费者行为分析的基础上，不断优化产品设计和功能，以满足市场的多样化需求。通过收集和分析消费者的反馈与评价数据，该企业发现消费者对于床上用品的舒适度、材质和环保性能有着较高的关注度。基于这些洞察，该企业决定对产品线进行优化与创新。一方面，引入了更加环保、舒适的材质，如天然棉麻、竹纤维等，以提升产品的舒适度和环保性能；另一方面，利用大数据技术对消费者的购买历史和偏好进行分析，推出了定制化、个性化的床上用品系列，如根据消费者的睡眠习惯和身体特征定制床垫硬度和枕头高度。这些创新举措不仅提升了产品的市场竞争力，还增强了消费者的购买意愿和品牌忠诚度。

3）实现精准营销与个性化服务，提升客户体验

在数字化时代，精准营销与个性化服务成为提升客户体验的重要手段。某电商平台为了提升消费者的购物体验，利用消费者行为分析技术构建了个性化推荐系统。该系统通过收集和分析消费者的浏览历史、购买记录、搜索关键词等数据，深入了解消费者的购物偏好和需求。基于这些洞察，该系统能够为消费者提供个性化的商品推荐和优惠信息。例如，当消费者浏览某款服装时，该系统能够自动推荐与其风格相似或搭配的商品；当消费者关注某类商品时，该系统能够定期推送相关的优惠信息和新品上市通知。这种精准营销和个性化服务不仅提高了消费者的购物体验，还促进了商品的销售和转化率的提升。同时，通过分析消费者的购买历史和互动记录，该企业还能够提供更加贴心的客户服务，如售后咨询、产品保养建议等，进一步增强消费者的忠诚度和满意度。

5.3.2　AI 大模型在生产管理中的应用

随着人工智能技术的持续进步，AI 大模型是智能科技领域的新星，正稳步渗透到各行各业，为生产管理领域带来了深刻的变革。在纺织行业这一传统与现代交织的领域中，AI 大模型的应用为生产管理带来了崭新的面貌，在提高生产效率、优化资源配置以及提升企业竞争力方面展现出了巨大潜力。本节将细致剖析 AI 大模型在纺织行业生产管理中的实际应用案例，揭示其如何推动企业迈向智能化转型，为纺织行业的

未来发展开辟全新路径。

1. 生产计划优化与调度

1) 生产计划优化的智能化

生产计划优化的智能化是纺织行业迈向高效、灵活生产的关键步骤。在这一过程中，AI大模型的应用尤为突出，它凭借深度学习和大数据分析技术，为纺织企业带来了新的生产计划优化能力。

AI大模型能精确预测市场需求的变化趋势。通过对历史销售数据、市场动向、消费者行为等多维度信息的深度学习，模型能捕捉到市场需求的微妙变化，并预测未来的需求走势。这种预测能力为纺织企业提供了科学、合理的生产计划制定依据，使得企业能提前调整生产计划，更好地满足市场需求。在制定生产计划时，AI大模型会综合考虑多种复杂因素，例如原材料供应情况、生产线产能限制、工人排班安排以及物流运输等。模型能全面、准确地把握这些因素，确保生产计划的全面性和可行性。

通过综合考虑各种因素，AI大模型能生成更加符合实际生产情况的生产计划，减少生产过程中的不确定性和风险。AI大模型通过构建复杂的生产优化模型，能快速计算出最优的生产计划方案。这种优化模型不仅考虑了生产成本、生产效率等经济指标，还充分考虑了生产过程中的各种约束条件。通过模型的优化计算，纺织企业能获得一个既满足市场需求，又符合生产实际的最优生产计划方案。这种方案能有效减少生产中断和库存积压的风险，提高生产效率，降低生产成本，从而增强企业的市场竞争力。

2) 生产调度的智能化

生产调度的智能化是纺织行业提升生产效率、降低生产成本的关键环节，其中AI大模型的应用发挥着举足轻重的作用。这一智能化过程不仅体现在对生产线运行状态的实时监测与异常处理上，更在于通过智能调度算法实现生产资源和任务的高效配置。

在生产过程中，AI大模型能实时监测生产线的运行状态。它利用先进的传感器技术和数据分析方法，持续收集生产线上的各种数据，如设备运行状态、生产进度、产品质量等。通过对这些数据的实时分析，模型能及时发现生产过程中的异常情况，如设备故障、生产延误或产品质量问题。一旦发现异常，模型会立即触发预警机制，通知相关人员进行处理，从而确保生产流程的顺畅进行，避免生产中断带来的损失。

更为关键的是，AI 大模型通过智能调度算法，能根据生产线的实际情况动态调整生产任务和工序安排。传统的生产调度往往依赖于人工经验和简单的规则，难以适应生产过程中的各种变化。而 AI 大模型则能综合考虑生产线的产能、工人的技能水平、原材料的供应情况等多种因素，通过复杂的算法计算出最优的生产调度方案。这种方案不仅确保了生产资源的最大化利用，避免了生产过程中的浪费，还显著提高了生产效率，降低了生产成本。智能调度算法的优势在于其灵活性和适应性。它能根据生产线的实时状态和生产需求的变化，自动调整生产计划和工序安排，使得生产流程更加高效、灵活。这种智能化的生产调度方式，不仅提升了纺织企业的生产效率和市场竞争力，还为企业的可持续发展奠定了坚实的基础。

3）长期规划与优化

长期规划与优化是纺织企业持续发展的关键所在，而 AI 大模型的应用则为纺织企业在这一领域提供了新的支持和助力。通过深入分析历史生产数据、预测市场趋势以及提供决策支持，AI 大模型成为纺织企业长期规划中的得力助手。

AI 大模型能深入分析历史生产数据，这是企业宝贵的信息资源。模型通过挖掘这些数据中的规律和趋势，揭示出生产过程中的潜在问题和改进空间。例如，它可以识别出生产瓶颈、效率低下的环节，或者原材料使用的优化点。这些分析结果为纺织企业制定长期的生产改进计划提供了有力的数据支持，帮助纺织企业明确优化方向，提升生产效率。AI 大模型结合市场趋势分析，能预测未来一段时间内的生产需求。它综合考虑市场动态、消费者偏好以及宏观经济环境等多种因素，通过先进的预测算法，为纺织企业描绘出未来市场的蓝图。这使得纺织企业能提前制定生产计划，调整产品结构，确保生产与市场需求的紧密衔接。这种前瞻性的规划方式，不仅避免了生产过剩或供应不足的风险，还使纺织企业能更好地抓住市场机遇，满足消费者的多样化需求。

AI 大模型通过提供前瞻性的规划建议，为纺织企业决策层提供了宝贵的参考。这些建议基于模型对市场和生产的深入分析，具有高度的准确性和可靠性。纺织企业可以根据这些建议，制定更加科学、合理的长期发展规划，包括产能扩张、技术升级、市场拓展等。这不仅增强了企业的市场竞争力和应变能力，还为企业的可持续发展奠定了坚实的基础。

2. 质量控制与瑕疵检测

质量控制与瑕疵检测是确保产品品质和提升客户满意度的关键环节。传统的质量控制方法往往依赖于人工目检，不仅效率低下，而且受人为因素影响较大，难以实现全面、准确的检测。然而，随着 AI 大模型的应用，质量控制与瑕疵检测迎来了智能化的革新，为纺织行业的产品质量提供了强有力的保障。

在瑕疵检测方面，AI 大模型通过深度学习和图像识别技术，能自动对纺织产品的表面进行精细化的瑕疵检测。它能快速识别出织物中的裂纹、色差、污渍、破洞等各种瑕疵，并对其进行精准定位和分类。这种智能化的检测方式不仅大大提高了检测效率，还减少了人为漏检和误检的风险，确保了产品质量的稳定性和一致性。

在质量控制方面，AI 大模型通过对生产过程中的数据进行实时分析和监控，能及时发现生产过程中的异常波动和潜在问题。它能对生产参数进行智能优化，调整生产设备的运行状态，从而确保生产过程的稳定性和可控性。这种智能化的质量控制方式有助于企业及时发现并纠正生产中的偏差，降低不良品率，提升整体产品质量。

此外，AI 大模型还能对纺织产品的质量进行长期的跟踪和分析。它通过建立产品质量数据库，对历史上的质量数据进行挖掘和分析，找出质量问题的根源和规律。这种数据驱动的质量控制方法有助于企业持续改进生产工艺和流程，提升产品质量水平，满足市场和客户的不断变化需求。

3. 设备维护与预测性维修

设备的高效稳定运行是确保生产效率和产品质量的关键。传统的设备维护模式往往依赖于定期检修和事后维修，这种方式不仅效率低下，而且难以预测和预防潜在的设备故障。然而，随着 AI 大模型的应用，设备维护与预测性维修迎来了智能化发展的新篇章，为纺织行业的设备管理带来了革命性的改变。

AI 大模型通过深度学习和数据分析技术，能实时监测纺织设备的运行状态和性能参数。它能对设备的振动、温度、压力等关键指标进行精准分析，及时发现设备的异常变化和潜在故障。这种智能化的监测方式不仅提高了设备维护的及时性，还减少了因设备故障导致的生产中断。在预测性维修方面，AI 大模型通过对设备运行数据的长期积累和分析，能建立设备的健康状态评估模型，预测设备的寿命周期和维修周期，提前发现设备可能出现的故障点和维修需求。通过这种预测性的维修方式，纺织企业可以在设备故障发生前进行及时的维修和保养，避免生产中断和损失，提高设备的可靠性和稳定性。

AI 大模型还能对设备维护策略进行优化。它通过对设备维护历史数据的挖掘和分析，找出设备维护的最佳实践和维护周期。这种数据驱动的设备维护策略有助于纺织企业制定更加科学合理的维护计划，降低维护成本，提高维护效率。AI 大模型在设备维护与预测性维修中的应用还能实现远程监控和智能诊断。通过云计算和物联网技术，纺织企业可以实时获取设备的运行数据和状态信息，利用 AI 大模型进行远程分析和诊断。这种远程监控和智能诊断方式不仅提高了设备维护的便捷性和效率，还为纺织企业提供了更加全面和准确的设备健康状态信息。

5.3.3　AI 大模型在产品设计与创新中的作用

在纺织行业，产品设计与创新是推动行业发展的重要动力。传统的设计方式往往依赖于设计师的经验和直觉，难以全面挖掘市场趋势和消费者需求。然而，随着人工智能技术的不断突破，AI 大模型是新一代智能技术的佼佼者，正逐渐渗透到产品设计与创新的各个环节，为纺织行业带来了新的变革。本节将深入探讨 AI 大模型在纺织产品设计与创新中的具体应用，揭示其助力企业捕捉市场机遇，提升产品竞争力，引领纺织行业迈向更加智能化、个性化的未来。

1. 流行趋势预测与款式设计

在纺织行业，AI 大模型正以其强大的数据处理和分析能力，引领流行趋势预测与款式设计的革新。通过深度挖掘市场数据、社交媒体信息和消费者行为，AI 大模型能够精准把握市场脉搏，为设计师提供科学依据，推动产品设计的创新与优化。

1）精准预测流行趋势，引领设计方向

在快速变化的时尚界，准确把握流行趋势是品牌成功的关键。然而，传统的流行趋势预测往往依赖于设计师的经验和直觉，难以全面、准确地捕捉市场动态。为了改变这一现状，某知名时尚品牌引入了基于 AI 大模型的流行趋势预测系统。该系统通过深度学习和大数据分析技术，挖掘海量的时尚资讯、社交媒体数据以及消费者行为数据，从中提炼出潜在的流行趋势和消费者偏好。例如，该系统能够分析社交媒体上的热门话题、明星穿搭以及消费者购买记录等数据，预测出未来一段时间内可能流行的色彩、图案和款式。这一预测结果不仅为品牌的新一季产品设计提供了方向，还帮助品牌在市场上占据了先机。设计师们基于系统的预测结果，结合品牌特色，推出了一系列复古风格的服装和配饰，深受市场欢迎。这一案例展示了 AI 大模型在流行趋势预测方面的准确性和时效性，为品牌的产品创新提供了有力支持。

2）自动生成设计方案，提升设计效率

在服装制造行业，设计效率直接影响到产品的上市速度和市场竞争力。传统的设计流程往往依赖于设计师的手工绘图和反复修改，耗时耗力且难以保证设计质量。为了提升设计效率，某服装制造商引入了基于 AI 大模型的智能化设计平台。该平台能够根据流行趋势预测结果和消费者需求，自动生成多种设计方案和款式草图。设计师们可以在这些自动生成的设计方案基础上进行进一步的创作和调整，从而大大节省了设计时间和成本。例如，该平台能够根据市场反馈和品牌定位，快速生成多款符合市场需求的服装设计方案，为品牌的产品线提供了丰富的选择。该平台曾为一款即将上市的新款 T 恤生成了多种设计方案，包括不同的图案、色彩和剪裁方式。设计师们根据市场反馈和品牌定位，选择了其中一款进行细化设计，最终成功推出了市场反响热烈的新品。

3）智能组合优化设计元素，提升设计质量

在家居纺织品行业，设计质量直接关系到产品的市场接受度和品牌形象。然而，传统的设计方式往往难以实现对设计元素的精准组合和优化。为了提升设计质量，某家居纺织品企业引入了基于 AI 大模型的智能设计系统。该系统能够对色彩搭配、图案布局、材质选择等设计元素进行智能分析，为设计师提供最优的设计方案建议。例如，该系统能够根据品牌定位和市场需求，智能组合不同的色彩、图案和材质，生成多款具有创意性和实用性的设计方案，设计师们可以在这些方案的基础上进行调整和优化，从而创作出更符合市场需求的家居纺织品产品。

2. 个性化定制与快速响应

在纺织行业，AI大模型的应用正引领个性化定制服务的革新，实现了从需求捕捉到产品交付的快速响应和高度定制化。通过深度学习和数据分析技术，AI大模型能够精准识别消费者需求，快速生成设计方案，并支持柔性生产模式，从而满足消费者日益增长的个性化需求。

1）精准识别消费者需求，提供个性化定制服务

在消费者追求个性化、差异化的今天，传统的服装定制服务已难以满足市场需求。为了提升消费者的购物体验，某知名服装品牌引入了基于AI大模型的智能定制平台。该平台通过深度学习和数据分析技术，精准识别消费者的个性化需求和偏好。它分析消费者的购买历史、社交媒体行为以及身体尺寸等数据，构建出消费者的个性化画像。基于这一画像，平台能够智能推荐符合消费者喜好的款式、颜色、材质等设计元素，为消费者提供个性化的定制服务。例如，消费者在选择定制衬衫时，平台能够根据消费者的身材特点和喜好，推荐合适的领型、袖长和面料等选项，确保定制出的衬衫既合身又符合个人风格。

2）快速响应消费者需求，实现高效生产交付

在家居纺织品行业，消费者对个性化定制的需求日益增长，但传统的定制流程往往耗时较长，难以满足快速交付的需求。为了提升生产效率和市场响应速度，某家居纺织品企业引入了基于AI大模型的快速定制生产线。该生产线能够实时接收和处理消费者的定制需求，快速生成符合要求的设计方案和生产计划。通过智能化的生产调度和资源配置，生产线能够确保定制产品的高效生产和快速交付。例如，消费者在选择定制窗帘时，只需在平台上输入尺寸、颜色和图案等需求，生产线即可在短时间内完成设计、生产和配送，大幅缩短了定制周期，提高了消费者的满意度。

3）支持柔性生产模式，满足个性化需求

在纺织行业，传统的大规模生产方式难以适应消费者日益增长的个性化需求。为了提升生产效率和灵活性，某纺织企业引入了基于AI大

模型的柔性生产系统。该系统能够实时监测和分析生产过程中的数据，根据消费者的个性化需求调整生产计划和工艺流程。例如，当消费者需要定制一款具有特殊图案和材质的围巾时，该系统能够自动调整织造机的参数和工艺流程，确保生产出符合要求的围巾。同时，柔性生产系统还能够根据市场需求的变化快速调整生产计划，降低库存成本和风险。通过 AI 大模型的支持，该纺织企业实现了从大规模生产向柔性生产的转变，更好地满足了消费者的个性化需求。

3. 材料选择与性能优化

在纺织行业，材料的选择与性能优化直接关系到产品的品质、舒适度和耐用性。传统的材料选择与优化过程往往依赖于经验、试验和反复调整，耗时耗力且难以全面挖掘材料的潜力。然而，随着 AI 大模型的应用，纺织行业的材料选择与性能优化迎来了智能化、高效化的新时代。

1) 数据驱动的材料筛选，快速锁定最优选择

AI 大模型通过深度学习和大数据分析技术，能够挖掘海量的材料数据，包括材料的成分、结构、性能参数等。这些数据为材料的选择提供了丰富的信息基础。模型通过对这些数据的智能分析，能够识别出不同材料之间的关联性和规律，从而快速锁定符合特定要求的材料。例如，某运动品牌利用 AI 大模型进行材料筛选，成功开发出一款高透气性、快干性能优异的运动服面料。这种面料不仅提升了运动服的穿着舒适度，还显著提高了产品的市场竞争力。

2) 性能预测模型，准确评估材料表现

AI 大模型能够根据材料的性能数据和应用场景，建立材料的性能预测模型。这个模型能够预测材料在不同条件下的性能表现，如强度、耐磨性、透气性、吸湿性等。通过性能预测，纺织企业可以在材料使用前对其性能进行准确的评估，避免因为材料性能不达标而导致的生产浪费和品质问题。例如，在开发一款户外探险装备时，AI 大模型可以预测材料在极端环境下的耐用性和防护性能，确保产品能够满足户外探险者的需求。某户外装备制造商利用 AI 大模型的性能预测功能，对新型防水透气面料进行了全面评估。通过模拟不同气候条件下的测试，模型准确预测了面料的性能表现，为产品的设计和生产提供了有力支持。

3)支持材料研发,推动可持续发展

AI 大模型不仅能对现有材料进行筛选和性能预测,还能支持纺织行业的材料研发工作。通过对材料性能数据的深度挖掘,模型能够发现材料性能与成分、结构之间的潜在关系,为材料研发提供新的思路和方向。此外,AI 大模型还能对材料的环保性能进行智能评估,帮助企业选择更加环保、可持续的材料,降低产品对环境的负面影响。例如,在开发一款环保纺织品时,AI 大模型可以分析不同材料的环保性能和生产过程中的碳排放量,为企业提供最优的材料选择方案。某环保纺织品企业利用 AI 大模型进行材料研发,成功开发出一种低碳环保的纤维材料。这种材料不仅具有良好的生物降解性,还能在生产过程中减少碳排放,为企业实现可持续发展目标提供了有力支持。

第6章 未来展望，技术融合创新

在数据驱动工业智能革命的浪潮中，技术融合与创新成为推动制造业未来发展的核心动力。随着工业大模型与物联网、区块链、5G通信等新兴技术的深度融合，人们正见证一个前所未有的技术变革时代。这些技术的协同发展，不仅为工业智能提供了强大的技术支撑，更催生了生产模式、业务流程乃至整个业态的深刻变革。本章将深入探讨技术融合的趋势与预测，分析技术进步背后的推动力量，并展望工业智能创新生态的构建；直面未来挑战，提出应对策略，以确保制造业能够在智能革命的浪潮中稳步前行。

6.1 技术融合趋势及预测

随着科技的飞速发展，新兴技术正以前所未有的速度融入工业领域，为工业智能革命注入强大动力。工业大模型作为数据驱动的核心引擎，其与物联网、区块链、5G通信等技术的深度融合，正逐步构建起一个全新的智能工业生态。这些技术的相互融合，不仅提升了工业生产的智能化水平，更在数据处理、信息安全、通信效率等方面带来了显著提升。本节将聚焦这些技术融合的前沿趋势，探讨它们如何协同作用，共同赋能工业智能的未来，为制造业的转型升级开辟新的道路。

6.1.1 与新兴技术的融合趋势

1. 与生成式设计融合

生成式设计技术可以根据给定的设计要求和约束条件，自动生成多种设计方案。将生成式设计与工业大模型融合，可以利用大模型的生成能力和对工业知识的理解，为产品设计提供更多的创新思路和优化方案，加速产品的研发过程。例如，在航空航天领域，生成式设计可以结合工业大模型的优化能力，生成更轻量化、更高效的零部件设计方案，提高产品的性能和竞争力。

基于工业大模型对用户需求的精准理解和生成式设计的快速响应能力，可以实现产品的个性化定制生产。通过收集和分析用户的个性化需求，利用生成式设计生成满足用户需求的产品设计方案，然后通过工业生产系统进行生产，提高用户满意度和市场竞争力。

2. 与脑机接口技术融合

脑机接口技术可以直接读取人脑的神经信号，将其与工业大模型相结合，能够实现人与机器之间更加自然、高效的信息交互。在工业操作场景中，操作人员可以通过脑机接口向机器发送指令，机器借助工业大模型对指令进行理解和执行，提高操作的便捷性和效率。例如在工业装配线上，操作人员可以通过脑机接口快速发送指令，控制机器人完成复杂的装配任务，减少操作失误，提高生产效率。

利用脑机接口技术，操作人员可以实时感知设备的运行状态和故障信息。这些信息通过工业大模型进行分析和处理，及时发现潜在问题并提供相应的解决方案，实现对设备的智能化监控和维护。例如当设备出现异常时，脑机接口可以实时反馈给操作人员，工业大模型可以快速分析故障原因并提供维修建议，减少设备停机时间，提高生产连续性。

3. 与具身智能融合

具身智能强调机器人的身体在认知和学习过程中的重要作用。将具身智能与工业大模型融合，可以使机器人更好地理解物理世界和工业场景。通过与环境的交互，机器人可以不断学习和优化自身的行为策略，提高在复杂工业环境中的自主性和适应性。例如，在工业生产中，具身智能机器人可以通过与环境的交互，自主学习如何优化生产流程，提高生产效率和质量。

基于工业大模型的多模态感知和决策能力，结合具身智能的机器人可以实现多机器人之间的高效协同作业。机器人之间可以通过共享模型和信息进行协作，完成更复杂的生产任务，提高生产效率和质量。例如，在大型工业生产线上，多个具身智能机器人可以通过协同工作，完成复杂的装配和搬运任务，从而提高生产的灵活性和效率。

4. 与 6G 通信技术融合

6G 通信技术将提供更高的数据传输速率和更低的延迟，可以实现超高速数据传输与实时控制，为工业大模型的应用提供更强大的通信支持。通过 6G 网络，工业大模型可以实时获取和处理大量的生产数据，实现对生产过程的实时监控和控制，提高生产的灵活性和响应速度。例如，在智能制造中，6G 网络可以支持工业大模型实时获取生产线上的数据，快速做出决策并控制生产设备，提高生产的效率和质量。

6G 技术能够支持大规模设备的同时连接和协同工作。结合工业大模型的智能决策能力，可以实现对整个工业生产系统的优化调度和协同管理，提高生产效率和资源利用率。例如，在智能工厂中，6G 网络可以支持大量设备的协同工作，工业大模型可以优化设备的调度和管理，提高生产的整体效率。

5. 与量子计算融合

量子计算的并行计算能力可以显著加速工业大模型的训练和推理过程。通过量子算法优化模型的参数更新和数据处理，能够在更短的时间内完成大规模数据的训练任务。例如，量子神经网络（Quantum Neural Network，QNN）可以利用量子比特的叠加态和纠缠态来表示神经网络的权重和激活函数，从而实现高效的参数更新和优化。这将使工业大模型能够更快速地学习和适应复杂的工业场景，提高模型的训练效率和运行速度。在推理阶段，量子计算也可以提供更快的计算速度。通过量子梯度下降（Quantum Gradient Descent，QGD）和量子模拟退火（Quantum Simulated Annealing，QSA）等量子优化算法，可以更高效地进行模型推理，提高模型的响应速度和决策能力。

工业生产中存在许多复杂的优化问题，如生产调度、供应链管理等。这些问题通常涉及大量的变量和约束条件，传统的计算方法难以高效求解。量子计算与工业大模型的融合可以更高效地求解这些复杂问题，快速找到最优解或近似最优解，为工业生产提供更优的决策方案。在生产调度中，量子计算可以快速优化生产计划，提高生产效率和资源利用率。在供应链管理中，量子计算可以优化物流路径和库存管理，降低运营成本。

6. 与生物计算融合

生物计算技术中的某些算法和机制可以为工业大模型提供新的优化思路和方法。例如，遗传算法、模拟退火算法和蚁群算法等生物启发算法，可以通过模拟生物进化过程中的选择、交叉和变异等操作，为工业大模型的优化提供新的方法。这些算法在解决复杂的优化问题时具有很强的全局搜索能力和鲁棒性，有助于工业大模型在处理复杂问题和优化性能方面取得更好的表现。

生物计算技术具有低功耗的特点，可以为工业大模型提供更为节能的计算平台。生物计算利用生物分子的特性和生物过程进行计算和信息处理，具有高度的并行性和低功耗的特点。这对于需要长时间运行和大量计算的工业应用来说具有重要意义，可以显著降低能源消耗和运营成本。

6.1.2 技术进步的推动力量

1. 技术创新引领变革

技术创新是工业大模型发展的核心动力。近年来，人工智能技术的突破为工业大模型的发展提供了强大的支持。深度学习、强化学习等技术的不断进步，使得模型能够更有效地处理和分析复杂的数据。特别是Transformer架构的引入，极大地提升了模型在自然语言处理和计算机视觉等领域的表现，为工业大模型的构建奠定了坚实的基础。这些技术的突破不仅提高了模型的性能，还为工业大模型在更多场景中的应用提供了可能。人工智能技术的不断发展，还推动了模型的智能化和自动化程度的提升，使得工业大模型能够更好地适应复杂多变的工业环境。

物联网技术的应用是推动工业大模型发展的重要因素。物联网通过将传感器、设备、机器和系统互联，形成一个庞大的数据网络，实现了对生产过程和设备状态的实时监控和管理。这不仅提高了生产的透明度和可控性,还为工业大模型提供了丰富的数据资源。通过物联网技术,企业能够实时采集和传输大量的生产数据,这些数据为工业大模型的训练和优化提供了坚实的基础。物联网技术的不断发展,进一步推动了工业大模型在更多领域的应用和推广。

2. 数据积累与优化支撑

数据资源的积累与优化是工业大模型发展的关键支撑。随着工业4.0战略的深入推进,制造业的智能化、数字化和网络化发展取得了显著成效。信息物理系统(Information Physical System,CPS)的构建实现了设备、生产过程和供应链的全面互联,产生了海量的工业数据。这些数据为工业大模型的发展提供了丰富的资源,使其能够更好地进行数据分析和决策优化。数据的积累不仅提高了模型的训练效果,还为模型的泛化能力和适应性提供了保障。

数据质量的提升是推动工业大模型发展的重要因素。随着数据采集技术的不断进步和数据管理方法的持续优化,工业数据的质量得到了显著提高。高质量的数据能够更好地支持工业大模型的训练和优化,从而提高模型的准确性和可靠性。数据质量的提升还能够减少模型的误差和偏差,提高模型在实际应用中的表现。

3. 市场需求驱动发展

市场需求是推动工业大模型发展的重要动力。在激烈的市场竞争中,企业面临着提高生产效率、降低成本的压力。工业大模型能够通过对生产数据的深入分析和优化,帮助企业实现生产过程的自动化和智能化,从而显著提升生产效率和产品质量。工业大模型还能够帮助企业更好地应对市场变化,提高企业的竞争力。

消费者对个性化产品的需求不断增加,要求企业具备快速响应市场变化、实现个性化定制生产的能力。工业大模型能够通过对用户需求的精准分析和预测,支持产品的个性化设计和生产,从而满足消费者的个性化需求。工业大模型还能够帮助企业更好地理解市场需求,优化产品设计和生产策略。

4. 政策支持助力前行

政策支持是推动工业大模型发展的重要保障。国家出台了一系列支持人工智能和制造业融合发展的政策,明确了人工智能在制造业中的重要地位和发展方向。这些政策不仅为企业提供了明确的发展方向，还通过各种措施鼓励企业加大对人工智能技术的研发和应用投入。例如，通过提供研发补贴、税收减免等措施，降低企业研发和应用工业大模型的成本，提高企业的积极性；通过建立产业园区、创新中心等平台，促进企业之间的合作和交流，推动工业大模型技术的快速发展。

此外，国家加大了对人工智能技术研发和应用的投入，支持高校、科研机构和企业开展工业大模型相关的研究项目，推动技术的创新和突破。例如，通过设立专项基金，支持高校和科研机构开展工业大模型的基础研究和应用开发，提高我国在该领域的技术水平；通过组织技术竞赛、学术会议等活动，促进技术交流和人才培养，推动工业大模型技术的快速发展。

5. 人才汇聚推动进步

人才是推动工业大模型发展的关键因素。随着人工智能技术的快速发展，相关领域的人才培养得到了高度重视。高校和科研机构纷纷开设人工智能相关专业和课程，培养了大量的专业人才，为工业大模型的研发和应用提供了智力支持。其中，高校通过开设深度学习、强化学习等课程，培养具备扎实理论基础和实践能力的人工智能人才；科研机构通过开展前沿研究，吸引和培养一批高水平的研究人员，为工业大模型的发展提供技术支持。

工业大模型的发展需要跨学科的人才支持，涉及人工智能、计算机科学、数学、物理学、工业工程等多个领域。不同学科背景的人才通过合作与交流，共同推动了工业大模型的技术创新和应用拓展。人工智能专家可以与工业工程师合作，共同研发适合工业场景的大模型应用。数学家和物理学家可以为大模型的算法优化和模型设计提供理论支持。跨学科的人才培养得到了越来越多的关注，高校和科研机构通过设立跨学科专业和课程，培养具备多学科知识和技能的复合型人才，为工业大模型的发展提供了更强大的人才支持。

6. 资金投入坚实保障

在数据驱动工业智能革命的背景下，政府通过财政拨款、银行贷款、风险投资等多种渠道，为技术创新提供了全面且持续的资金支持。这些资金覆盖了技术创新的各个关键环节，从基础研究、实验验证到市场推广，确保了创新活动的顺利进行。多样化的资金供给方式不仅满足了不同阶段技术创新对资金投入的需求，还提高了资金使用的灵活性和效率，为技术进步提供了坚实的物质基础。

工业智能的广阔前景同时得到了社会资本的追捧，社会资本的专业判断和市场敏锐性使得资金能够更准确地投向具有潜力和前景的技术创新项目，从而加速了技术成果的转化和产业化进程。多元化的资金投入机制不仅提高了资金使用效率，还促进了政府与社会资本之间的良性互动和合作。近年来 AI 热吸引了大量的资金进入，为数据驱动工业智能革命注入更加强劲的动力。

6.2 工业智能创新生态构建

随着数据驱动工业智能革命的深入推进，工业智能正以前所未有的速度改变着制造业的面貌。它不仅对生产模式与业务流程带来了深刻的变革，更催生了众多新业态与新模式，为制造业的未来发展开辟了全新的路径。在这一背景下，工业变革正悄然发生，其背后的动因复杂多样，对经济社会的影响也深远而广泛。本节将深入探讨工业智能创新生态的构建，分析工业智能如何催生新需求，以及工业变革的未来，为制造业的智能化转型提供有益的参考和启示。

6.2.1 工业智能催生新需求

1. 工业智能对生产模式与业务流程的变革

1) 工业智能引领生产模式自动化、智能化转型

（1）工业智能优化资源配置，提升生产效率。

在制造业领域，传统生产模式长期依赖人工操作与经验判断，这不仅限制了生产效率的进一步提升，还难以有效避免人为因素导致的错误，对产品质量和生产稳定性构成挑战。然而，随着工业智能技术的迅猛发展，这一状况正在经历根本性的转变。表 6-1 详细对比了传统生产模式与工业智能模式在资源配置和生产效率方面的显著差异，展现了工业智能如何以其强大的数据处理能力和智能化管理手段，为制造业带

来前所未有的变革。

表6-1 传统生产模式与工业智能模式差异分析

方面	传统生产模式	工业智能模式
核心依赖	人工操作与经验判断	工业智能系统
数据处理能力	有限，基于人工记录和观察	强大，实时、准确收集并分析生产数据
数据收集内容	生产进度、设备状态、原材料消耗等依赖人工记录	实时收集生产进度、设备状态、原材料消耗等全面数据
生产计划制定	基于经验判断，易出错，灵活性差	精准预测生产需求，科学制定生产计划，灵活调整
资源配置	容易产生浪费和闲置	确保生产资源的合理配置，避免浪费和闲置
生产效率	受限，难以大幅提升	显著提升生产效率
异常处理	依赖人工发现和处理，响应慢	通过持续监控和分析，及时发现并调整，确保生产稳定连续

（2）工业智能推动生产自动化，提高生产精确度和一致性

工业智能技术的引入，首先带来的显著变化就是生产自动化的实现。智能设备被广泛应用于生产线上，替代人工完成大量重复性工作。这一转变极大降低了工人的劳动强度，使他们能够从繁重、单调的任务中解放出来，转而投入更具创造性和价值的工作中。同时，智能机器在执行任务时，能够严格按照预设的程序和参数进行操作，确保了生产过程的精确度和一致性。相比人工操作，智能机器不受情绪、疲劳等因素的影响，能够持续、稳定地保持高质量的生产水平，从而显著提升了产品的质量和生产效率。

除了生产自动化外，工业智能系统还实现了对生产过程的远程、实时管理。监控、调试、维护等原本需要人工现场干预的环节，现在都可以通过工业智能系统远程完成，不仅提高了生产效率，还大大降低了人

工干预带来的安全风险。更重要的是，工业智能系统具备持续学习和优化的能力。它能够通过收集和分析生产过程中的大量数据，不断学习和改进生产流程，提升其预测和决策能力。

2) 工业智能优化业务流程，提升管理效率

（1）工业智能打破信息壁垒，促进业务流程无缝衔接。

在传统制造业的庞大体系中，业务流程的复杂性往往令人叹为观止。从原材料采购到产品设计，从生产计划制定到生产执行，再到质量控制与物流配送，每一个环节都紧密相连，构成了一个庞大的生产链。然而，这个链条上的信息传递却常常遭遇梗阻。部门间的信息壁垒、数据孤岛现象严重阻碍了信息的自由流动，导致业务流程效率低下，成本居高不下。

工业智能技术的引入，如同一股清流，彻底打破了这一僵局。通过智能系统的集成，数据得以在各部门之间自由穿梭，实现了真正的信息共享。这不仅极大地提高了信息的透明度，更使得业务流程变得前所未有的流畅与高效。数据的实时传递与共享，使得各部门能够迅速响应市场变化，协同作战，共同推动生产的高效进行。

在工业智能的助力下，制造业企业得以重新审视并优化其业务流程。智能系统能够根据业务需求和实际情况，自动调整业务流程，实现动态优化。这种灵活性不仅提升了企业的应变能力，更使其能够在激烈的市场竞争中脱颖而出。同时，智能系统的实时监控与数据分析功能，为企业提供了宝贵的业务洞察。通过对业务流程的深入剖析，企业能够及时发现潜在的问题与瓶颈，并采取针对性措施进行改进。

（2）工业智能实现业务流程自动化，提升管理效率与响应速度。

工业智能技术的另一大贡献，在于其能够推动业务流程的自动化。通过引入智能设备、机器人以及自动化控制系统，制造业企业得以将大量重复性、烦琐性的工作交由智能机器完成。这不仅极大地减轻了员工的劳动强度，更提高了工作的精确度和效率。在自动化生产线的支撑下，企业能够以前所未有的速度响应市场变化，满足客户的多样化需求。同时，自动化还带来了生产成本的显著降低，为企业的持续发展注入了强劲动力。

工业智能系统的自动化特性，不仅体现在生产执行层面，更渗透到

了企业管理的各个角落。通过智能系统的辅助，企业能够实现对业务流程的全面监控与管理。从原材料的入库到产品的出库，从生产计划的制定到生产进度的跟踪，一切尽在掌握之中。

（3）工业智能提供全新业务视角，助力制造业企业科学决策与战略规划。

工业智能技术的引入，不仅改变了制造业企业的生产方式和管理模式，更为企业提供了全新的业务视角。通过对生产数据的深入分析，企业能够洞察到市场变化的微妙趋势，捕捉到客户需求的细微变化。这种基于数据的业务洞察，使得企业能够更加精准地定位市场、把握机遇，从而制定更加科学合理的战略规划。在工业智能的助力下，企业的决策过程变得更加科学、高效。智能系统能够根据历史数据和实时数据，为企业提供多种决策方案，并对其进行评估与优化。

2. 工业智能催生的新业态与新模式

1）智能制造：工业智能引领的生产模式变革

（1）全面智能化升级引领生产新纪元。

在工业 4.0 的浪潮中，智能制造作为核心技术驱动的新业态，正以前所未有的速度重塑制造业格局。它深度融合了物联网、大数据、云计算及人工智能等前沿科技，实现了从原材料采购到产品出厂全链条的智能化升级。这一变革不仅体现在自动化生产线的高效运转上，更在于构建了一个高度集成、自主决策的生产生态系统。智能传感器、机器人、自动导引车（Automated Guided Vehicle，AGV）等智能设备在生产线上的广泛应用，使得生产流程更加精准、高效。同时，工业智能系统能够实时收集并分析生产数据，自动调整生产参数，确保产品质量的同时，极大地提升了生产效率。这种全面智能化的升级，不仅降低了人力成本，而且提高了制造业的灵活性和响应速度，为制造业迈向更高层次的发展奠定了坚实基础。

（2）精准对接市场，满足个性化需求。

随着消费者需求的日益多样化和个性化，传统的大规模定制化生产模式已难以满足市场需求。智能制造凭借其强大的数据处理能力和灵活的生产调度系统，成功实现了从"生产导向"到"需求导向"的转变。通过深度学习算法和大数据分析，企业能够准确捕捉市场趋势和消费者偏好，快速设计出符合市场需求的产品。同时，智能制造的柔性生产线能够轻松实现产品的小批量、多品种生产，甚至是个性化定制，极大地满足了消费者的独特需求。此外，智能制造还通过实时反馈机制，不断优化生产流程，减少库存积压，确保产品能够快速、准确地送达消费者手中，从而提升了企业的市场竞争力和客户满意度。

(3) 信息技术与制造业深度融合，开启智慧转型新篇章。

智能制造不仅是生产方式的革新，更是制造业与信息技术深度融合的产物。在这一过程中，云计算、大数据、物联网等信息技术成为推动制造业转型升级的关键力量。制造业企业通过构建工业互联网平台，实现了生产数据的实时采集、传输、处理和分析，为生产决策提供了科学依据。这些数据不仅帮助企业管理层更好地了解生产状况，优化资源配置，还为企业探索数字化转型、智能化运营提供了无限可能。例如，基于大数据的智能预测分析可以预测市场需求变化，指导生产计划；而物联网技术则能够实现设备间的互联互通，提高生产协同效率。这种深度融合不仅提升了制造业的智能化水平，还促进了新业态、新模式的涌现，为制造业的可持续发展注入了强劲动力。

2) 服务型制造：工业智能拓展的制造业新领域

(1) 以工业智能为核心，重塑商业模式。

随着工业智能技术的飞速发展，服务型制造正逐渐成为制造业转型升级的新方向。这一模式的核心在于，将传统的以产品销售为主的商业模式，转变为以服务为主导的新型商业模式。以智能装备制造商为例，某知名机械企业通过引入工业智能技术，为其生产的重型设备提供了远程监控与故障诊断服务。借助部署在设备上的传感器和云计算平台，该企业能够实时监测设备的运行状态，提前预警潜在的故障，并在故障发生时迅速进行远程诊断与修复指导。这种服务模式不仅大幅降低了客户的运维成本，还显著提高了设备的可用性和生产效率，从而极大地提升了产品的附加值。通过此类智能化服务，企业成功地将一次性产品销售转变为持续的服务收入，实现了商业模式的创新与升级。

(2) 延伸价值链，深化客户洞察。

服务型制造不仅改变了制造业企业的盈利方式，更推动了制造业价值链的延伸。通过提供智能化服务，企业能够更深入地参与到客户的运营过程中，从而获得对客户需求的更深刻洞察。以汽车制造业为例，某汽车制造商利用工业智能技术，为车主提供了全面的车辆健康管理服务。通过收集并分析车辆运行数据，该企业能够预测车辆保养需求，提前通知车主进行维护，甚至根据车主的驾驶习惯提供个性化的驾驶建议。这种服务模式不仅增强了车主对品牌的忠诚度，还为汽车制造商开辟了新的收入来源，如保养服务、配件销售等。

（3）促进产业协同，优化产业结构。

服务型制造的发展，不仅提升了单个企业的服务能力，更促进了制造业与服务业的协同发展，推动了整个产业结构的优化升级。以智能家居行业为例，某智能家居解决方案提供商通过整合工业智能技术与服务，为房地产开发商提供了从智能家居系统设计、安装到后期维护的一站式服务。这种服务模式不仅提升了房地产项目的智能化水平，吸引了更多消费者，还为智能家居企业开拓了新的市场空间。同时，通过与房地产开发商的紧密合作，智能家居企业能够更好地了解市场需求，推动产品创新，从而实现制造业与服务业的良性互动。

3）新兴业态：工业智能催生制造业新价值

（1）数据驱动下的精准营销。

在工业智能的浪潮中，数据驱动的精准营销正成为制造业企业转型升级的新利器。以某知名家电品牌为例，该企业利用工业智能系统对海量消费者数据进行了深度挖掘与分析，包括购买记录、浏览行为、社交媒体互动等多维度信息。通过这些数据，该企业不仅描绘出了详细的消费者画像，还准确预测了市场趋势和消费者偏好。基于此，该企业制定了高度个性化的营销策略，如定向推送产品优惠、定制化产品推荐等。这种以数据为基石的精准营销，不仅显著提升了营销效果，使销售额实现了稳步增长，还有效降低了营销成本，提高了投资回报率。

（2）工业智能即服务模式。

工业智能即服务是一种新兴的商业模式，企业通过云平台将工业智能技术作为一种服务提供给其他企业。这种模式使得中小企业能够以较低的成本享受到先进的工业智能技术，实现生产过程的智能化升级。例如，某企业推出汽车智慧工厂方案，通过数据使能平台对工业设备运行数据进行全量分析，提升检测效率以及订单交付效率。这种模式不仅为中小企业提供了技术支持，还促进了整个行业的智能化发展。

（3）数据资产化运营。

工业智能推动了数据资产交易平台的建设，使得企业间的数据共享和交易变得更加便捷和高效。企业可以将标准化、可复制、价值高、兼容性强的工业数据资产打包，通过数据资产入表、数据产品定价、数据资产投融资等方式，实现数据资产的价值转化。这种模式不仅能够实现数据的内部应用降本增效，还能通过数据产品的流通交易创造新的经济收入，从而在原本难以盈利的领域实现盈利，推动企业的数字化转型和智能化升级。

6.2.2 工业变革正在发生

1. 工业变革的背景与动因

2）宏观经济背景下的工业转型迫切性

（1）宏观经济挑战下的制造业转型需求。

在当今全球经济一体化与快速发展的背景下，制造业作为国民经济的重要支柱，正面临着前所未有的挑战与转型压力。全球经济增长的放缓，如同一股逆流，冲击着依赖传统增长模式的制造业。过去那种依赖资源消耗、低成本劳动力投入的发展方式，已难以适应当前的经济环境。制造业企业不得不重新审视自身的发展路径，寻找新的增长点。更为紧迫的是，资源环境的约束日益加剧，环境保护与可持续发展的理念深入人心。制造业作为资源消耗和环境污染的主要来源之一，必须承担起更多的社会责任，探索低碳、绿色的发展路径。这不仅是对环境的保护，更是对企业长远发展的考量。同时，人口红利的逐渐消失，劳动力成本的持续上升，也迫使制造业必须转变传统的劳动密集型生产方式，寻求更高效、更智能的生产模式。这些宏观经济的变化，共同构成了制造业转型升级的外部压力。制造业企业不得不面对这些挑战，积极寻求变革，以适应新的经济环境。它们需要寻找新的技术支撑，提高生产效率，降低生产成本，同时实现生产过程的灵活调整，以满足市场日益多样化的需求。

（2）工业智能技术引领制造业转型升级。

在这样的宏观经济背景下，工业智能技术应运而生，成为制造业转型升级的重要抓手。工业智能通过深度融合物联网、大数据、云计算等先进技术，实现了生产过程的自动化、智能化与高效化。它打破了传统生产模式的束缚，为制造业带来了新的发展机遇。工业智能技术的应用，使得制造业企业能够实时监测生产过程中的各种数据，包括设备运行状态、生产进度、产品质量等。通过对这些数据的深度分析，企业可以及时发现生产中的问题，进行针对性的调整和优化。这不仅提高了生产效率，降低了生产成本，还使得生产过程更加灵活，能够快速响应市场的变化。通过智能算法和模型，企业可以对生产计划进行精准预测和规划，确保生产资源的合理利用和分配。这种智能化的管理方式，不仅提高了生产效率，还降低了生产风险，为企业的稳健发展提供了有力保障。工业智能技术的快速发展，不仅解决了制造业面临的诸多难题，更为行业带来了新的发展机遇。它推动了制造业与生产性服务业的深度融合，促进了产业链上下游的协同发展。

(3) 工业智能催生新商业模式与业态创新。

工业智能技术的广泛应用，不仅改变了制造业的生产方式和管理模式，还催生了新的商业模式和业态创新。数据驱动的精准营销就是其中的典型代表。通过工业智能系统对海量数据的分析，企业能够深入了解消费者的购买习惯、偏好以及市场需求趋势。基于这些数据，企业可以制定更加精准的营销策略，提高营销效果，降低营销成本。智能供应链管理也是工业智能带来的重要变革之一，通过实时监测和分析供应链各环节的数据，企业可以优化物流路径、降低库存成本、提高供应链的整体运营效率。这种智能化的供应链管理模式，不仅提升了企业的响应速度和市场竞争力，还为企业创造了更大的价值空间。工业智能还推动了制造业向服务型制造的转型。通过提供智能化的产品和服务，企业能够更好地满足消费者的个性化需求，提升用户体验。这种服务型的制造模式，不仅拓展了制造业的业务范围，还为企业带来了新的增长点。

2) 技术融合下的工业智能发展基础

(1) 技术融合奠定工业智能基石。

工业智能的迅猛发展，并非偶然，而是建立在先进技术不断成熟与深度融合的基础之上。物联网技术，作为连接物理世界与数字世界的桥梁，为工业智能的实现铺设了第一条信息高速公路。它使得原本孤立的生产设备、传感器、执行器等能够互联互通，形成一个庞大的工业互联网体系。在这个体系中，物联网技术的广泛应用，不仅提高了生产数据的获取效率，还使得生产过程的监控与管理变得更加便捷与高效。

大数据技术的崛起，为工业智能提供了强大的数据处理与分析能力。在物联网技术收集到海量数据后，大数据技术能够对这些数据进行存储、清洗、整合与分析，挖掘出隐藏在数据背后的价值信息。这些信息对于制造业企业来说，无异于宝贵的财富。它们能够帮助企业实时监测生产状态，及时发现潜在的问题与风险；预测设备故障，提前进行维护与更换；优化生产流程，提高生产效率与产品质量。大数据技术的运用，使得制造业企业能够更加精准地掌握生产情况，为决策提供了有力的数据支持。云计算技术的引入，则为工业智能系统的高效运行提供了坚实的保障。云计算技术通过分布式计算与存储，实现了计算资源与存储资源的高效利用。在工业智能系统中，云计算技术能够承担起大规模数据处理与分析的任务，确保数据处理的实时性与准确性。同时，云计算技术还提供了灵活的资源调度能力，能够根据实际需求动态调整计算资源与存储资源，满足工业智能系统在不同场景下的需求。

（2）智能设备支撑工业智能实践。

除了先进技术的融合应用外，智能设备的广泛应用为工业智能的实现提供了必要的硬件支持。在现代工业生产中，传感器、执行器、控制器等智能设备已经成为不可或缺的重要组成部分。它们能够实时监测生产过程中的各种参数与状态，如温度、压力、流量、速度等，并将这些信息转化为电信号进行传输与处理。智能设备的广泛应用，使得生产过程能够更加精准地控制和调整。传感器能够实时感知生产环境的变化，为控制系统提供准确的反馈信号；执行器则能够根据控制系统的指令进行精准的动作，实现生产过程的自动化与智能化；控制器则作为整个系统的"大脑"，负责接收传感器的信号、处理数据并发出指令给执行器，实现生产过程的闭环控制。这些智能设备不仅能够实现自动化生产，还能够根据生产需求进行灵活调整。它们能够根据产品的类型、规格和数量等参数，自动调整生产流程与工艺参数，满足市场的多样化需求。同时，智能设备还具备自我诊断与故障预警的功能，能够及时发现并处理潜在的问题与风险，确保生产过程的稳定与可靠。

3）市场需求变化下的工业智能应用动力

（1）市场需求多样化催生工业智能转型。

在当今市场环境中，消费者需求的多样化和个性化已成为不可逆转的趋势。随着生活水平的提高和消费观念的转变，消费者不再满足于传统的大规模、标准化生产模式所带来的单一产品选择。他们渴望获得更加个性化、定制化的产品，同时对于产品的交付速度和服务质量也提出了更高的要求。这种市场需求的变化，无疑对制造业的传统生产模式提出了严峻的挑战。面对这一挑战，制造业必须积极探索新的生产模式和服务方式，以满足消费者的多样化需求。而工业智能技术的出现，正好为制造业提供了破局之策。通过引入工业智能技术，制造业可以实现生产过程的柔性化和个性化定制。工业智能系统能够依据消费者的具体需求，快速调整生产计划和生产流程，从而生产出满足消费者个性化需求的产品。

（2）工业智能助力生产效率与市场响应速度提升。

工业智能技术不仅满足了消费者个性化定制的需求，还显著提高了生产效率和市场响应速度。在传统生产模式下，由于生产流程的固定性和生产计划的刚性，制造业往往难以快速调整生产以适应市场需求的变化。然而，工业智能技术的引入使得这一状况得到了根本性的改变。通过实时监测生产数据和预测市场需求，工业智能系统能够提前调整库存和生产计划，确保产品的快速交付。这种基于数据的预测和调整机制，使得制造业能够更加灵活地应对市场需求的波动，减少了库存积压和生产过剩的风险。

（3）工业智能引领商业模式与业态创新。

工业智能技术的应用不仅限于生产过程的智能化管理，还为企业带来了新的商业模式和业态创新。在工业智能的推动下，制造业企业开始探索数据驱动的精准营销和智能供应链管理等新领域。通过数据驱动的精准营销，企业能够更加深入地了解消费者的需求和偏好，从而制定出更加个性化的营销策略。这种营销策略不仅提高了营销效果，还降低了营销成本，为企业创造了更多的价值。同时，智能供应链管理的应用也使得企业能够优化物流路径和库存水平，降低运营成本，提高供应链的可靠性和响应速度。这些创新应用不仅提升了企业的盈利能力，还为消费者带来了更加便捷、高效的服务体验。在工业智能的引领下，制造业正在经历一场深刻的变革，向着更加智能化、个性化的方向发展。而市场需求的变化，正是推动这场变革不断前进的重要动力。

2. 工业变革对经济社会的影响

1）工业智能：制造业转型升级的加速器

（1）生产效率与产品质量的双重提升。

在工业领域，工业智能技术以其强大的数据处理与分析能力，成为制造业转型升级的重要驱动力。通过深度融入生产流程，工业智能技术实现了对生产数据的全面采集与实时分析，为生产效率与产品质量的提升奠定了坚实基础。以某汽车制造企业为例，引入工业智能技术后，企业能够自动化执行复杂的装配任务，不仅大幅减少了人为错误，还通过机器学习算法不断优化生产线布局与工作流程，使得生产效率实现了显著提升。同时，工业智能系统对生产过程中的每一个环节进行精准监测，从原材料的质量检测到成品的最终测试，都实现了数据的实时反馈与调整，确保了产品质量的稳定与卓越。这种生产效率与产品质量的双重提升，正是工业智能技术助力制造业转型升级的生动体现。

（2）降低生产成本与资源消耗的有效途径。

通过数据分析与预测，企业能够更精准地把握市场需求，合理安排生产计划，有效避免了过度生产与资源浪费。以某电子产品制造商为例，利用工业智能系统对销售数据进行深入分析，企业能够准确预测未来一段时间内的市场需求，从而调整生产计划，减少库存积压，降低了仓储成本。同时，工业智能系统还能对生产过程中的能耗进行实时监测与优化，通过调整设备参数、优化生产流程等措施，显著降低能源消耗与排放，推动制造业向绿色化、可持续化方向迈进。这种降低生产成本与资源消耗的实践，充分展现了工业智能技术在制造业转型升级中的重要作用。

（3）推动制造业绿色化发展的强大力量。

工业智能技术的应用，不仅提升了制造业的生产效率与经济效益，更为推动制造业绿色化发展提供了强大力量。在传统制造业中，资源消耗与环境污染是难以避免的问题。然而，工业智能技术的出现，为这一难题提供了全新的解决方案。通过实时监测与优化生产过程中的能耗与排放，工业智能系统能够帮助企业实现绿色生产，减少对环境的影响。以某化工企业为例，引入工业智能技术后，企业能够对生产过程中的废气、废水等排放物进行实时监测与精准控制，通过优化生产工艺与设备参数，显著降低了污染物排放，实现了环保与经济效益的双赢。

2）新业态新模式：工业变革下的创新力量

（1）引领制造业未来发展方向。

在工业变革的浪潮中，智能制造以其深度融合物联网、大数据、云计算等先进技术的独特优势，正引领制造业的未来发展方向。智能制造实现了生产过程的全面自动化与智能化，不仅提高了生产效率与灵活性，还极大地拓展了制造业的边界。以德国西门子公司的"数字化企业"为例，该公司通过构建全面的数字化生产体系，实现了从产品设计、生产规划到生产执行、服务的全生命周期智能化管理。这使得西门子公司能够更快速地响应市场变化，灵活调整生产计划，同时降低了生产成本，提高了产品质量。智能制造的实践，充分展现了其作为新业态新模式在工业变革中的引领作用。

（2）提升制造业附加值的新路径。

服务型制造作为一种新型业态，强调以用户为中心，通过提供全生命周期的服务，实现产品价值的最大化。这种业态不仅提升了制造业的附加值，还促进了制造业与服务业的深度融合，为经济增长开辟了新的空间。以海尔集团的"卡奥斯"工业互联网平台为例，该平台通过整合产业链上下游资源，为用户提供从产品定制、生产到售后服务的一站式解决方案。海尔集团不仅关注产品的销售，更注重用户的使用体验与反馈，通过持续的服务创新，不断提升用户满意度与忠诚度。

（3）创新升级的经济引擎。

在工业变革中，数据驱动的新商业模式逐渐成熟，成为推动经济增长的重要引擎。企业通过挖掘数据价值，优化产品设计、营销策略与供应链管理，实现了商业模式的创新与升级。以阿里巴巴公司"新零售"为例，利用大数据、人工智能等技术，对消费者行为进行深入分析，实现了精准营销与个性化推荐。同时，阿里巴巴公司还通过优化供应链管理，提高了库存周转率与物流效率，降低了运营成本。这种数据驱动的新商业模式，不仅提升了企业的市场竞争力，还为整个零售行业的转型升级提供了有力支撑。数据驱动的新商业模式的实践，充分展现了其在工业变革中的创新力量与巨大价值。

3）就业结构与社会治理：工业变革的双刃剑

（1）工业变革对就业结构的双重影响。

工业变革如同一把双刃剑，在提升生产效率与经济增长的同时，也对就业结构产生了深远影响。一方面，随着工业智能技术的普及，许多传统岗位正面临被自动化替代的风险。例如，在制造业领域，自动化机器人和智能生产线正在逐步取代人工操作，导致大量低技能岗位减少。这种变化对于依赖传统技能的劳动者而言，无疑带来了就业压力和挑战。另一方面，工业变革也催生了大量新的就业机会与职业岗位。这些新岗位往往集中在高科技、数据分析、人工智能等领域，要求劳动者具备更高的技能与知识水平。以数字营销为例，随着互联网的快速发展，企业需要专业的数字营销人才来制定和执行线上营销策略，这为年轻人提供了广阔的职业发展空间和晋升机会。

（2）加强职业培训与就业指导，助力劳动者转型。

面对就业结构的变化，政府与社会各界需要积极应对，加强职业培训与就业指导，帮助劳动者顺利转型。例如，德国政府推出了"双元制"职业教育模式，将学校教育与企业实践紧密结合，为年轻人提供系统的职业技能培训。同时，政府还设立了就业指导中心，为求职者提供职业规划、岗位匹配、技能培训等一站式服务。这种职业培训与就业指导的结合，不仅帮助劳动者掌握了新技能、新知识，还提高了其就业竞争力，使其能够更好地适应新的就业环境。

（3）创新社会治理，保障工业变革顺利推进。

工业变革的顺利推进，离不开政府在社会治理方面的创新与完善。政府需加强相关法律法规与政策体系的制定与实施，为工业变革提供有力的制度保障。例如，我国在"十三五""十四五"期间先后出台了《智能制造发展规划（2016—2020年）》《"十四五"智能制造发展规划》等战略规划，明确了制造业转型升级的方向和重点任务，同时加大了对智能制造、绿色制造等领域的支持力度。《"十四五"智能制造发展规划》提出，到2025年，70%规模以上制造业企业基本实现数字化网络化，智能制造装备和工业软件市场满足率分别超过70%和50%，并布局智能工厂、绿色制造等任务。党的二十届三中全会进一步提出健全促进实体经济和数字经济深度融合制度，从顶层设计方面确立了以数字经济赋能实体经济的战略方向，保障数字驱动的工业变革顺利实现。

6.3 面向未来的挑战与应对策略

制造业的转型升级依赖于技术创新的持续投入。技术创新不仅能够提升资源利用效率，促进环境友好和碳排放减少，还能加强社会责任和可持续供应链建设。在市场变化的应对中，技术创新是企业捕捉市场趋势、开拓新市场空间和创造商业机会的关键。同时，科技创新是制造业未来发展的核心驱动力，包括绿色制造、服务型制造和高端制造业等方向。为了确保技术创新投入的有效性，企业需要明确技术定位，构建研发体系，深化产学研合作，并强化政府与社会支持。此外，行业深耕和产业协作对于工业智能的发展至关重要，能够促进资源共享、优势互补和创新资源的集聚与整合。在人才培养与引进方面，建立完善的教育培训体系、强化校企合作、建立灵活的人才引进机制和优化人才激励与保障是关键。

6.3.1 技术创新的持续投入

1. 技术创新投入的必要性与紧迫性

1) 外部环境驱动

（1）全球竞争加剧：制造业智能化转型已成国际趋势。

当前，全球制造业正经历以智能化、数字化为核心的深刻变革。发达国家纷纷推出制造业升级战略，这些战略的核心目标是通过大数据、人工智能等新一代信息技术与制造业深度融合，提升制造业的智能化水平，重塑全球制造业竞争格局。我国虽然是制造业大国，但在高端制造领域仍存在明显短板，许多核心技术和高端装备依赖进口。与此同时，东南亚等地区凭借低成本优势，正在抢占中低端制造业市场。因此，我国制造业必须加快技术创新步伐，尤其是在大数据和人工智能领域加大投入，才能在全球竞争中占据主动地位，避免被"低端锁定"和"技术卡脖子"的双重困境。

（2）市场需求变化：个性化与定制化驱动制造模式变革。

随着消费升级和产业升级的加速，制造业市场需求正从标准化、大批量向个性化、定制化转变。传统的制造模式难以满足这种快速变化的市场需求，而大数据和人工智能技术为制造业提供了新的解决方案。通过大数据分析，企业可以精准捕捉消费者需求，优化产品设计；通过人工智能技术，企业可以实现柔性化生产，快速响应市场变化。因此，制造业企业必须加大对大数据和人工智能技术的投入，才能在新一轮市场竞争中赢得先机。

（3）技术变革加速：大数据与人工智能重塑制造业价值链。

大数据和人工智能技术的快速发展，正在深刻改变制造业的生产方式、商业模式和价值链。在智能制造领域，大数据技术可以实现设备运行状态的实时监控和预测性维护，显著提高设备利用率和生产效率；人工智能技术则可以通过机器视觉、深度学习等手段，实现产品质量的自动检测和生产流程的智能优化。此外，工业互联网平台的兴起，使得制造业企业能够实现全产业链的协同创新和资源共享。这些技术的应用不仅提升了制造业的智能化水平，还催生了新的商业模式，如服务型制造、共享制造等。制造业企业必须紧跟技术发展趋势，加大技术创新投入，才能抓住机遇，实现高质量发展。

2）内部发展需求

（1）提升生产效率：智能化改造助力制造业降本增效。

制造业企业普遍面临生产效率低、资源利用率不高的问题，而大数据和人工智能技术为提升生产效率提供了新的路径。通过大数据分析优化生产工艺，可以显著降低能耗和原材料浪费；人工智能技术可以实现生产线的自动化控制和故障预测，减少停机时间，提高生产效率。此外，智能工厂的建设使得生产过程中的数据能够实时采集、分析和反馈，从而实现生产流程的持续优化。因此，制造业企业必须加大对大数据和人工智能技术的投入，通过智能化改造提升生产效率，降低运营成本。

（2）降低运营成本：数据驱动实现资源优化配置。

在原材料成本上升、环保要求日益严格的背景下，制造业企业面临着巨大的成本压力。大数据和人工智能技术可以帮助企业实现资源的优化配置，降低运营成本。通过大数据分析优化运输路线，可以降低物流成本；通过人工智能技术实现能源消耗的智能调控，可以显著减少能源浪费。此外，大数据技术还可以帮助企业优化供应链管理，降低库存成本，提高资金周转率。这些技术的应用不仅能够帮助企业降低成本，还能提升企业的市场竞争力。

（3）创新商业模式：数据赋能推动制造业服务化转型。

随着制造业与服务业融合的加速，服务型制造成为制造业转型升级的重要方向。大数据和人工智能技术为制造业企业创新商业模式提供了强大支撑。通过构建工业互联网平台，企业可以为客户提供设备远程监控、故障诊断和预测性维护等服务，实现从卖产品向卖服务的转型；通过大数据分析用户行为，企业可以推出个性化定制服务，满足消费者的多样化需求。这些新商业模式不仅拓展了企业的盈利空间，还增强了客户黏性。因此，制造业企业必须加大对大数据和人工智能技术的投入，推动商业模式创新，实现从制造向"制造+服务"的转型。

（4）增强企业竞争力：技术创新是制造业高质量发展的核心动力。

在全球化竞争日益激烈的背景下，技术创新已成为制造业企业提升核心竞争力的关键。大数据和人工智能技术作为新一轮科技革命的核心驱动力，正在重塑制造业的竞争格局。通过加大对人工智能和5G技术的投入，企业可以在全球市场中占据优势地位；通过构建工业互联网平台，企业可以实现从传统制造向智能制造的转型。这些成功经验表明，只有加大对大数据和人工智能技术的投入，才能在激烈的市场竞争中占据优势地位。因此，制造业企业必须将技术创新作为核心战略，持续加大投入，才能实现高质量发展。

2. 技术创新投入的策略与路径

1）明确技术创新方向

（1）聚焦制造业关键领域：大数据与人工智能深度融合。

制造业的技术创新应聚焦于大数据和人工智能在制造领域的深度融合。在智能工厂建设中，重点发展基于大数据的生产调度系统和基于人工智能的质量检测系统；在供应链管理中，利用大数据分析优化库存管理和物流配送；在产品研发中，通过人工智能算法加速产品设计和仿真测试。此外，还应关注工业互联网平台的建设，通过数据共享和协同创新,推动制造业全产业链的智能化升级。只有明确技术创新的重点领域,才能集中资源实现突破。

(2)结合行业特点:制定差异化技术创新路线。

不同制造业细分行业的技术需求和特点差异较大,企业应根据自身行业特点制定差异化的技术创新路线。汽车制造行业应重点发展智能网联汽车技术和新能源汽车技术;电子信息行业应聚焦芯片设计、人工智能算法等核心技术;机械制造行业则应加大对高端数控机床和工业机器人的研发投入。通过结合行业特点,企业可以更有针对性地开展技术创新,避免资源浪费。

(3)注重应用导向:推动技术成果落地转化。

技术创新的最终目标是解决实际问题,推动技术成果落地转化。制造业企业应加强与高校、科研院所的合作,开展产学研联合攻关,将技术创新成果应用于实际生产。企业可以与高校合作建立联合实验室,共同研发智能制造关键技术;可以与科研院所合作建立技术转移中心,加快科技成果的产业化应用。此外,企业还应注重技术创新的经济效益,通过试点示范项目验证技术的可行性和经济性,逐步推广成功经验。

2)构建技术创新体系

(1)加强自主研发:掌握核心技术主动权。

制造业企业应加大研发投入,建立完善的技术研发体系,掌握核心技术主动权。例如,设立专门的研发机构,配备高水平的研发团队,建立完善的研发管理制度;加大对核心技术的研发投入,突破技术瓶颈,形成自主知识产权;积极参与行业标准制定,提升行业话语权。通过加强自主研发,企业可以在关键领域实现技术突破,避免受制于人。

(2)深化产学研合作:构建协同创新生态。

制造业企业应加强与高校、科研院所的合作,构建协同创新生态。例如,与高校合作建立联合实验室,共同开展技术研发;与科研院所合作建立技术转移中心,加快科技成果的产业化应用;聘请高校和科研院所的专家担任技术顾问,为企业提供技术咨询和指导。通过深化产学研合作,企业可以充分利用外部创新资源,提升技术创新能力。

(3)构建开放创新生态:推动产业链协同创新

制造业企业应积极参与行业技术联盟,加强与上下游企业的协同创新。例如，加入行业技术联盟，与其他企业共享技术资源，共同开展技术攻关；与上下游企业建立战略合作伙伴关系，共同开发新产品、新技术；积极参与行业展会和技术交流会，了解行业最新技术动态，寻找合作机会。通过构建开放创新生态，企业可以实现资源共享和优势互补，提升整体竞争力。

3）加大资金和人才保障

（1）拓宽融资渠道：为技术创新提供资金支持。

技术创新需要大量的资金投入，企业应积极拓宽融资渠道。例如，申请政府科技项目资金和产业扶持资金；发行企业债券、股票等，筹集资金用于技术创新；引入风险投资、私募股权投资等社会资本，为企业技术创新提供资金支持。通过多渠道融资，企业可以为技术创新提供充足的资金保障。

（2）加强人才培养：打造高素质技术创新团队。

技术创新离不开高素质的人才队伍，企业应建立健全人才培养机制。例如，与高校合作建立人才培养基地，为企业培养急需的技术人才；建立完善的人才激励机制，吸引和留住优秀人才；加强对现有员工的培训，提升员工的技术水平和创新能力。通过加强人才培养，企业可以打造一支高素质的技术创新团队，为技术创新提供人才保障。

（3）完善激励机制：激发技术人员的创新活力。

企业应建立科学合理的激励机制，激发技术人员的创新活力。例如，设立技术创新奖励基金，对在技术创新方面做出突出贡献的员工给予奖励；实行股权激励制度，将技术人员的利益与企业的长远发展绑定；营造良好的创新氛围，鼓励员工大胆创新、勇于尝试。通过完善激励机制，企业可以充分调动技术人员的积极性和创造性。

4）优化政策环境

（1）加强顶层设计：为技术创新提供政策支持。

政府应制定和完善促进制造业技术创新的政策措施，营造良好的政策环境。例如，制定制造业数字化转型行动计划，明确发展目标、重点任务和保障措施；出台鼓励企业加大研发投入的税收优惠政策；加强对制造业技术创新的财政支持，设立专项资金支持企业开展技术研发。通过加强顶层设计，政府可以为制造业技术创新提供有力的政策支持。

(2) 加大财税支持：降低企业技术创新成本。

政府应加大对制造业技术创新的财政补贴和税收优惠力度。例如，提高企业研发费用加计扣除比例，减轻企业税收负担；设立制造业技术创新专项资金，支持企业开展技术研发和成果转化；对引进的高层次技术人才给予个人所得税优惠，吸引优秀人才投身制造业技术创新。通过加大财税支持，政府可以降低企业技术创新的成本，激发企业技术创新的积极性。

(3) 加强知识产权保护：维护企业创新成果。

政府应完善知识产权保护制度，维护企业的创新成果。例如，加大对侵犯知识产权行为的打击力度，维护企业的合法权益；简化知识产权申请流程，降低企业知识产权申请成本；加强知识产权公共服务平台建设，为企业提供知识产权信息检索、分析、评估等服务。通过加强知识产权保护，政府可以为企业技术创新提供良好的法治环境。

6.3.2 行业深耕与产业协作

1. 行业深耕对工业智能发展的重要性

1) 深入理解行业需求，定制化智能解决方案

不同行业拥有各自独特的生产流程、技术特性和市场需求，这些差异要求工业智能解决方案必须具备高度的定制化特点。通过深入的行业调研和长期的实践经验积累，企业能够全面理解特定行业的核心需求与痛点，进而开发出更加贴合实际的智能系统。例如，在汽车行业，智能生产线需要高度协同的机器人系统、精准的传感器技术和高效的数据分析平台，以确保生产流程的精确控制和产品质量的稳定提升；在医疗领域，工业智能则侧重于医学影像的智能识别、药物研发的模拟优化以及患者数据的精准分析，以支持临床决策和个性化治疗方案的制定。

行业深耕不仅帮助企业掌握行业技术前沿，还能促使其在解决方案的设计过程中融入行业特有的逻辑与规则。这种深度定制化的能力，使得工业智能系统能够更好地适应不同行业的特殊需求，提高生产效率和产品质量，降低运营成本。此外，行业深耕还促使企业持续关注行业动态和技术趋势，及时调整和优化解决方案，确保其在激烈的市场竞争中保持领先地位。通过不断的技术迭代和创新，企业能够为客户提供更加

先进、高效的智能服务,从而深化与客户的合作关系,拓展市场份额。

2) 积累行业经验与数据资源,推动技术创新与升级

行业深耕不仅是理解行业需求的过程,更是积累行业经验和数据资源的重要途径。在长期的服务过程中,企业能够收集到大量与行业相关的数据,包括生产数据、设备运行状态、市场需求变化等。这些数据是工业智能系统学习和优化的宝贵资源,能够为企业提供深入洞察行业规律的依据。通过对这些数据的深度挖掘和分析,企业可以发现隐藏的规律和趋势,为技术创新提供有力的支持。例如,在制造业中,通过对生产数据的实时监测和分析,识别出生产过程中的瓶颈环节和低效操作,进而通过算法优化和流程再造提升整体生产效率;在零售业中,通过消费者行为数据的分析,可以精准预测市场趋势,优化库存管理,提高供应链效率。行业深耕带来的数据资源积累,不仅推动了工业智能技术的持续创新,还促进了企业与行业生态系统的深度融合。通过与上下游企业的紧密合作,企业能够获取更多元化的数据资源,进一步拓展智能应用的场景和深度。同时,行业深耕还增强了企业对行业标准的理解和遵循,确保智能系统符合行业规范和安全要求,为企业的可持续发展奠定坚实基础。

2. 产业协作促进工业智能生态构建

1) 资源共享与优势互补,加速技术成果转化

在工业智能生态的构建过程中,产业协作发挥着不可替代的作用。不同企业、机构在各自领域内拥有独特的资源和优势,通过产业协作,可以实现这些资源的共享和优势互补,从而加速技术成果的转化和应用。例如,硬件设备制造商拥有先进的制造技术和生产能力,而软件开发商则擅长算法开发和应用软件设计。通过双方的合作,可以将硬件设备与智能软件相结合,打造出功能强大、易于操作的工业智能系统。这种合作不仅提升了产品的市场竞争力,还缩短了技术成果从研发到应用的周期,加速了工业智能技术的普及和推广。产业协作还促进了产业链上下游企业之间的紧密配合。上游企业如原材料供应商和零部件制造商,为下游企业提供高质量的原材料和零部件,确保整个产业链的顺畅运行。而系统集成商和应用服务商等下游企业根据市场需求,将上游企业提供的产品和服务进行整合和优化,为客户提供定制化的解决方案。

这种上下游企业之间的协同发展，不仅提高了产业链的整体效率，还增强了整个产业的抗风险能力。通过产业协作，企业能够共同应对市场变化和技术挑战，形成良性互动的产业生态。

2) 促进创新资源集聚与整合，推动工业智能持续发展

产业协作不仅促进了资源共享和优势互补，还推动了创新资源的集聚与整合。在工业智能领域，创新是推动行业发展的核心动力。然而，创新并非一蹴而就，它需要大量的资金、人才和技术支持。通过产业协作，企业可以共同投入创新资源，共同承担创新风险，共享创新成果。这种合作模式不仅降低了单个企业的创新成本，还提高了创新效率和质量。产业协作还促进了创新资源的跨界整合。不同领域的企业通过合作，可以将各自领域内的创新成果进行交叉融合，提供出全新的产品和服务。例如，将人工智能技术与传统制造业相结合，可以打造出智能化的生产线和工厂；将物联网技术与供应链管理相结合，可以实现供应链的高效协同和优化。这种跨界整合不仅推动了工业智能技术的不断创新和升级，还拓展了工业智能的应用场景和范围。此外，产业协作还促进了创新生态的构建。通过搭建创新平台、举办创新活动等方式，吸引更多的创新资源和人才加入工业智能领域，形成创新资源集聚的效应。这种创新生态的构建不仅为工业智能的持续发展提供了源源不断的动力，还增强了整个产业的创新能力和竞争力。

6.3.3 人才培养与引进策略

1. 工业智能领域人才需求的现状与趋势

1) 需求量大，涵盖多环节

随着工业智能技术的快速发展和广泛应用，对专业人才的需求呈现出爆炸式增长。这些需求不仅体现在技术研发环节，还涵盖了应用推广、系统维护、项目管理等多个方面。在技术研发层面，需要具备深厚专业知识和创新能力的算法工程师、数据科学家等；在应用推广层面，则需要熟悉市场需求、能够制定有效推广策略的市场营销人员；在系统维护层面，则需要具备丰富实践经验的运维工程师和技术支持人员。这种全方位、多层次的人才需求，反映了工业智能领域对人才需求的广度和深度。

2）要求高，强调专业知识与实践经验

工业智能领域对人才的要求不仅在于数量，更在于质量。这一领域的人才不仅需要具备扎实的专业知识，包括计算机科学、数学、自动化等多个学科的理论基础，还需要拥有丰富的实践经验，能够将理论知识转化为实际应用。此外，创新能力也是工业智能领域人才不可或缺的重要素质。在这个日新月异的领域，只有不断创新，才能保持技术的领先性和竞争力。

3）跨界融合，需求多元化与高端化

工业智能是一个典型的跨界融合领域，它涉及工业、信息技术、数据科学等多个学科的知识和技能。因此，这一领域的人才需求呈现出多元化和高端化的趋势。未来，随着工业智能技术的不断深入和拓展，对人才的需求将更加复杂和多样，不仅需要传统的技术人才，如机械工程师、电子工程师等，还需要具备跨学科知识、能够跨越不同领域进行沟通和协作的复合型人才。同时，随着国际化进程的加速，具备国际化视野和跨文化交流能力的人才也将越来越受到企业的青睐。

2. 人才培养与引进的策略与措施

1）建立完善的教育培训体系，强化校企合作

针对工业智能领域的人才需求，建立完善的教育培训体系是首要任务。这包括从学历教育到职业培训、在线课程等多个层次和形式的教育资源。学历教育应注重培养学生的基础知识和理论素养，为未来的职业发展打下坚实基础。职业培训则应更加贴近市场需求，注重实践能力的培养，为在职人员提供持续学习和技能提升的机会。在线课程则可以灵活满足不同层次、不同需求的学习者，提供个性化、便捷的学习体验。同时，加强与高校、科研机构的合作是提升人才培养质量的关键。高校和科研机构拥有丰富的学术资源和科研实力，可以提供前沿的技术支持和人才培养服务。通过共建实验室、联合培养研究生、开展科研项目合作等方式，可以形成产学研用的紧密联动，促进人才培养与实际应用的深度融合。这种合作模式不仅有助于提升企业的技术创新能力，还能为人才提供更加广阔的发展空间和成长机会。

2）建立灵活的人才引进机制，优化人才激励与保障

为了吸引国内外优秀人才加盟，建立灵活的人才引进机制至关重

要，包括提供具有竞争力的薪酬待遇、设计合理的晋升渠道、打造良好的工作环境等。此外，还可以根据人才的特长和需求，提供个性化的职业发展规划和成长支持，让人才感受到企业的重视和关怀。在人才引进的同时，加强人才激励和保障机制建设也是必不可少的，例如完善薪酬体系、畅通晋升渠道、加强知识产权保护等，确保人才的稳定和持续发展。通过设立股权激励、绩效奖金等激励机制，可以激发人才的创新潜力和工作热情。同时，加强知识产权保护，维护人才的创新成果和合法权益，也是吸引和留住人才的重要手段。

3）推动产学研用深度融合，促进人才培养与实际应用的紧密结合

产学研用深度融合是推动工业智能领域发展的重要途径。通过项目合作、联合研发等方式，可以促进高校、科研机构与企业之间的紧密合作，实现资源共享和优势互补。这种合作模式不仅有助于提升企业的技术创新能力，还能为人才培养提供更加广阔的平台和机会。在产学研用深度融合的过程中，应注重人才培养与实际应用的紧密结合。通过参与实际项目研发、解决实际问题等方式，可以让人才在实践中锻炼和提升自己的能力。同时，企业将人才培养纳入项目计划之中，为人才提供更多的实践机会和发展空间。这种紧密结合的方式不仅有助于提升人才的综合素质和实践能力，还能为工业智能领域的发展提供有力的人才支撑。

后记

本书深入探讨了数据治理、AI大模型与工业智能之间的紧密联系，以及它们如何共同推动制造业的转型升级。随着大数据技术的飞速发展，制造业正处在一个数据浪潮汹涌的时代。数据，这一新时代的核心资源，不仅为制造业企业提供了前所未有的洞察力，更为工业智能的发展带来了无限机遇。

数据浪潮的兴起，为工业智能的应用提供了丰富的土壤。在制造业中，通过收集、处理和分析生产过程中的大量数据，可以实现对生产流程的精准监控和优化，提高生产效率和产品质量。同时，数据还可以帮助预测市场需求、优化供应链管理，实现资源的合理配置和高效利用。此外，数据浪潮还推动了AI大模型在工业智能领域的应用。这些大模型通过深度学习等技术，能够从海量数据中挖掘出有价值的信息和规律，为企业的决策提供科学依据。在智能制造、智能物流、智能服务等领域，AI大模型正发挥着越来越重要的作用，成为推动工业智能发展的关键力量。面对数据浪潮带来的无限机遇，企业需要积极拥抱变化，加强数据治理和人工智能技术的研发与应用。其中，通过建立完善的数据管理体系，确保数据的准确性、完整性和安全性；通过引入先进的人工智能技术，提升企业的智能化水平和创新能力。

在推动工业智能发展的过程中，政府、企业、科研机构等多方力量需要携手并进，共同创造工业智能的新篇章。政府层面，应出台相关政策，支持工业智能技术的研发和应用，营造良好的创新环境；通过提供资金支持、税收优惠、人才引进等政策措施，激发企业的创新活力，推动工业智能技术的快速发展。企业层面，应积极拥抱工业智能，加大投入，推动技术创新和产业升级；通过引入先进的人工智能技术、优化生产流程、提升产品质量和服务水平，增强企业的核心竞争力；加强与科研机构、高校等机构的合作，共同攻克技术难题，推动工业智能技术的不断突破。科研机构层面，应发挥自身优势，加强基础研究和应用研究，为工业智能的发展提供有力支撑；深入研究人工智能算法、大数据分析等关键技术，推动工业智能技术的不断创新和进步；加强与企业的合作，将科研成果转化为实际应用，为企业的创新发展提供有力支持。在携手并进的过程中，相关各方需要保持开放、合作、共赢的心态，共同推动工业智能的发展。通过加强沟通、交流和协作，形成合力，共同应对挑战，把握机遇，实现工业智能的可持续发展。

本书通过对数据治理、AI大模型与工业智能的深入剖析，展现了它们在推动工业转型升级、释放巨大价值方面的巨大潜力。随着技术的不断进步和应用的不断深入，工业智能将在未来发挥越来越重要的作用，成为推动制造业高质量发展的重要力量。然而，工业智能的发展仍面临诸多挑战和难题。如何确保数据的安全性和隐私性？如何避免人工智能技术的滥用和误用？如何推动工业智能技术的普及和应用？这些问题都需要我们深入思考并寻求解决方案。因此，我们期待未来更多创新者能够加入这一领域，共同推动工业智能的发展。通过加强技术研发、优化应用场景、提升服务质量等方式，不断推动工业智能技术的创新和应用。同时也呼吁社会各界加强对工业智能的关注和支持，共同编织出更加智慧、高效的工业未来。让我们携手并进，共同迎接工业智能的美好未来。

参考文献

[1] DAMA 国际. DAMA 数据管理知识体系指南（第2版）［M］. 北京：机械工业出版社，2020.

[2] 祝守宇. 数据治理：工业企业数字化转型之道（第2版）［M］. 北京：电子工业出版社，2023.

[3] 蔡建湖，张玉洁，徐芳，等. 交货时间不确定环境下两级供应链库存决策与契约设计［J］. 计算机集成制造系统，2021，27（4）：1211-1225.

[4] 石瑞生，吴旭，杨义先. 大数据安全与隐私保护［M］. 北京：北京邮电大学出版社，2019.

[5] 王文娣. 精细化管理在企业成本控制中的运用［J］. 投资与创业，2023，34（1）：132-134.

[6] 栾燕，孟祥曦. 人工智能大模型与新型工业化融合的路径与挑战［J］. 信息通信技术与政策，2025，51（01）：76-82.

[7] 官中奇. 工业数据安全合规治理的难点与路径探析［J］. 新型工业化，2024，14（05）：46-54+84.

[8] 李丹. 深化融合创新应用工业AI构建数字化转型"新范式"［J］. 产城，2023，（07）：20-23.

[9] 曾辉，王倩，赵普. 大数据环境下的人工智能算法设计研究［J］. 产业创新研究，2024，（12）：16-18.

[10] 郑小虎，刘正好，陈峰，等. 纺织工业智能发展现状与展望［J］. 纺织学报，2023，44（08）：205-216.

[11] 谢康，夏正豪，肖静华. 大数据成为现实生产要素的企业实现机制：产品创新视角［J］. 中国工业经济，2020，（05）：42-60.

[12] 张红艳，闫一新. 数字经济时代工业数据治理发展路径［J］. 中国工业和信息化，2022（04）：12-15.

[13] 刘阳，林倞. 多模态大模型：新一代人工智能技术范式［M］. 北京：机械工业出版社，2024.

[14] 吕明元,弓亚男. 我国数据安全治理发展趋势、问题与国外数据安全治理经验借鉴 [J]. 科技管理研究, 2023, 43 (02): 21-27.

[15] 张晨,蒋若宁,何冰. 工业大数据分析在流程制造行业的应用 [M]. 北京: 电子工业出版社, 2020.

[16] 安晖. 关于数据治理的思考和实践 [J]. 软件和集成电路, 2019 (08): 68-69.

[17] 于春梅,吴斌. 基于数据的流程工业故障诊断方法研究 [M]. 北京: 电子工业出版社, 2018.

[18] 陶然,马原野,杜万里. 借鉴国际数据治理典型经验加快完善我国数据治理体系 [J]. 中国经贸导刊, 2021 (17): 20-23.

[19] 高翔. 基于大数据多元统计的工业过程监控 [M]. 北京: 电子工业出版社, 2017.

[20] 卜晓蕾. 人工智能与企业绩效 [D]. 北京: 中央财经大学, 2022.

[21] 孟凡生,赵刚. 传统制造向智能制造发展影响因素研究 [J]. 科技进步与对策, 2018, 35 (1): 66-72.

[22] 刘春明,吴洪文,高丽娟,等. 数据驱动的装备制造业数字化转型路径研究与实践 [J]. 智慧轨道交通, 2022, 59 (01): 1-4.

[23] 朱金霞. 精细化管理在制造企业成本控制中的应用 [J]. 中国市场, 2024 (13): 103-106.

[24] 赵改善. 石油物探数字化转型之路: 走向实时数据采集与自动化处理智能化解释时代 [J]. 石油物探, 2021, 60 (2): 175-189.

[25] 唐隆基. 数字化供应链控制塔的理论和实践 [J]. 供应链管理, 2020, 1 (2): 60-72.

[26] 张越,刘萱,温雅婷. 制造业数字化转型模式与创新生态发展机制研究 [J]. 创新科技, 2020, 20 (7): 17-24.

[27] 任杰. 浅谈工业企业数据安全建设路径 [J]. 网络安全和信息化, 2022 (07): 105-108.

[28] 马士华,林勇,陈志祥. 供应链管理 [M]. 北京: 机械工业出版社, 2001.

[29] 朱立锋. 工业互联网与区块链融通发展的探索实践 [J]. 中国电信业, 2019 (12): 40-43.

[30] 邵珂. 制造业转型升级与工业经济可持续发展的关系研究 [J]. 上海企业, 2023 (09): 36-38.

[31] 金碚. 工业的使命和价值——中国产业转型升级的理论逻辑 [J]. 中国工业经济, 2014 (09): 53-66.

[32] 王玉玲. 中国制造业发展: 成就、困境、趋势和现实选择 [J]. 税务与经济, 2017 (05): 10-18.

[33] 何波,李韵州,马凯. 新形势下网络数据治理研究 [J]. 现代电信科技, 2016, 46 (05): 6-11.

[34] 卢倩兮,邢晨,奚培锋,等. 基于数据中台的工业数据治理研究与应用 [J]. 工业控制计算机, 2023, 36 (05): 34-35+38.

[35] 田波. 工业大数据体系结构设计与分析 [J]. 物联网技术, 2019, 9 (04): 75-77.

[36] 窦宏鹏. 工业企业数据治理模式的创新与实践 [J]. 中国信息化, 2024 (07): 54-55.

[37] 郭刚, 杨超, 唐萍峰, 等. 基于业务价值的工业数据治理实践 [J]. 信息系统工程, 2022 (08): 147-150, 156.

[38] 韦苇, 任锦鸾, 李文姬. 基于国际比较的数据治理体系及优化策略 [J]. 科技智囊, 2022 (07): 1-7.

[39] 黄乙中. 浅谈数据治理建设方案 [J]. 轻工科技, 2020, 36 (01): 65-67.

[40] 梅宏. 构建数据治理体系培育数据要素市场生态 [J]. 科学中国人, 2021 (16): 36-37.

[41] 池宇. 加强数据治理培育工业大数据产业生态 [N]. 中国电子报, 2020-05-19 (002).

[42] 杨文霞. 我国政府数据治理的影响因素及实现路径研究 [D]. 淄博: 山东理工大学, 2021.

[43] 段成. 智能制造背景下工业大数据的数据质量控制探讨 [J]. 机械设计与制造工程, 2018, 47 (02): 13-16.

[44] 杨亮, 孙连胜, 林晓青. 基于制造企业典型产品模型的轻量化技术研究 [C] //天津市电子工业协会. 天津市电子工业协会2019年年会论文集. 天津环博科技有限责任公司, 2019.

[45] 王甜甜. 工业遗产档案开发的多维进路研究 [D]. 郑州: 郑州航空工业管理学院, 2024.

[46] 张建雄, 吴晓丽, 杨震, 等. 基于工业物联网的工业数据采集技术研究与应用 [J]. 电信科学, 2018, 34 (10): 124-129.

[47] 兰雪艳. 轨道车辆部件三维模型轻量化方法研究与实现 [D]. 大连: 大连交通大学, 2018.

[48] 杜霖. 全面推进工业互联网等融合领域安全工作 [J]. 现代电信科技, 2017, 47 (06): 13-15.

[49] 柴天佑. 工业人工智能的发展方向 [J]. 数字经济, 2021 (Z2): 38-40.

[50] 刘冬平. 人工智能在工业领域的应用 [J]. 新经济, 2021 (05): 18-21.

[51] 朱中洋. 深度学习与工业场景之间的"语义鸿沟"及相应创新举措 [J]. 自动化博览, 2021, 38 (12): 22-23.

[52] 2021 "双循环"中国工业机器人行业市场前景及投资研究报告 [J]. 电器工业, 2021 (03): 22-36.

[53] 贾瑞锋. 人工智能在工业领域的应用探究 [J]. 中国新通信, 2020, 22 (10): 12-13.

[54] 王胜法, 冯斌, 樊鑫, 等. 基于3D打印的壳状模型轻量化实验平台构建 [J]. 实验室科学, 2018, 21 (02): 4-7.

[55] 张洪伟. 大模型技术在工程设计领域的应用 [J]. 中国高新科技, 2024 (19): 115-118.

[56] 智振, 李森. AI赋能工业智能化的方向 [J]. 服务外包, 2024 (09): 50-55.

[57] 蒋融融, 顾国民, 刘洋, 等. 基于工业系统多维传感数据的异常检测与诊断 [J]. 浙江工业大学学报, 2024, 52 (06): 621-632, 665.

[58] 唐晓华, 李茹. 工业机器人应用与制造业出口稳定性: 基于跨国数据的经验证据 [J]. 世界经济研究, 2024, (12): 47-59, 88, 134.

[59] 胡玉洁, 陶新渝, 陈曦. 面向工业数据调和、参数估计与过程模拟的精馏系统一体化平台设计 [J]. 高校化学工程学报, 2024, 38 (06): 897-908.

[60] 朱嘉文, 顾小清. 打通"数据孤岛"实现数据互联互通 [J]. 教育传播与技术, 2022 (04): 3-8.

[61] 钟家明. AI 大模型在工业机器人领域的应用探索 [J]. 中国战略新兴产业, 2024 (24): 53-56.

[62] 李佳钺, 程刚. 人工智能在工业自动化系统中的应用 [J]. 科技创新与应用, 2024, 14 (15): 177-180.

[63] 陈光, 霍沫霖. 碳中和目标下的能源数字经济 [J]. 能源, 2021 (05): 37-38.

[64] 卢星. 大数据的数据清洗技术及运用 [J]. 电子技术与软件工程, 2019 (09): 157.

[65] 袁振邦. 基于 AI 大模型技术的新能源发电功率预测优化方法及系统 [J]. 中国高新科技, 2024 (16): 85-87.

[66] 张宇. 大数据时代纺织企业供应链数字化变革路径分析 [J]. 全国流通经济, 2024 (11): 137-140.

[67] 殷强. 人工智能在纺织行业生产领域的应用 [J]. 纺织导报, 2024 (05): 30-32.

[68] 邓汝春. 服装业供应链管理 [M]. 北京: 中国纺织出版社, 2005.

[69] 李杰. 工业大数据分析与应用 [M]. 上海: 上海交通大学出版社, 2022.

[70] 魏建升, 成明明, 张蓓, 等. 基于物联网的工业数据采集器设计 [J]. 电气传动自动化, 2023, 45 (06): 22-24, 33.

[71] 张长海, 方晴. 基于工业智能制造应用的可视化数据服务系统 [J]. 中国管理信息化, 2023, 26 (23): 78-81.

[72] 甘玉涛. 面向工业能耗分析的大数据技术及其应用 [J]. 现代工业经济和信息化, 2023, 13 (11): 113-115, 118.

[73] 吴锋. 汽车产业数字化转型路径与实践 [M]. 北京: 清华大学出版社, 2021.